Das demokratische Unternehmen

Thomas Sattelberger, Prof. Dr. Isabell Welpe, PD Dr. Andreas Boes

Das demokratische Unternehmen

Neue Arbeits- und Führungskulturen im Zeitalter digitaler Wirtschaft

Thomas Sattelberger

Prof. Dr. Isabell Welpe

PD Dr. Andreas Boes

1. Auflage

Haufe Gruppe
Freiburg · München

Bibliografische Information der Deutschen Nationalbibliothek
Die Deutsche Nationalbibliothek verzeichnet diese Publikation in der Deutschen Nationalbibliografie; detaillierte bibliografische Daten sind im Internet über http://dnb.dnb.de abrufbar.

Print ISBN: 978-3-648-07434-3 Bestell-Nr. 10126-0001
EPUB ISBN: 978-3-648-07435-0 Bestell-Nr. 10126-0100
EPDF ISBN: 978-3-648-07436-7 Bestell-Nr. 10126-0150

Thomas Sattelberger, Prof. Dr. Isabell Welpe, Dr. Andreas Boes
Das demokratische Unternehmen
1. Auflage 2015

www.haufe.de
info@haufe.de
Produktmanagement: Anne Rathgeber

Lektorat: Christiane Engel-Haas M.A., Social Science & Publishing, Starnberg
Satz: Reemers Publishing Services GmbH, 47799 Krefeld
Umschlag: RED GmbH, 82152 Krailling
Druck: Beltz Bad Langensalza GmbH, 99947 Bad Langensalza

Inhaltsverzeichnis

Zur Einführung – ein Gespräch[1] mit Thomas Sattelberger

Was zeichnet ein demokratisches Unternehmen aus?

Der Begriff demokratisches Unternehmen beschreibt einen Idealzustand. Das demokratische Unternehmen kann ähnlich wie Demokratien sehr viele Schattierungen haben. Ich habe vier Dimensionen eines demokratischen Unternehmens identifiziert, wobei nicht alle vier Dimensionen ausgeprägt sein müssen, damit es sich um ein demokratisches Unternehmen handelt. Ein Unternehmen kann mit dem Prozess der Demokratisierung auch in nur einer Dimension beginnen und das in experimentellen Schritten. Das ist mir wichtig. Es geht nicht um ein idealisierendes Gesamtkonzept.

- Das erste Thema ist **Führung**. Das demokratische Unternehmen beantwortet die Fragen — „Wer führt mich?", „Wer vertritt mich?", „Wie bin ich an Willensbildungsprozessen zur Zukunft des Unternehmens beteiligt?" — anders als das bei klassischen Unternehmen der Fall ist, bei denen Führung „vorgesetzt" wird. Demokratische Unternehmen experimentieren mit Führung auf Zeit, wählen ihre Führung oder operative Führungskräfte oder Projektleiter und wählen diese ggf. auch ab. Das war zum Beispiel bei der Haufe-umantis AG der Fall (siehe Kapitel 15). Das demokratische Unternehmen arbeitet regelmäßig mit Methoden wie Open Space und gibt Menschen die Möglichkeit, Unternehmensentwicklung zu debattieren, sie zu beeinflussen oder gar über die Unternehmensentwicklung zu entscheiden.
- Die zweite Dimension eines demokratischen Unternehmens hat mit dem Thema **Souveränität** zu tun. Es geht um selbstbestimmte, gegebenenfalls ausgehandelte Antworten des Einzelnen auf die Fragen „Wann arbeite ich?", „Wo arbeite ich?", „Wie arbeite ich?", „Mit wem arbeite ich zusammen?", ja sogar um die Antwort auf die Frage „Was arbeite ich?". Die Mitarbeiter haben eine Stimme, was die Arbeitszeit, den Arbeitsort, Kollaborationsformen, den Arbeitsstil und den Arbeitsinhalt betrifft. Es geht also darum, deutlich mehr Mitspracherechte zu ermöglichen als in einem klassisch top-down, quasi-militärisch organisierten Unternehmen.

[1] Das Interview führte Steffen Wagner.

Diese neuen Arbeitsmöglichkeiten werden durch die Digitalisierung erleichtert, weil die Digitalisierung Arbeit entgrenzt, wenn es um Zeit, Ort und Partner geht. Diese Entgrenzung gilt übrigens auch für die Dimension der Unternehmenssteuerung. Die Digitalisierung ermöglicht *Liquid Democracy* und *Open Innovation*.

- Die dritte Dimension der Demokratie im Unternehmen umfasst alle Aspekte der **Vielfalt** und der **Chancenfairness**. In diesem Aspekt lehne ich mich sehr stark an das Grundgesetz an, das ein Diskriminierungsverbot und die Gleichheit vor dem Gesetz festschreibt. Für ein Unternehmen bedeutet das diskriminierungsfreie Rekrutierungsverfahren, Leistungsbeurteilungen und Karriereentscheidungen, aber auch eine angemessene Zusammensetzung der Belegschaft eines Unternehmens nach Faktoren wie Alter, ethnischer Hintergrund, Geschlecht und so weiter.
- Das vierte große Thema stelle ich unter die Überschrift „**Das gesunde Unternehmen**". Der Staat denkt ja auch immer stärker darüber nach, ob das Bruttosozialprodukt noch der richtige Maßstab für die Leistungsfähigkeit eines Landes ist. Wo auf gesellschaftlicher Ebene, Begriffe wie *Glück*, *Bildungsniveau* oder *zufriedenes Leben* wichtiger werden, geht es beim gesunden Unternehmen, z. B. um das Ausbalancieren von Belastungen bei der Arbeit, die Verteilung des Erwirtschafteten auf die Stakeholder und das organische Zusammenwirken von Wirtschaft und Gesellschaft.

Was folgt aus den vier Dimensionen des Idealbilds „Demokratisches Unternehmen" für die Praxis?

Mir ist es sehr wichtig, dass sich Unternehmen auf ganz verschiedenen Wegen dem demokratischen Ideal nähern können. Die einen sagen z. B.: „Wir beginnen beim Thema Vertrauensarbeitszeit", während die anderen bei der Diversity-Politik ansetzen. Ein anderes Unternehmen setzt sich das Ziel, seinen Mitarbeitern bei der Auswahl der Führungskräfte eine Stimme zu geben. Für mich ist entscheidend: Es ist egal, wie und wo ein Unternehmen anfängt, Hauptsache es öffnet die Tür zur Veränderung und packt das Thema an. Pragmatische Ansätze schlagen Wellen. Das ist meine Erfahrung aus der Praxis.

Sie fordern Unternehmen also auf, einen erfolgversprechenden Bereich für Veränderungen auszuwählen und einfach zu beginnen?

Genau. Einfach beginnen. Ob das ein Bereich ist oder zwei — Hauptsache Unternehmen sammeln Erfahrungen. Es geht darum, den Stein ins Wasser zu werfen und in der Praxis etwas zu tun und nicht darum, lange Konzeptdiskussionen zu führen. Kreative Start-up-Ökologien sind durch ihren experimentellen Charakter erfolgreich. Ingenieure haben Prüfstände, Wissenschaftler haben Labore, Transformatoren arbeiten in und mit *Social Labs*.

Was sind die größten Hindernisse oder Widerstände, die im ersten Moment zu überwinden sind?

Unternehmensführungen, Personalmanager und Betriebsräte haben die Menschen viel zu lange in einer angelernten Unmündigkeit gehalten. Den Aufbruch zu mehr Freiheit haben viele Unternehmen den Mitarbeitern jahrzehntelang in tayloristischen Strukturen ausgetrieben. Hier ist Verlernen und Neu-Lernen angesagt.

Die, die es sich leisten konnten, sind zu Unternehmen gewechselt, die ihnen mehr Freiheit bieten. Sie sind mit dem Kopf durch die Wand der Gefängniszelle gestoßen, fanden sich aber oft nur in der nächsten Zelle wieder. Das Management muss lernen, dass Befehl und Gehorsam und das Bestimmen von Ort, Zeit und Inhalt der Arbeit von oben nach unten nicht mehr funktionieren. Betriebsräte und Gewerkschaften müssen lernen, dass die Unmenge an Schutzrechten in den Zeiten des industriellen Turbo-Kapitalismus nötig war, im Übergang zur digitalisierten Ökonomie jedoch zunehmend untauglich oder gar kontraproduktiv ist.

Die, die es sich leisten können, verschaffen sich also mehr Freiheit. Besteht die Gefahr, dass die Demokratisierung Ungleichheit unter den Mitarbeitern verschärft, weil Hochqualifizierte mehr profitieren, während in weniger qualifizierten Jobs alles so bleibt, wie es ist?

Je gebildeter und qualifizierter Menschen sind, umso mehr beteiligen sie sich an Willensbildungsprozessen. Die Art der Demokratisierung wird in unterschiedlichen Unternehmensbereichen unterschiedlich verlaufen. Der Mitarbeiter in einer getakteten Fertigung zum Beispiel kann nicht souverän über seinen Arbeitsort entscheiden. Aber natürlich gibt es Möglichkeiten zur Demokratisierung der *Blue Collar Work*. In den 1980er Jahren hatten wir in Deutschland die erste Welle zur Humanisierung der Arbeit. Als ich junger Mitarbeiter im Bildungsbereich von Daimler-Benz war, haben wir den damals noch quicklebendigen Chemie-Riesen Hoechst besucht. In jeder Fabrikhalle gab es einen abgegrenzten Bereich, in dem Mitarbeiter zum Beispiel ihre Vorarbeiter gewählt haben oder sich selbst und ihre Kollegen zur Arbeit oder zum Urlaub eingeteilt haben. Das Thema der demokratischen Organisation ist nicht neu. Wir haben schon überprüfbare Ergebnisse aus der Vergangenheit: Demokratisierung ist auch auf dem Shopfloor möglich.

Die 1980er Jahre waren in Deutschland für das Thema Humanisierung der Arbeit eine Blütezeit. Diese war mit dem Einzug der Shareholder-Value-Ideologie in den 1990er Jahren vorbei. Die Projekte wurden damals eingestellt, nicht etwa weil sie keine positiven Ergebnisse gebracht haben, sondern weil sich das ideologische Paradigma verändert hat.

Sehen Sie grundsätzliche Unterschiede zwischen der Umsetzung einer Demokratisierung im inhabergeführten Mittelstand und in Konzernen?

Nein. Ein börsennotierter Konzern ist bei der Unternehmensführung allerdings dem Aktionär verpflichtet. Das schließt Möglichkeiten wie etwa eine rollierende Geschäftsführung aus, die ein Start-up vielleicht realisieren kann. Auch die Diskussion um die Vergütungsstruktur im Top-Management bleibt außen vor, weil darüber grundsätzlich die Hauptversammlung entscheidet. Trotzdem haben auch börsennotierte Unternehmen große Gestaltungsbereiche. Im Mittelstand gibt es häufig autokratische oder patriarchalische Unternehmensführer. Auch in kleineren Unternehmen können Ansätze zu Demokratisierung schwierig sein. Es hängt einfach ganz viel davon ab, ob die Unternehmensführung zu Experimenten bereit ist oder nicht. Dies setzt die Fähigkeit zur Selbstreflexion, eine gute Sensorik für den inneren Zustand der Organisation und die Unternehmenskultur sowie die Courage, auch zu scheitern, voraus.

Sie verwenden den Begriff des „Unternehmensbürgers". Welche Rechte und Pflichten hat er?

Die Pflichten sind immer schon geregelt. Sie erwachsen aus dem Arbeitsvertrag, welche Leistung in einem bestimmten Zeitraum wie zu erbringen ist usw. Auch der Begriff des Unternehmensbürgers ist nicht neu. Der Soziologie Fritz Vilmar von der Freien Universität Berlin hat in den 1970er Jahren intensiv über die Themen Bürger am Arbeitsplatz und Demokratisierung und Humanisierung der Arbeit geforscht. Ähnliche Studien hat der norwegische Psychologe Einar Thorsrud gemeinsam mit seinem australischen Kollegen Fred Emery betrieben. Es handelt sich also um einen tradierten Begriff, der verschollen war und den ich aus dem Geröll hervor geholt habe. Dieser *Citoyen* im Sinne der Werte der französischen Revolution hat Rechte, die sich aus den eingangs genannten vier Dimensionen der Demokratisierung ergeben. Insbesondere seine Meinung kund zu tun, ist Recht und Pflicht des Unternehmensbürgers.

Was erwarten Sie vom Trend des Crowdworking? Amazonisierung oder stärker selbstbestimmtes Arbeiten? Kann die Entwicklung der Rechtsnormen mit der Agilität solcher Trends mithalten?

Das unterstellt ja erst mal, dass Amazon *amazonisiert*. Der Begriff kommt von der IG Metall und ich habe ihn aufgegriffen. Ich sage aber auch: Amazon hat keine unwürdigen Arbeitsbedingungen. Das sind zwar keine tollen Arbeitsbedingungen, aber sie sind nicht unwürdig. Sie sind getaktet, die Performance wird extrem gemessen, aber das ist in vielen anderen Unternehmen ebenso der Fall. Die Diskussion geht ja darum, in welchem Tarifvertrag Amazon ist. Das hat aber mit unwürdiger Arbeit nichts zu tun, sondern mit höherer Bezahlung.

Eine ganz andere Frage ist, ob wir Gefahr laufen, auch in der digitalen Wirtschaft den alten Taylorismus in neuem Gewand zu reproduzieren. Die Gefahr eines **digitalen Taylorismus** ist das eigentliche Problem. Es geht in der digitalen Ökonomie um Humanisierung. Richtig ist, dass die Rechtsnormen für diese digitale Ökonomie stark hinterherhinken. Das sieht man an der Diskussion um Uber z.B. ganz trefflich. Trotzdem kann ich der Diskussion um Uber auch viel Positives abgewinnen. Innovation — auch eine soziale Innovation wie Crowdworking — beginnt nicht mit keuschen Idealen. Innovation beginnt häufig grau, schmutzig und ohne Ethik. Ich glaube, man muss eine soziale Innovation ein Stück weit laufen lassen, um dann zu sehen, wo normiert werden muss. Und wir dürfen auch nicht vergessen, dass es verschiedene Formen der Normierung gibt: Es gibt Gesetze, tarifvertragliche oder betriebliche Regelungen und kulturelle Normen. Wir müssen nicht immer gleich die Keule des Gesetzes rausholen.

Uber ist ein besseres Beispiel als Amazon. Uber muss heute mit den Normierungen des tradierten Arbeitsrechts und des Personenbeförderungsgesetzes umgehen. Die andere Frage ist: Müsste das Recht sich nicht öffnen? Uber ist kein schlechtes Geschäftsmodell, wenn es sich etwas an die kulturellen Gepflogenheiten anpasst. Wie oft habe ich mich schon über verdreckte Taxis mit Uralt-Sitzen geärgert. Daran hat niemand Freude: Branchen, die Kundenbedürfnisse nicht oder nur schlecht befriedigen, die monopolisiert sind — zum Teil in mafiösen Strukturen — wie bei vielen Taxizentralen; da wird Uber zum tauglichen Geschäftsmodell. Wie bringt man so eine Branche auf Vordermann? Man darf Schumpeter und seine „schöpferische Zerstörung“ nicht totregulieren. Wir haben doch heute andere Formen, diese Zerstörung sozial fairer abzufedern als bei den Pferdedroschkenfahrern um 1900.

Wie wird eine Demokratisierung in Unternehmen auf die Gesellschaft zurückwirken?

Ein Teil der Gesellschaft wartet doch längst darauf, dass Unternehmen sich verändern. Das sind die Zivilgesellschaft und die Politik. Das **Ansehen der Manager** befindet sich in den letzten zehn Jahren in dramatischem Sinkflug. Das liegt daran, dass ihr Tun nicht als sinnstiftend erlebt wird. Das demokratische Unternehmen beeinflusst somit weniger die Umwelt, sondern das demokratische Unternehmen ist vielmehr eine Antwort auf deren Erwartungen. Unternehmen stehen unter Beschuss beim Thema Diversity, beim Thema souveräne und balancierte Arbeit. Die Diskussion um andere Themen wie die Wahl von Vorgesetzten ist eher schwach.

Der zweite Aspekt sind die **Aktionäre und Eigentümer**. Das demokratische Unternehmen erweitert den Wettbewerb der Organisationsphilosophien um eine wichtige Variante. Ich spreche hier vom Systemwettbewerb. Der Systemwettbewerb schafft neue Optionen. Die Frage ist nicht, ob sich alle Aktionäre und Eigentümer verändern. Die Frage ist: Wird es mehr davon geben, die den Weg der Demokratisierung von Unternehmen mitgehen? Ich glaube daran. Die Gruppe der Investoren in Nachhaltigkeit wird wachsen. Dazu gehört nachhaltige Führung, die den Menschen Freiheitsrechte, gesundes Arbeiten und Chancenfairness sichert. Ich selbst habe das bei der Telekom erlebt, die damals ca. 14 % Nachhaltigkeitsinvestoren hatte. Ich war bei vielen Investorentreffen dabei und konnte sehen, wie der Wandel zu mehr Sustainability über die Jahre stärker geworden ist. Es wird zwar auch in Zukunft Söldnerkapital und Söldnerorganisationen geben, es wird patriarchalisch geführte Mittelständler geben, die das Zepter nicht aus der Hand geben. Aber der neue Typus des demokratischen Unternehmens wird die Szene nachhaltig bereichern und verändern.

Gibt es weitere Anknüpfungspunkte aus der gesellschaftlichen Diskussion?

Es gibt zum Beispiel die Diskussion, wie sich die Genossenschaftsbewegung revitalisieren lässt. Schaut man sich Migros in der Schweiz oder die Sparda-Bank und die Volks- und Raiffeisenbanken in Deutschland an, sind diese Unternehmen anders als andere. Ein alternativer Ansatz sind auch die Stiftungen, insbesondere wenn es um schwierige Generationswechsel in Unternehmen geht. Bosch oder ZF sind uralte Beispiele, sie haben lediglich die soziale Innovation noch nicht inkorporiert. In diesen Bereichen ist Potenzial für Demokratisierung. Ich bin da optimistisch.

Wie wird die Welt der Arbeit unter demokratischeren Bedingungen aussehen?

Meine Vision ist, dass die Welt der Arbeit um einen zukunftsfähigen Akteur reicher wird. Dieser Akteur ist das Individuum. Bisher gibt es nur die Unternehmer oder das Management mit Kontrollrechten und die Gewerkschaften oder Betriebsräte mit Schutzrechten. Das Individuum als Subjekt spielt in der Arbeitswelt noch kaum eine Rolle. Der einzelne Mitarbeiter wird entweder geschützt oder kontrolliert — als Objekt. Das ist Entmündigung. Gleichzeitig gibt es neue Impulse für die Mitbestimmung des Individuums. Die ersten Wissenschaftler diskutieren die Verankerung von individuellen Freiheitsrechten des Arbeitnehmers im Grundgesetz, zum Beispiel auf Meinungsfreiheit im Unternehmen.

Damit diese Entwicklung eine Dynamik entfaltet, muss der gesetzliche Rahmen angepasst werden, der immer noch sehr betriebszentriert ist. In der Realität wird es den klassischen Betrieb immer seltener geben. Der Trend Industrie 4.0 entgrenzt das Unternehmen räumlich und zeitlich. Die Wertschöpfung endet nicht mehr an Unternehmensgrenzen, sondern verbindet eine Vielzahl von Unternehmen. In Prozess-, Projekt- oder Community-Organisationen hecheln die Betriebsräte hinterher, weil sie ihren Platz in diesen Strukturen nicht mehr finden.

Wandelt sich der Betriebsrat möglicherweise in der digitalen Ära zum Shop Stewart nach dem angelsächsischen Modell, also zu einem Berater und Coach von souveränen Individuen?

Manager wie Betriebsräte verlieren an Macht. Wie will man das Home Office kontrollieren? Hier wird die Eigenverantwortung des Einzelnen gestärkt. Auch ein Thema wie der Arbeitsschutz muss neu definiert werden oder soll es etwa Betriebsbegehungen durch Arbeitsschützer im Privatbereich geben? Der Mitarbeiter ist kein unmündiges, zu schützendes und zu kontrollierendes Wesen mehr, sondern ein souveräner, eigenverantwortlicher Akteur. Das Ich betritt wieder den Platz. Unternehmen und Gewerkschaften verlieren an Macht, der Co-Unternehmer gewinnt neue Freiheiten. Dafür braucht man Anpassungen in der **Gesetzgebung**: im Sozialversicherungsrecht, im Arbeitsrecht, im Arbeitsschutz und im Betriebsverfassungsrecht.

Was bedeutet das für die Sozialpartnerschaft?

Interessant ist, dass die, die jetzt die Macht über das Individuum haben, immer nervöser werden und nur in ihrer eigenen Logik argumentieren. Gewerkschaften und

Arbeitgeber führen klassische Duopol-Diskussionen und verteidigen ihre Pfründe. Das Ziel ist es jedoch, Individuen zu stärken. Die Sozialpartnerschaft wird nicht abgeschafft, sondern es wird eine neue Konfiguration geben. Trio statt Duo — Arbeitgeber, Gewerkschaften und das **Individuum**.

Wenn sich die Stärkung des Individuums im Unternehmen immer mehr durchsetzt — was wird das für Folgen haben?

Durch mehr Freiheit des Einzelnen wird ein wichtiger Treiber der Wirtschaft neue Kraft entfalten — die **Innovation**. Wir wissen aus allen Untersuchungen, dass v. a. in der ersten Phase eines Innovationsprozesses Freiheit lebenswichtig ist. Amerikanische IT-Konzerne sind zwar feudal an der Spitze aber darunter relativ demokratisch, weil die Innovatoren an der Basis Freiheit zum Denken und zum Experimentieren brauchen. Der Zusammenhang zwischen Innovation und Freiheit ist ein Schlüsselthema.

Deutschland ist nicht innovationsarm, aber Deutschland ist in der Art der Innovation arm. Wir schaffen hautsächlich Effizienz- und Rationalisierungsinnovationen in den klassischen Branchen Maschinen- und Anlagenbau sowie Autobau. Die Basisinnovationen finden im Silicon Valley in Kalifornien, im Silicon Wadi rund um Tel Aviv, in Singapur oder in der Ära um Boston mit Harvard und dem MIT als Denkfabriken statt. Dort werden ganz andere Geschäftsmodelle generiert. Von dieser Entwicklung ist Deutschland abgekoppelt. Wir sind das Maschinenhaus der Welt und verteidigen uns gegen die Attacken von China, während die USA als das *Digital House* davon eilen.

Ich sage: Wenn die deutschen Unternehmen den Weg der Demokratisierung und des Kulturwandels gehen, können sie wieder innovationsfähiger werden, jenseits von Effizienz- und Rationalisierungsinnovationen. Ein demokratisches Unternehmen gewinnt an technologischer und sozialer Innovationskraft, weil technologische und die soziale Innovationen wie Zwillinge sind.

München, im Juli 2015

Teil I:
Perspektiven auf die Demokratisierung der Wirtschaft

Andrea Nahles

»1

Sozialstaatliche Rahmenbedingungen und politische Perspektiven

1 Demokratie und Mitbestimmung in der digitalen Arbeitswelt: sozialstaatliche Rahmenbedingungen und politische Perspektiven

Andrea Nahles (Bundesministerin für Arbeit und Soziales)

1.1 Demokratie im Unternehmen

Mit dem Begriff Demokratie verbinden die meisten Menschen zunächst demokratische Entscheidungsprozesse, die sich unter anderem in unserem Wahlrecht ausdrücken: die Mehrheitsmeinung entscheidet und wird von der Allgemeinheit anerkannt. **Demokratie** geht aber weit darüber hinaus. Dazu gehören unter anderem auch die Gewaltenteilung, das Rechtsstaatsprinzip, der Schutz von Minderheiten, die Chancengleichheit von Männern und Frauen, die Meinungs- und Versammlungsfreiheit sowie die Verantwortung füreinander und für das gesellschaftliche Ganze.

Die Forderung, dass Demokratie vor den Werkstoren nicht haltmachen darf, ist nicht neu. Was aber heißt das ganz konkret auf die Arbeitswelt bezogen? Was genau bedeutet Demokratie im Unternehmen? Wie drückt sich Demokratie im Miteinander von Arbeitgebern und Beschäftigten aus? Und: Welche Rolle spielen die Interessensvertretungen in diesem Miteinander?

Antworten auf diese Fragen gibt das **Arbeitsrecht**. Es implementiert Demokratie im Unternehmen, indem es die Gleichberechtigung von Arbeit und Kapital regelt und Arbeitnehmerinnen und Arbeitnehmer vor der Übermacht des Arbeitgebers schützt, z.B. durch die Mitbestimmung und den Kündigungsschutz. Es gibt weitere Beispiele für die Bedeutung des Arbeitsrechts für Demokratie in der Arbeitswelt: Gleichstellungsbeauftragte setzen sich für Chancengleichheit von Männern und Frauen ein, Schwerbehindertenvertretungen streiten für die Teilhabe von Menschen mit Behinderungen und der Arbeits- und Gesundheitsschutz ist nicht zuletzt Ausdruck der Verantwortung von Arbeitgebern gegenüber ihren Beschäftigten.

Den vielleicht wichtigsten Demokratisierungsschub erfuhren Betriebe in Deutschland im Jahre 1952 durch das **Betriebsverfassungsgesetz**. Es war damals eines der umstrittensten Gesetze der Bundesrepublik überhaupt und wurde dennoch zu einem prägenden Pfeiler der wirtschaftlichen und gesellschaftlichen Entwicklung Deutschlands. Das liegt vor allem darin begründet, dass es stetig weiter entwickelt wurde, etwa durch die Reformen des Betriebsverfassungsrechts in den Jahren 1972 und 2001.

1.2 Mitbestimmung und Betriebsverfassung: ein Erfolgsmodell

In Deutschland haben wir über viele Jahrzehnte die Erfahrung gemacht, dass Mitbestimmung nachweislich Erfolge für alle Beteiligten bringt. Dort, wo der Austausch zwischen Unternehmensleitung und Belegschaft funktioniert, wo Mitarbeiterinnen und Mitarbeiter in die unternehmerischen Entscheidungen eingebunden werden und wo wechselseitiges Vertrauen herrscht, steigt die Leistung und es entsteht Raum für Innovationen.

Wenn die Beschäftigten spüren, dass sie etwas einbringen können und ihre Interessen ernst genommen werden, fühlen sie sich wertgeschätzt und haben mehr Freude an ihrer Arbeit. Sie sind deutlich motivierter und damit auch produktiver. Mitbestimmung zahlt sich somit auch für das Unternehmen aus. Darüber hinaus wirkt Mitbestimmung als Frühwarnsystem für Konflikte und Fehlentwicklungen im Betrieb.

Nach über 60 Jahren kann man sagen: Deutsche Unternehmen sind nicht *trotz*, sondern *wegen* der Mitwirkung von Arbeitnehmervertreterinnen und -vertretern in Aufsichts- und Betriebsräten so erfolgreich. Gerade in der **Wirtschafts- und Finanzkrise** hat sich unsere Tradition des kooperativen Miteinanders einmal mehr eindrucksvoll bewährt. Diesen seinerzeit in der Bundesrepublik bis dahin nie dagewesenen Rückgang im Wachstum nahezu ohne Verlust an Arbeitsplätzen zu bewältigen, hat die Grundlage dafür gelegt, dass Deutschland heute in Europa und der Welt wieder als Wirtschaftswunderland gilt.

Es hat sich gelohnt, unser Modell von Mitbestimmung und Betriebsverfassung über all die Jahre zu verteidigen und zu stärken. Die **Betriebspartnerschaft** in Deutschland hat sich als ein Garant von Stabilität und sozialem Frieden erwiesen. Dieses Modell hat heute Vorbildcharakter nicht nur in Europa, sondern weltweit.

1.3 Veränderungen und Herausforderungen heute: Globalisierung, Digitalisierung, Flexibilisierung

Es kommt entschieden darauf an, ob und wie ein Rechtsrahmen „mit Leben gefüllt“ wird, und darauf, dass er auf der Höhe der Zeit bleibt und sich weiterentwickelt, wenn die Welt sich verändert; und mit ihr die Arbeitswelt. Deshalb stehen wir heute vor der Frage, ob in Zeiten der Globalisierung, Digitalisierung und Flexibilisierung von Arbeit institutionalisierte, kollektive Formen der Mitbestimmung noch das passende Rezept sind. Die Antwort lautet: Ja, Demokratie in Unternehmen ist auch in Zukunft das richtige Modell.

Die **Globalisierung** hat besonders einschneidende **Veränderungen in der Arbeitswelt** mit sich gebracht. Noch bis in die 1980er Jahre galt: Wenn es dem Betrieb gut geht, geht es auch den Beschäftigten gut. Das hat sich verändert. Heute entscheiden Konzernzentralen im Ausland über die Geschicke von Tochterunternehmen und damit über die Zukunft vieler Arbeitnehmerinnen und Arbeitnehmer an Standorten weltweit. Auch wenn das Unternehmen profitabel ist, kann es durch Verlagerungen zum Verlust der Arbeitsstelle kommen. Mitbestimmung ist deshalb längst kein nationales Thema mehr, sondern ein globales.

Die entscheidende Frage lautet: Wie organisieren wir unter den Rahmenbedingungen der Globalisierung einen Konzern, in dem der Mensch ernst genommen wird und mitentscheiden kann? In **Europa** haben wir begonnen, die Mitbestimmung Schritt für Schritt in die neue Zeit zu übersetzen. Auf Ebene der betrieblichen Mitbestimmung haben wir inzwischen die Europäischen Betriebsräte. Und auch im Bereich der Unternehmensmitbestimmung sind wir in den vergangenen Jahren wichtige Schritte vorangekommen, etwa mit der Europäischen Gesellschaft und der Europäischen Genossenschaft. Eine europäische Lösung für europäische Unternehmen — das ist der richtige Ansatz, der sich weiter fortentwickeln muss.

Auch die **Digitalisierung** verändert unsere Arbeitswelt in nie gekanntem Tempo und Ausmaß. Begünstigt durch neue Kommunikations- und Informationsstrukturen entstehen neue Arbeitsformen und Produktionskonzepte, die nicht dem Muster klassischer, hierarchischer Unternehmensorganisation folgen. Mitarbeiterinnen und Mitarbeiter schließen sich freiwillig zusammen, engagieren sich in Communities, setzen auf Transparenz, Beteiligung und Kooperation in **Netzwerken.** Viele Unternehmen stehen diesen neuen, demokratischen Strukturen grundsätzlich offen gegenüber. Vor allem Jungunternehmen bemühen sich um flache Hierarchien und offene Unternehmenskultur. Für die jüngere Generation ist die

Möglichkeit zur Mitgestaltung inzwischen ein wichtiges Kriterium bei der Wahl des Arbeitgebers.

Die interessante Frage lautet: Ist der verstärkte Austausch, die virtuelle Vernetzung der Mitarbeiterinnen und Mitarbeiter, der erleichterte Zugang zu Informationen schon Mitbestimmung im eigentlichen Sinne? Die Erfahrung der vergangenen Jahre zeigt, dass individuelle und kollektive Interessenwahrnehmung nicht im Widerspruch zueinander stehen. Neue Formen der Teilhabe und Teilnahme können die klassische betriebliche Mitbestimmung aber auch nicht ersetzen. Die kollektive Interessenwahrnehmung, der geregelte rechtliche Rahmen bleibt auch im Zeitalter der Digitalisierung unverzichtbar.

Wir müssen zwei Dinge unterscheiden:

1. Digitalisierung vergrößert die Chancen auf Beteiligung in den Unternehmen durch neue Kommunikationsstrukturen.
2. Digitalisierung und technologischer Fortschritt verändern die Arbeitswelt — und zwar massiv.

Diesen Prozess müssen wir aktiv gestalten, damit aus digitaler Arbeit gute, ja **humane digitale Arbeit** wird. Dabei stellt sich wiederum die Frage: Brauchen wir Lösungen, die kollektiv und für alle verbindlich verhandelt werden oder reichen individuelle Absprachen? Ein Beispiel, das zeigt, worauf es ankommt, ist das Thema flexible Arbeitszeiten.

Der technische Fortschritt durch die Digitalisierung hat mit sich gebracht, dass wir heute arbeiten können, wann immer und wo immer wir wollen. Viele Beschäftigte schätzen die Flexibilität in der Arbeitswelt und die Bandbreite an Arbeitszeitmodellen, die wir gerade in Deutschland haben. Doch die Entwicklung ist janusköpfig, denn gleichzeitig haben immer mehr Menschen Mühe, Arbeit und Leben, berufliche und familiäre Verpflichtungen in Einklang zu bringen und fühlen sich gestresst. Es gibt unterschiedliche Möglichkeiten, darauf zu reagieren. Eine Antwort könnte lauten: mehr **Selbstbestimmung**.

Der britische Unternehmen Richard Branson beispielsweise lässt seine Mitarbeiterinnen und Mitarbeiter selbst entscheiden, wann und wie viel Urlaub sie nehmen. Die einzige Vorgabe ist, dass sie den Erfolg des Unternehmens und ihre eigene Karriere nicht gefährden. Das ist nicht unproblematisch, denn es ist im Zweifel eine Einladung zu Überarbeitung und Selbstausbeutung. Eine andere Antwort wäre, neue Rahmenbedingungen für alle zu schaffen.

BEISPIEL

Beim Autobauer BMW hat der Gesamtbetriebsrat das Thema **Entgrenzung der Arbeit** und ständige Erreichbarkeit aufgegriffen und eine betriebliche Lösung herbeigeführt. Die Betriebsvereinbarung unter dem Motto „Flexibel arbeiten – bewusst abschalten" gilt für alle Mitarbeiterinnen und Mitarbeiter an allen Standorten in Deutschland. Sie ermöglicht, die Arbeitszeit flexibel auf verschiedene Arbeitsorte und Tageszeiten aufzuteilen und Mobilarbeit und klassische Büroarbeit frei zu kombinieren. Außerhalb der Zeiten der Erreichbarkeit haben die Beschäftigten das Recht, nicht erreichbar zu sein.

Was hier ausgehandelt wurde, ist im besten Sinne ein „Flexibilitätskompromiss". Flexibilität bedeutet nicht, immer und überall erreichbar zu sein, sondern Flexibilität soll den Beschäftigten erlauben, Arbeitszeit selbstbestimmt über den Tag, die Woche, zu verteilen, damit sie die Möglichkeit haben, z. B. Familienarbeit partnerschaftlich aufzuteilen. Gleichzeitig brauchen Unternehmen aber auch Planungssicherheit. Das Beispiel BMW zeigt, dass **Betriebsvereinbarungen**, also kollektive Mechanismen, noch immer ein – wenn nicht das wirksamste – Mittel sind, wenn es darum geht, tragfähige Kompromisse für Beschäftigte und Arbeitgeber auszuhandeln.

1.4 Offene Fragen

Wir haben in der Vergangenheit bereits gute Konzepte entwickelt und Möglichkeiten geschaffen, um Demokratie im Unternehmen auch in stürmischen Zeiten zu gewährleisten und zu stärken. Das macht Mut für die Zukunft: Wir müssen nicht passiv ausharren und abwarten, was der technische Fortschritt noch alles verändern wird. Wir können mit dem Fortschritt Schritt halten, wenn wir ihn als Chance sehen und kreativ und mutig mitgestalten, statt ängstlich vor den möglichen Risiken zurückzuweichen.

Entscheidend ist, frühzeitig die richtigen Fragen zu stellen, ergebnisoffen und mit dem Willen, aktiv zu gestalten. Wir beobachten, dass Unternehmensstrukturen loser werden, dass sich die **Bezugsgröße Betrieb** auflöst, dass Netzwerke von *Crowdworkern* über Landesgrenzen hinweg entstehen, dass Beschäftigte auch über Betriebsgrenzen hinweg an gemeinsamen Projekten eng zusammenarbeiten. Diese Entwicklung wirft ganz konkrete Fragen auf, etwa: Wie wirkt sich diese neue Arbeitsform auf die Mitbestimmung aus? Welche Rechtsordnung kommen bei international agierenden Netzwerken überhaupt zur Anwendung?

Weitere Punkte betreffen den Bereich gute Führung und **Unternehmenskultur**: Wo beginnt und endet die Verantwortung des Auftraggebers für Sicherheit und Gesundheit am Arbeitsplatz? Wo beginnt und endet die Verantwortung von Führungskräften für Beschäftigte, die eben nicht mehr im selben Gang, im selben Gebäude sitzen — zum Teil noch nicht einmal mehr im selben Land? Wie schützen wir sie vor Selbstausbeutung und den Folgen der Entgrenzung von Arbeit?

Teams sind dann stark, wenn es Austausch gibt und eine Führungskraft, die motiviert und ein Wir-Gefühl schafft. In der Cloud gibt es keine Kaffeeküche und auch keine Kantine. Um so mehr besteht die Aufgabe von Führung im Zusammenführen von Menschen, die sich nicht täglich begegnen, aber trotzdem bei der Arbeit täglich aufeinander angewiesen sind.

Unser Ziel ist und bleibt: mehr Demokratie im Unternehmen, mündige Bürgerinnen und Bürger — auch als Arbeitnehmerinnen und Arbeitnehmer. Wir brauchen einen Ansatz, der den ganzen Menschen in den Mittelpunkt rückt und ihn nicht auf seine Funktion als Produktivitätsfaktor reduziert; einen Ansatz, der auf zeitgemäße und vor allem dezentrale und individuelle Lösungen setzt. Das mag ein hoher Anspruch sein angesichts einer Zukunft, von der wir heute nur eines sicher wissen: Sie wird weitere tief greifende Veränderungen für unseren Alltag, für unser Miteinander und vor allem für unsere Arbeit mit sich bringen.

Der Kerngedanke eines demokratischen Unternehmens hat auch unter veränderten Bedingungen weiter Bestand. Es wird weiterhin **Aufgabe des Sozialstaats** sein, den Rahmen dafür abzustecken. Die Beschäftigten und ihre Interessenvertretungen und die Unternehmen sind jedoch ebenso gefordert: Sie müssen diesen Rahmen füllen, damit die Demokratie im Unternehmen weiterhin tragender Pfeiler unserer starken, sozialen Marktwirtschaft bleibt.

Thomas Sattelberger

»2

Der Mensch in der Aera der Digitalisierung

2 Abhängiger oder souveräner Unternehmensbürger – der Mensch in der Aera der Digitalisierung

Thomas Sattelberger (Publizist, Politikberater, Ex-Top-Manager)

Das Thema Digitalisierung wird hierzulande noch sehr unterschätzt. Schauen wir auf die Arbeitswelt, dann reduziert sich dieses Thema im Wesentlichen auf Twitter-Communities für das Recruiting, Social-Media-Employer-Branding oder den Blog mit dem Vorstandsvorsitzenden. Die US-amerikanische Diskussion, mag sie futuristisch oder gar blauäugig erscheinen, hat hingegen schon längst erkannt, dass sich eine **digitale Revolution** abzeichnet, die Leben und Arbeiten verändert[1]. Sie beeinflusst nicht nur, wie wir konsumieren und produzieren, sondern auch, wie wir mit uns alleine sind, wie wir kommunizieren und vor allem, wie wir teilhaben, wie wir Einfluss nehmen und wie wir Macht bekommen und ausüben. Das ist das zentrale Thema. Ob der Mensch bei dieser Entwicklung Opfer oder Täter, Objekt oder Subjekt ist, liegt mit in unserer Entscheidung. Wobei wir — mit der Formulierung des deutschen Soziologen Niklas Luhmann gesprochen — nur „gegenwärtige Zukünfte", nicht die „künftige Gegenwart" ausleuchten können[2].

1 Tapscott 1996, 1999; Malone 2004; Palfrey/Gasser 2008.

2 Luhmann 1990, 1992.

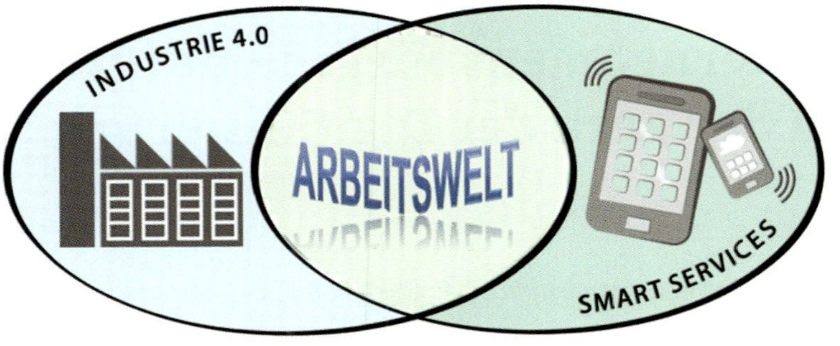

Industrie 4.0

- Verknüpfung von ITK- und Produktionstechnologien durch die Einführung cyber-physischer Systeme
- Produkte steuern sich innerhalb einer „smarten" bzw.intelligenten Fabrik
selbstständig duch die gesamte Wertschöpfungskette („Programmierte Vernetung")
- Mensch gestaltet situativ „intelligente Vernetzung"

Smart Services

- Verschmelzung von internetbasierten und physischen Dienstleistungen
- Mensch wird „Prosument"

Abb. 2.1: Industrie 4.0 und Smart Services: Zwei Seiten einer Medaille (Quelle: Eigene Darstellung).

Für den digitalen Wandel der Wirtschaft stehen heute in Deutschland die Begriffe **Industrie 4.0** und **Smart Services** (Abbildung 2.1). Beides sind Konzepte, an die fundamentale Fragen anknüpfen und mit deren weiterer Ausgestaltung Weichen für die Zukunft gestellt werden.

Mit Blick auf das Thema Industrie 4.0 stellt sich z.B. die zentrale Frage, ob wir diese nur auf die Fertigungsbereiche beziehen wollen oder ob auch die Produktion von Dienstleistungen heute schon mitgedacht wird. Wo sehen wir hier den Menschen? Werden die Beschäftigten zum Anhängsel degradiert oder gar als Störfaktor aus der Fabrik verbannt? Erste Antworten entstehen: Klassische Produktionshierarchien werden sich auflösen von zentraler Steuerung hin zu **dezentraler Selbstorganisation**. In dieser neuen Organisation wachsen in vielen indirekten Positionen rund um die Produktion die Aufgaben traditioneller Produktionsarbeiter mit denen von Wissensarbeitern weiter zusammen. Der Mensch gestaltet dabei situativ intelligente Vernetzung. Experten wie die Arbeitswissenschaftlerin Angelika Bullinger-Hoffmann sprechen bereits von einer „Demokratisierung der Produktion"[3].

[3] Bullinger-Hoffmann 2014.

Smart Services wiederum treiben die Verschmelzung von internetbasierten und physischen Dienstleistungen voran. Der Mensch entwickelt sich dabei vom Konsumenten zum *Prosumenten*, der Kunde zum neuen Mitglied der *entgrenzten* Organisation, wo er doch früher reiner Konsument war. Die Grenzen zwischen Produktion und Konsum verschwimmen.

In diesem Zusammenhang tun sich mit Blick auf die Pfadabhängigkeit technologischer Entwicklungen gerade hier in Deutschland fundamentale Fragen auf, denn Deutschland ist ein Land des Maschinenbaus und der Elektroindustrie. Industrie 4.0 spielt hier die Hauptrolle. Auf dem Gebiet der Smart Services haben wir hingegen schon zentrales Terrain an die USA verloren. Die Tatsache, dass man dort von *Smart Planet* spricht und hierzulande von Industrie 4.0, ist mehr als nur ein semantischer Unterschied. Sie zeigt, dass wir es mit einer ganz anderen Form des Denkens zu tun haben. Es ist ein großer Unterschied, ob die Entwicklung im **Paradigma der digitalen Räume** gestaltet wird oder ob es nur um die **industriebasierte Digitalisierung** von Produkten und Anlagen geht. So eng gedacht, besteht ein hohes Risiko, dass Smart Services dominant die Führung übernehmen und Industrie 4.0 als verlängerte Werkbank nur eine der Produktionsplattformen wird. Viele der hier in Deutschland diskutierten Konzepte drehen sich im Kern um Technik und lassen Menschen — egal ob Kunden oder Mitarbeiter — doch eher zu Objekten oder Randfiguren werden.

Dieser Beitrag gliedert sich wie folgt: Zunächst werden die Megatrends, die derzeit die Arbeitswelt beeinflussen, beleuchtet (Kapitel 2.1). Hier geht es um die Frage, wie Unternehmen mit diesen externen Kräften umgehen. Wird der Wandel für soziale Innovationen genutzt oder versuchen sich die Organisationen den Neuerungen zu verschließen und leisten Widerstand? Kapitel 2.2 thematisiert den Wandel im Dienstleistungsbereich. Zentral sind hier der Wandel des Konsumenten zum Co-Produzenten und die mögliche Veränderung der Machtverhältnisse, nicht nur gegenüber dem Produzenten im engeren Sinn, sondern auch in weiteren gesellschaftlichen Sphären. Im nächsten Schritt geht es um die neuen Formen der Organisation (Kapitel 2.3) . Hier wird insbesondere die Entwicklung zum **Crowdworking** als neue Form der Arbeitsorganisation angesprochen und der Frage nachgegangen, ob diese Entwicklung zu einer „Amazonisierung“[4] oder einer Demokratisierung des Systems Arbeit führen wird. Zum Abschluss (Kapitel 2.4) wird ein optimistischer Ausblick gewagt: Das Leitbild der **sozialen Innovation** als Leitorientierung für neue Dienstleistungen wird vorgestellt und durch einige Handlungsempfehlungen ergänzt.

---

4 Benner 2014.

2.1 Megatrends adressieren die Arbeitswelt: Soziale Innovation oder Widerstand des Systems?

Der Zukunftsforscher Rolf Kreibich[5] formuliert drei Anforderungen an einen Megatrend:

- grundlegende Veränderungen im Bereich der menschlichen Sozialentwicklung,
- Langfristigkeit mit starken Folgen und
- eine hohe Reichweite bis hin zur globalen Vernetzung.

Dieses Verständnis aufgreifend, bestimmen **fünf Megatrends** die Zukunft des Systems Arbeit:

1. der gesellschaftliche Wertewandel,
2. die demografische Wende,
3. die Digitalisierung,
4. der zivilgesellschaftliche und politische Druck und
5. die Migrations- und *Brain*-Wellen.

Diese Trends stellen zentrale Herausforderungen für Unternehmen und Verwaltungen dar. Deren Umgang mit diesen Herausforderungen wird eine Antwort auf zentrale Fragen der Entwicklung der Gesellschaft geben.

[5] Kreibich 2000.

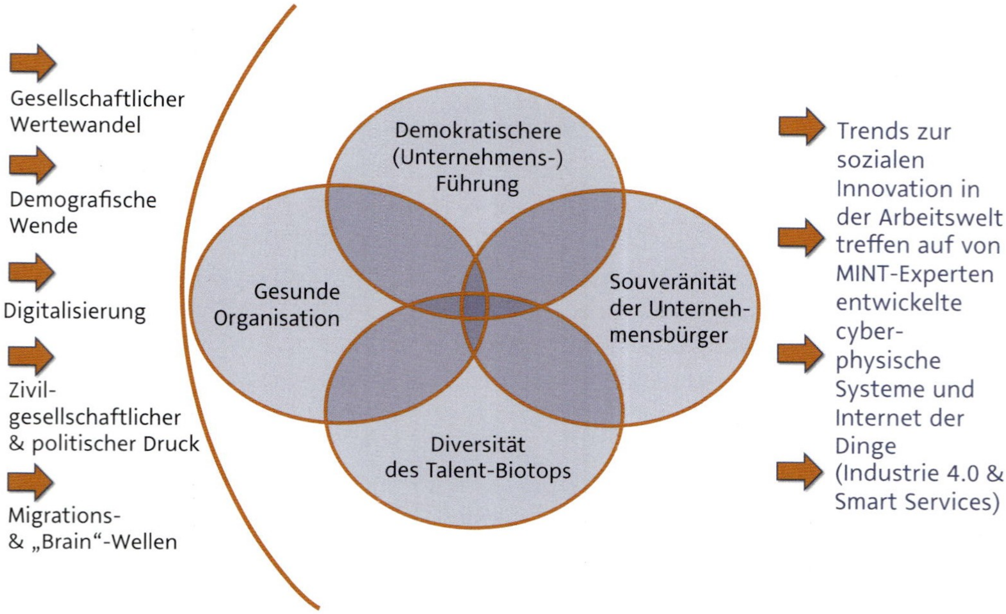

Abb. 2.2: Gesellschaftliche Trends treiben die soziale Innovation Arbeitswelt 4.0 (Quelle: Eigene Darstellung).

Diese fünf Megatrends wirken insbesondere auf die Art der Führung, die Spielräume, die die Mitarbeitenden besitzen werden, die künftige Komposition der **Unternehmensgemeinschaft** und die **Nachhaltigkeit** des Unternehmensorganismus: Demokratie, Souveränität, Diversität und Gesundheit sind dafür Schlüsselbegriffe (Abb. 2.2). Von herausragender Bedeutung ist die Frage der **Demokratie**. Wird die Unternehmensführung demokratischer? Haben Menschen Teil an Strategie? Gibt es neue horizontale und diverse Karrierekulturen, die anders sind als die klassischen machtorientiert-vertikalen Hierarchien? Wie verteilt sich Macht in Organisationen?

Große Bedeutung hat auch das Thema **Souveränität**: Wie viel Autonomie bezüglich Ort, Zeit und Inhalt der Arbeit wird der Mensch in Zukunft haben? Haben wir eine Step-out/Step-in-Kultur, die Ausstieg und Wiedereinstieg organisch ermöglicht? Tritt gar an die Stelle des Mitarbeiters in Zukunft der *Souverän*, der „**Unternehmensbürger**"[6]? Weitreichende Wirkungen für die Zukunft der Arbeit hat zudem die Frage, ob sich unter den neuen Herausforderungen ein Trend hin zu **Gesunder Organisation** entwickeln wird. Hierbei geht es nicht um Resilienztrainings und fromme Ansprachen von oben. Notwendig sind v. a. eine anspruchs-

[6] Sattelberger 2013.

gruppengerechte, ausbalancierte Unternehmensentwicklung, die Dosierung geplanten Wandels und die Vorbereitung der Organisation auf disruptiven Wandel.

Ein vierter wichtiger Punkt sind Strategien, um die **Diversität** der Talente und des Unternehmens fähigkeitenorientiert zu heben. Dabei definiert sich Diversität nicht nur in den klassischen Dimensionen wie z.B. Beispiel Gender, Nationalität oder Alter, sondern über die Frage, wie unterschiedliche Stile, Denkrichtungen und Erfahrungshorizonte den Diskurs in einer Organisation beflügeln, bevor Entscheidungen fallen. Diese vier Dimensionen — positiv ausgeprägt — machen am Ende eine gute neue Organisation aus. Die Treiber sind der demografiebedingte Wandel der **Machtverhältnisse** am Arbeitsmarkt, die Individualität als dominanter Wert, die Vernetzungskraft sozialer Medien, der Druck auf Unternehmen, *gläsern* zu werden, sowie die Notwendigkeit, Talentmagnetismus und organisationale Wetterfestigkeit auszubilden.

Diese Trends zu sozialen Innovationen in der Arbeitswelt treffen nun auf MINT-Experten und die von ihnen entwickelten cyber-physischen Systeme und das Internet der Dinge. Dabei müssen sich Technikwelt und Arbeitswelt simultan oder zumindest ohne große Brüche miteinander verzahnen. Eine Diskussion zur menschenleeren Fabrik, wie wir sie in den 1990er Jahren geführt haben, die uns psychologisch viel an Veränderungsenergie gekostet hat, die können wir uns hier und heute nicht mehr leisten.

Bislang dominieren jedoch technische Aspekte die Diskussion über die digitale Welt. Dem Menschen fällt eher die Rolle des Getriebenen oder **Objekts** zu. Dieser Ansatz greift zu kurz, weil es keine moderne Arbeitswelt ohne Menschen geben wird. Ebenso wenig wird es eine digitale Arbeitswelt geben, wenn wir es nicht schaffen, die Menschen dafür zu gewinnen. Der Physiker und Manager Henning Kagermann drückt es in einem Gespräch einmal (sinngemäß) so aus: Wir müssen die Belegschaften auf diesem Weg mitnehmen, denn produktive **Veränderungsenergie versus Veränderungsresistenz** ist ein Schlüsselthema in der Frage, wie Organisationen ihre Zukunft gestalten. Ingenieure, Informatiker, Ökonomen und Sozialwissenschaftler müssen die gesamte Diskussion von Anfang an gemeinsam führen, um die beiden Welten Technologie und Arbeit synchron und crossdisziplinär planen und gestalten zu können. Eine Diktatur der Ingenieure und Ökonomen darf es nicht geben.

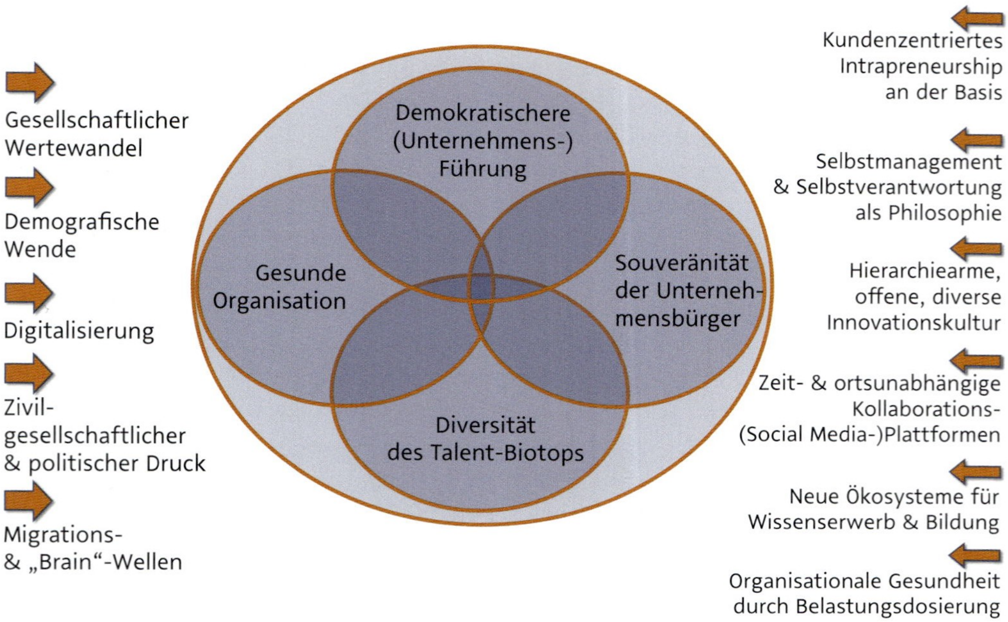

Abb. 2.3: Idealbild: Arbeitswelt 4.0 trifft Industrie 4.0 und Smart Services (Quelle: Eigene Darstellung).

Es gibt insofern ein Idealbild, in dem Arbeitswelt 4.0 auf Industrie 4.0 bzw. Smart Services trifft (Abbildung 2.3). In Anlehnung an die Deutsche Akademie der Technikwissenschaften (Arbeitskreis Smart Service Welt/acatech 2014) sehe ich sechs Dimensionen einer Arbeitswelt 4.0:

- kundenzentriertes Entrepreneurship an der Basis,
- Selbstmanagement und Selbstverantwortung als Philosophie,
- eine hierarchiearme, offene und diverse Innovationskultur,
- zeit- und ortsunabhängige Kollaborationsplattformen,
- neue Ökosysteme für Wissenserwerb und Bildung sowie
- als eigene, zusätzliche Setzung organisationale Gesundheit durch Belastungsdosierung geplanten Wandels.

2.1.1 Praxisbeispiel Gesundheits-App

Aus dem Bereich Gesundheit zeigt das Weiterentwicklungspotenzial eines Smart Service zur Reduktion des Stressrisikos und Erhöhung der mentalen Resilienz (*SOMA Analytics*, eines der relevanten Gesundheits-Start-ups Europas), wie ein technisches Produkt soziale Veränderungen antoßen könnte. Diese App zur Diagnose des eigenen Stresslevels kann zu einem Werkzeug werden, um den arbeitswissenschaftlich belegten Zusammenhang von Belastung, Führung und Teamkultur systemisch zu diagnostizieren. Daraus kann ein System zur Echtzeitdiagnose organisationaler Gesundheit und eigener Befindlichkeit entstehen: nicht nur eine digitale Community als Kommunikations- und Forderungsplattform, sondern auch eine digitale Beurteilung von Unternehmen, Organisationseinheiten und Führungskräften, quasi ein Ranking von unten. So wird eine zunächst nur technische Applikation zur Grundlage sozialen Wandels, etwa für Workshops zur Verbesserung der Führungs- und Arbeitssituation, für eine kontinuierliche Online-Beurteilung des Verbesserungsprozesses bottom-up, zur Beurteilung der Organisationsgesundheit als Maßstab für die Auswahl von Führungskräften oder zur Unternehmenssteuerung mit Gesundheit als Teil des Steuerungscockpits.

Was hier noch als Zukunftswurf erscheint, adressiert die relevanten Themen Demokratie, Souveränität und Gesundheit, die nicht nur Global Player, sondern zunehmend auch den Mittelstand beschäftigen.

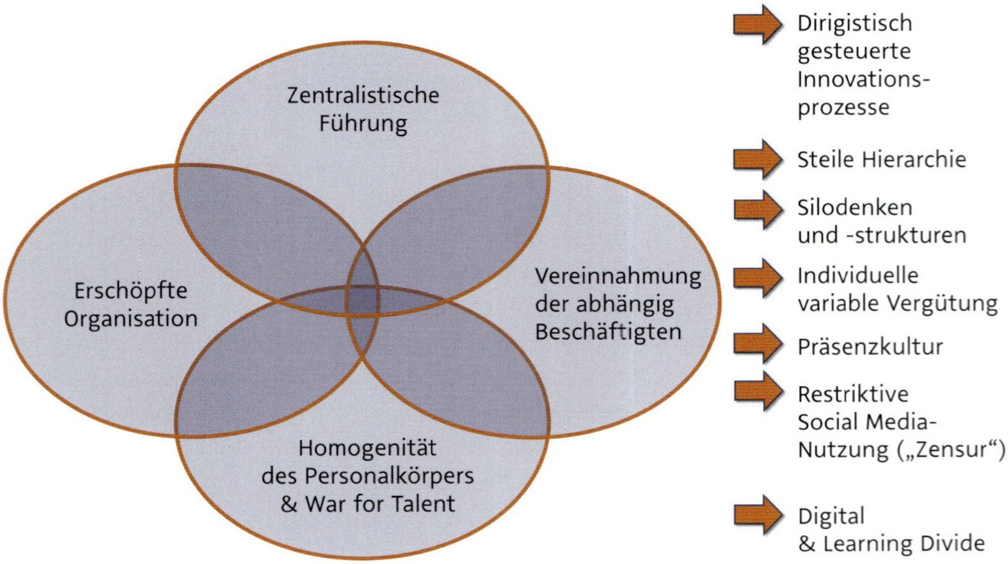

Abb. 2.4: Zerrbild: Arbeitswelt 1.0 trifft Industrie 4.0 und Smart Services (Quelle: Eigene Darstellung).

Neben einem solchen Idealbild eines Verhältnisses zwischen Smart Services, Individuum und Organisation, also zwischen Technikwelt und sozialer Realität, gibt es aber auch ein Zerrbild (Abbildung 2.4). Es macht die Konflikte deutlich, die entstehen können, wenn die alte Arbeitswelt 1.0 mit ihren dirigistisch gesteuerten Innovationsprozessen, steilen Hierarchien, Silodenken und -strukturen, individueller variabler Vergütung, Präsenzkultur, restriktiver Social-Media-Nutzung bis hin zur Zensur, Digital und Learning Divide auf eine neue Technikwelt trifft. Dieses Bild zeigt auch, wie dringend notwendig es ist, Reformen der Arbeitswelt hier und heute einzuleiten, um die soziale Dimension der neuen Technikwelt frühzeitig auszuformen. Andernfalls werden zentralistische Führung, umfassende Vereinnahmung der abhängig Beschäftigten, ein Verdrängungskampf um Talente in einer homogen gedachten und gestalteten Arbeitswelt und schließlich eine Organisation im dauerhaften Erschöpfungszustand zur Realität.

2.2 Wandel der Dienstleistung: Konsumenten als Co-Produzenten und veränderte Machtverhältnisse

Der Einfluss der Digitalisierung auf den Wandel der Dienstleistung lässt sich eindrucksvoll am Beispiel des zentralen Feldes Gesundheit veranschaulichen. Wenn man die digitale Welt hier betrachtet, sieht man, dass das Ganze ziemlich simpel beim Bio-Gaming beginnt. Menschen lernen, sich spielerisch mit ihrer Gesundheit und den Faktoren, die diese beeinflussen, zu befassen. Es gibt eine Fülle von Eigen-EKGs, Schnelldiagnose-Apps und Selbstdiagnose-Portalen. Sozial vernetzt wachsen digitale Selbsthilfe-Communities heran bis hin zum **Crowdsourcing** zur Beratung ratloser Ärzte, wie das von dänischen Forschern entwickelte Portal *Think Zebra*. Diese Welt entwickelt sich gerade rasch weiter zum Crowdsourcing, verknüpft mit Konsensdiagnose und Reputationsmanagement.

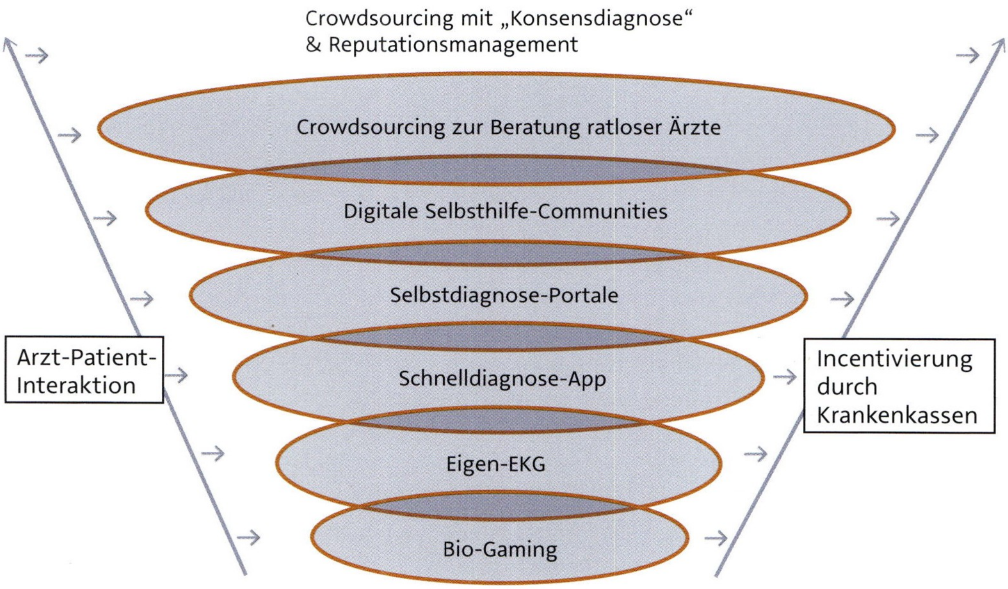

Abb. 2.5: CrowdMed: Ein Praxisbeispiel (Quelle: Eigene Darstellung).

2.2.1 Praxisbeispiel CrowdMed

Das Gesundheitsportal CrowdMed macht deutlich, wie weit der digitale Wandel bereits in der Dienstleistungswelt angekommen ist. Die vor drei Jahren in den USA gestartete Plattform wendet sich an Mediziner und Patienten und sucht in der Crowd nach interdisziplinären Lösungen für gesundheitliche Probleme. Sie setzt jeweils 100 sog. *Medical Detectives* ein, die bisherige Diagnosen eines Falls auswerten und darauf aufbauend eine Konsensdiagnose erstellen. Der Patient kann drei Top-Diagnosen für 200,- US-Dollar erwerben, die er mit seinem Arzt besprechen kann. Ein Reputationsmanagement, welches erfolgreiche Diagnostiker im inneren Zirkel der Medical Detectives bindet, verbessert die Qualität der Diagnose systematisch. Portale wie NetDoctor hatten im April 2013 vier Millionen Besucher.

Von einem solchen Praxisbeispiel ausgehend sind viele Entwicklungen denkbar — von einer radikal veränderten Arzt-Patient-Interaktion bis hin zur Incentivierung durch die Krankenkassen. Arzt und Patient könnten künftig auf Augenhöhe miteinander sprechen, der Erwerb von Sozialkompetenzen in der Medizinerausbildung kann stärkeres Gewicht bekommen. Patienten könnten massiven Druck auf die Gesundheitsbranche ausüben, Krankenhausstrukturen sich demokratisieren. Damit wäre aus einer technischen Applikation soziale Innovation entstanden.

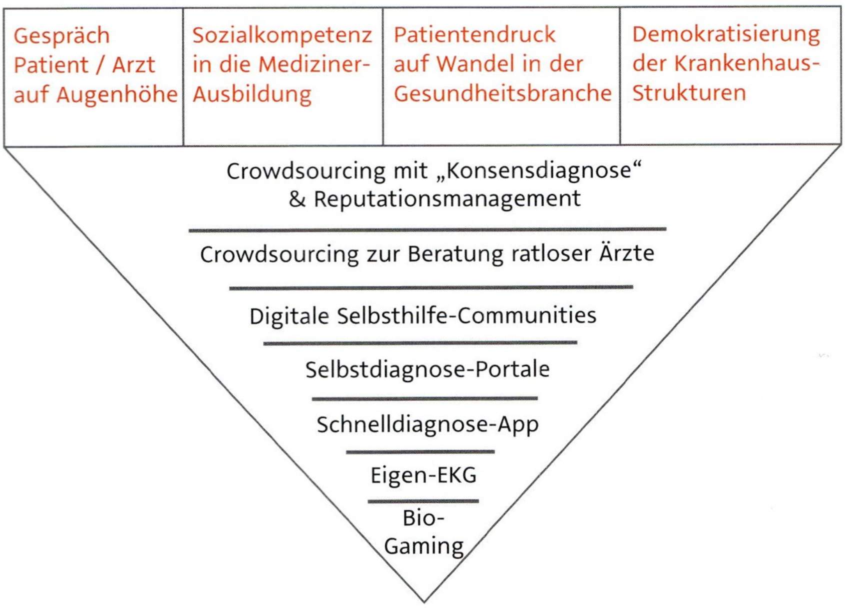

Abb. 2.6: Was aus CrowdMed werden könnte (Quelle: Eigene Darstellung).

2.2.2 Janusköpfigkeit der Entwicklung

Zugleich gilt es aber auch im Auge zu behalten, wie janusköpfig solche Veränderungen in der **Dienstleistungsbranche** sein können. Letztlich geht es um die Frage, ob sie zu mehr Demokratisierung führen und bisherige Eliten entmachten oder ob Letztere sogar an Macht gewinnen und die Ökonomie in einer Art kapitalistischer Landnahme von den Menschen Besitz ergreift.

Auf der einen Seite werden die alten Grenzen der Organisation gesprengt. Dies gilt nicht nur für den Bereich Gesundheit, sondern auch für Unternehmen durch Open Innovation und Crowdwork, für Hochschulen durch Digital Education und für viele andere Anwendungsfelder. Digitale Netzwerke von Betroffenen erlangen Transparenz und Kontrollmacht durch Bewertungs- und Reputationssysteme, Kunden werden kompetenter, mächtiger und renitenter, Organisationseliten, Manager, Professoren und Ärzte verlieren dagegen an Macht und Expertenoligopole werden zurechtgestutzt. Stattdessen entstehen neue Expertennetzwerke und Laien werden zu Experten.

Auf der anderen Seite werden Konsumenten zu *Prosumenten*. Die Grenzen zwischen Produktion und Konsum lösen sich auf, ebenso die Grenzen zum Privaten. Die Ökonomie erschließt sich ein neues Produktivitätsfeld: die Landnahme des Privaten, welches fortan wirtschaftlich überlagert wird. Es gibt neue Heimarbeit ohne Bezahlung, Ausbeutung und Belastung, Überforderung durch grenzüberschreitende Arbeit außerhalb der traditionellen Arbeitswelt. Organisationseliten gewinnen Macht über den gesamten Menschen.

2.3 Entgrenzung und Crowdworking: Amazonisierung oder Demokratisierung des Systems Arbeit?

Wir erleben seit Jahrzehnten einen Prozess der Entgrenzung von Organisationen, der zurückgeht bis in die 1980er Jahre. Der zunächst effizienz- und skalengetriebene und heute digitale Wandel verflüssigt die Unternehmensgrenzen. Standen in den 1980er Jahren zunächst die Themen flachere Hierarchien, Lean Management und Dezentralisierung im Vordergrund, kamen in den frühen 1990er Jahren das Supply-Chain-Management sowie neue Kooperationen und Unternehmensgefüge in Form von Allianzen, Joint Ventures oder Mergers and Acquisitions hinzu. Inzwischen werden ganze Geschäftsprozesse ausgelagert und Service-Portfolios ent-

stehen quasi wie Zwiebelschalen um den kleiner werdenden Unternehmenskern herum. Shared Services, Outsourcing und Offshoring heißen diese Plattformen heute. Die Zukunft zeichnet sich in den Begriffen **Digitalisierung**, **Virtualisierung**, **Netzwerke**, **New Work** und **Prosumenten** ab, zum Teil ist dies jetzt schon Realität oder gerade im Entstehen (vgl. Abb. 2.7).

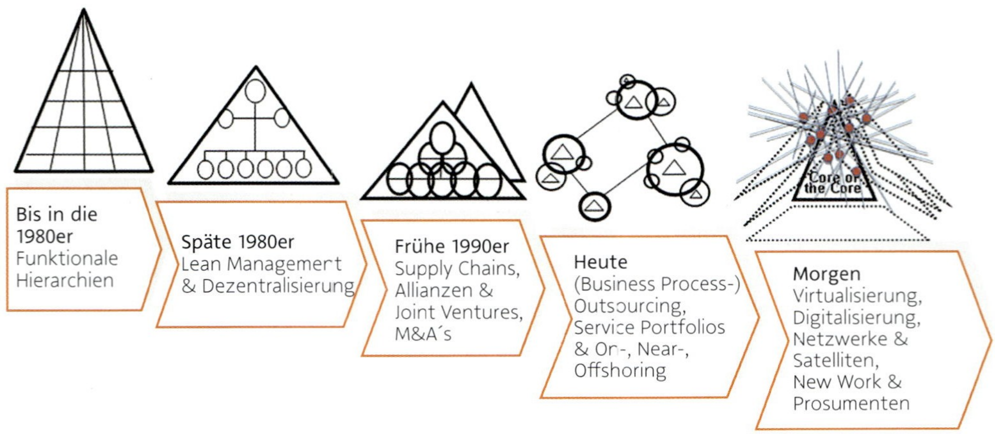

Abb. 2.7: Entgrenzte Organisation: Wandel lässt die Grenzen verschwimmen (Quelle: Eigene Darstellung).

2.3.1 Arbeiten in der Cloud

Apple hat heute 40.000 Freelancer, die als Freiwillige mehr als die Hälfte ihres Einkommens damit verdienen, dass sie für Apple Services entwickeln. Wir sprechen hier über eine neue Qualität der Entgrenzung des Systems Arbeit. Als das Nachrichtenmagazin Der Spiegel im Jahr 2012 auf der Grundlage eines internen Papiers von IBM mit seinem Artikel „Frei schwebend in der Wolke" genau dieses Thema auf die Tagesordnung gesetzt und radikal gezeigt hat, was **Cloudworking** in der Praxis bedeuten kann[7], hat dies hierzulande Diskussionen, aber auch Horrorfantasien beflügelt.

Die Autoren beschreiben eine virtuelle Arbeitswelt, in der ein Großteil der Beschäftigten in der sogenannten Cloud ausgelagert ist. Hier rekrutiert das Unternehmen temporäre Arbeitskräfte, die auf die jeweils benötigten Leistungen spezialisiert sind. Wie auf einer Talentversteigerung konkurrieren Fachkräfte um die Teilnahme

[7] Dettmer/Dohmen 2012.

an Projekten. Ihre Arbeitserfolge werden analog zu Facebook-Gepflogenheiten per Mausklick bewertet. Jeder Cloud-Mitarbeiter erhält ein Zertifikat, das z.B. Aufschluss darüber gibt, ob sein Know-how den internationalen Standards der Branche entspricht oder ob er korrekt und zuverlässig arbeitet. Auf diesem Weg kann seine Reputation steigen bis zum *Goldsiegel*. Gesteuert wird die Cloudwork durch eine kleine Kernbelegschaft mit festem Arbeitnehmerstatus, die sich fokussiert auf Strategie, Performance Management und Kundenbeziehungen.

Unter deutschen Wertvorstellungen führen Szenarien wie das oben skizzierte zu schwierigen und heftigen Diskussionen: Auch Crowdworking und Human Cloud zeigen die angesprochene Janusköpfigkeit – auf der einen Seite in ihrem Potenzial zu mehr Souveränität der Beschäftigten, auf der anderen Seite in dem, was wir heute als „Amazonisierung von Arbeit"[8] bezeichnen.

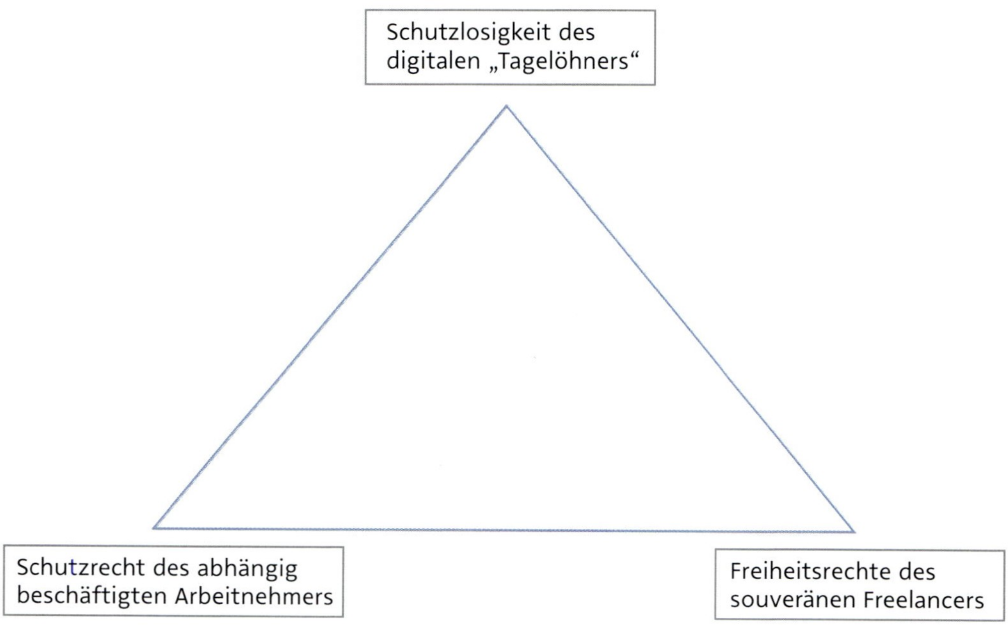

Abb. 2.8: Das spannungsgeladene Dreieck von Mitarbeitenden (Quelle: Eigene Darstellung).

Souveränität würde bedeuten, dass es auch in der digitalen Welt eine Art Machtsymmetrie zwischen Auftraggeber und Crowdworker gibt. In klassischen Arbeitsverhältnissen wird sie durch Arbeitnehmerschutzrechte und Mitbestimmung ge-

8 Z.B. Benner 2014.

regelt. Es herrscht ein überwiegend fair regulierter Vergütungswettbewerb und es gibt Handlungs — und Planungsspielräume der Einzelnen für eine am Ergebnis orientierte Arbeit. Reputationssysteme und Zertifizierungen sind transparent in beide Richtungen. Souveränität bedeutet zudem, dass auch Digital Worker Schutzrechte besitzen und selbst bestimmen können, wann sie ihre Arbeitskraft wem zur Verfügung stellen.

Dem gegenüber stehen Tendenzen zur Amazonisierung: Die Machtsymmetrie verschiebt sich zulasten des Crowdworkers in Richtung Auftraggeber, der Bewegungen, Tätigkeiten und Arbeitsergebnisse seiner Crowdsourcees lückenlos erfasst. Statt fairer Honorare gibt es einen Vergütungswettbewerb nach unten. Über Reputationen und Zertifizierungen wird einseitig geurteilt und entschieden. Am Ende steht der *digitale Tagelöhner* ohne Schutzrechte, dessen Arbeitserledigung lückenlos kontrolliert wird.

Das Austarieren dieser beiden Seiten der Medaille wird hierzulande ab jetzt die Diskussion über die Zukunft der Arbeit mitbestimmen. In einem spannungsgeladenen Dreieck zwischen der Schutzlosigkeit des digitalen Tagelöhners, den Schutzrechten des abhängig beschäftigten Arbeitnehmers und den Freiheitsrechten des souveränen Freelancers gilt es, das richtige Maß zu finden (vgl. Abb. 2.8).

2.3.2 Akteure beim Aufbau der digitalen Arbeitswelt

Seit den 1990er Jahren entwickelt sich die IT-Industrie zum Avantgardisten und Prototyp neuer Arbeitswelten. Sie schafft nicht nur die notwendige informations- und kommunikationstechnische Infrastruktur, sie führt die neuen Konzepte auch an sich selbst vor. Apple, Google, Facebook und IBM inszenieren ihre Arbeits-Technik-Welten mittlerweile zunehmend in radikaler Umdeutung der Freiheitsdiskurse, die ihre eigenen Communities führen. Sie adaptieren vergemeinschaftete Produktionsformen im Netz wie Open Source und wenden diese unter den Bedingungen eines kapitalistisch wirtschaftenden Unternehmens an, das ein „System permanenter Bewährung"[9] pflegt, ständige Erreichbarkeit verlangt und kreative Arbeit industrialisiert[10]. Nach dieser neuen Geschäftslogik vermischen sich Elemente des überkommenen Kapitalismus mit denen der neuen Internetwelt. Es entstehen Produktionsformen, die darauf zielen, Beschäftigte und Kunden zu disziplinieren und deren Subjektivität als kapitalistische Währung einzusetzen. Die Sozialwissen-

9 Boes/Bultemeier 2008.

10 Boes u. a. 2014.

schaftlerin Shoshana Zuboff hat das treffend so formuliert: „Google und Facebook haben dem Ethos des öffentlichen Webs den Rücken gekehrt, aber sorgfältig an dessen Rhetorik festgehalten“[11]. Mit solchen Fehlentwicklungen geht ein Verlust der Privatsphäre des Einzelnen einher. Der Sprung von *Big Data Mining* zum *Reality Mining* macht die Bestrebungen deutlich, den Menschen und sein Verhalten genau zu erfassen, ihn zu manipulieren und zu kontrollieren und sein Verhalten zu parzellieren.

In diesem Kontext findet auch der Wettbewerb der Systeme zwischen der Real-Welt der Dinge und dem Internet der Dinge statt. Werden diejenigen, die Big Data sammeln, vernetzen und auswerten, die Geschäftsmodelle und Machtverhältnisse bestimmen? Werden diejenigen, die noch die Real-Welt der Dinge produzieren, zu austauschbaren Zulieferern von Smart-Service-Anbietern degradiert? Können deutsche Unternehmensleitungen noch umdenken und umlenken, die im letzten Viertel des 20. Jahrhunderts ausgebildet wurden, um die Berechenbarkeit und Effizienz von Konzernen sicherzustellen, die zum Teil aus dem 19. Jahrhundert stammen?

Klar ist schon jetzt, dass disruptive Technologien und ihre Erfinder schneller, unberechenbarer und chaotischer vorgehen und die alten Branchen auf den Kopf stellen: Amazon den Buchhandel, Apple die Musikindustrie, Skype die Telekommunikation und Airbnb die Hotelbranche. Google hat die Chance, mit dem gerade gekauften Energiedienstleister Nest den Markt für Energiedienstleistungen, mit Kontaktlinsen für Diabetiker den Markt für Medizintechnik zu revolutionieren, und baut ein Auto ohne Lenkrad, um so die Automobilbranche umzuwälzen. Und alle diese IT-Avantgarde-Unternehmen revolutionieren ihre Arbeitswelt.

2.3.3 Die neuen Organisationstypen

Im Kontext dieser Entwicklung werden sich mittelfristig mindestens drei Organisationstypen herausbilden (Abbildung 2.9). Die Organisationsentwicklung der Zukunft wird damit ebenfalls zur Systemkonkurrenz. Zugespitzt formuliert lautet die Frage: Demokratisierung oder Feudalisierung?

[11] Zuboff 2014.

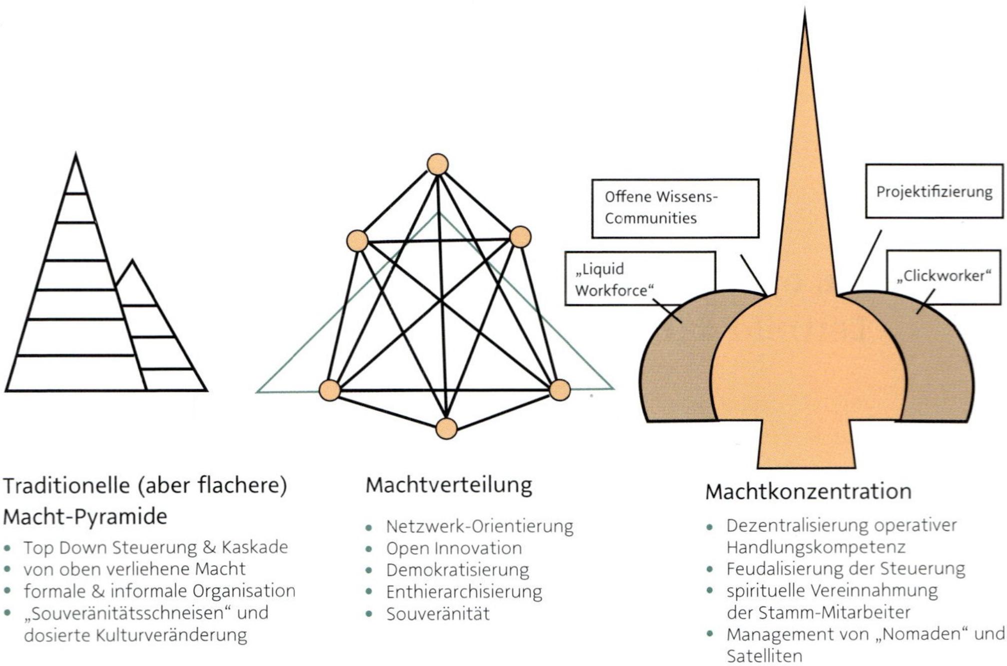

Abb. 2.9: Neue Organisationstypen (Quelle: Eigene Darstellung).

- Auf der einen Seite stehen – wenn sie überleben – die **klassischen Unternehmen** mit nunmehr flacheren Hierarchien, in denen Macht aber nach wie vor von oben verliehen und top-down gesteuert wird. Die neue Arbeitswelt zeigt sich hier allenfalls in Souveränitätsschneisen und dosierten Kulturveränderungen.
- Zweitens wird es Organisationstypen geben, in denen die Macht verteilt ist. Statt Hierarchien gibt es hier demokratische Netzwerkstrukturen, mehr Teilhabe und Souveränität sowie Open Innovation.
- Ferner ist heute schon ein dritter, hybrider Typus sichtbar, der Macht zweifach konzentriert: im Bauch der Organisation eine ungewohnte Macht der Innovation, an der steilen Spitze die geballte Macht von Finanzen und Strategie. In einem solchen Unternehmen ist die operative Handlungskompetenz voll über eine Philosophie des **Empowerment** dezentralisiert, die Steuerung aber erfolgt nach feudalistischen Prinzipien. Stamm-Mitarbeiter, die loyal und transformationsfähig sind und als Kernbelegschaft das Know-how des Unternehmens sichern, werden spirituell vereinnahmt. Austauschbare Arbeitsnomaden oder Satelliten, von denen nur die Besten und Kreativsten länger ans Unternehmen gebunden werden, werden ebenso effizient gemanagt wie die sogenannten Clickworkers und Liquid Workforces, die zu niedrigen Kosten jederzeit zur

Verfügung stehen. Karrieren entwickeln sich in diesem Modell entweder über Projekte oder innerhalb einer offenen Wissenscommunity als Experten. Ein genauer Blick hinter die Kulissen einiger Internetgiganten der USA zeigt, wie die Feudalisierung ganz oben sozusagen komplementär ist zu dem, was an Freiheiten im Inneren einer solchen Organisation entstanden ist.

2.4 Ein optimistischer Ausblick: Wie lässt sich das Leitbild der sozialen Innovation verwirklichen?

Digitalisierung kann den Wandel von der rein internetbasierten Dienstleistung zur sozialen Innovation voranbringen, die über frühe Sensorik und proaktive Dienste eine fallbezogene Social Media Community und — von der Crowd getrieben — neue Modelle für die soziale Interaktion schafft (Abb. 10). Es besteht so die Chance, ein grenzübergreifendes Geschäfts- und Organisationsmodell mit neuen Modellen für Führung und Zusammenarbeit auf den Weg zu bringen. Eine solche Entwicklung hin zur **Arbeitswelt 4.0** könnte einen Beitrag zu mehr demokratischer Teilhabe und Souveränität sowohl in der realen Gesellschaft als auch in virtuellen Netzwerkstrukturen leisten.

Abb. 2.10: Wandel der Dienstleistung: Von der internetbasierten Dienstleistung zur sozialen Innovation (Quelle: Eigene Darstellung).

Um das Leitbild **Soziale Innovation** in die Praxis umzusetzen, brauchen wir erstens eine in der ganzen Bildungskette durchgängige digitale Bildung und Kompetenzentwicklung. Es geht um intelligente digitale Teilnahme verbunden mit der Kraft, sich gegen die Vereinnahmung durch digitale Medien zu wehren. Es geht um Social-Media-Experimente in Schulen und Unternehmen. Es geht um Makroformen des tabletgestützten Lernens.

Wir sollten zweitens jetzt beginnen, mit **neuen Arbeitswelten** zu **experimentieren**. Es gilt, neue **Arbeitszeitmodelle** von Vertrauensarbeit über Auszeitmodelle bis hin zu Führung in Teilzeit zu konzipieren und zu erproben. Wir müssen auch über Führung auf Zeit nachdenken mittels demokratischer Wahlen von Projektleitern, Teamleitern und operativen Managern. Und es gilt, die klassische Führungsausbildung zu enthierarchisieren. Unternehmen müssen die Themen Innovation und Crowdsourcing auch in nicht-technischen Arbeitsfeldern vorantreiben. Sie brauchen Gesundheitscockpits für die pädagogische Dosierung geplanter Veränderungen und Karrierepfade für die Generationen 40+, 50+ und 60+.

Drittens braucht es **Feldforschung** mit validen Ergebnissen zur Wirkung von Prosumenten- und Crowdworking-Systemen. Forschung, Entwicklung und Systemdesign neuer **Arbeits-Technik-Welten** müssen viertens sehr früh interdisziplinär angelegt sein. Fünftens müssen Smart Services auch in ihrem Potenzial für soziale Innovation zum Thema des öffentlichen Diskurses werden.

Literatur

Arbeitskreis Smart Service Welt/acatech (Hrsg.) (2014), Smart Service Welt. Umsetzungsempfehlungen für das Zukunftsprojekt Internetbasierte Dienste für die Wirtschaft, http://www.acatech.de/fileadmin/user_upload/Baumstruktur_nach_Website/Acatech/root/de/Projekte/Laufende_Projekte/Smart_Service_Welt/BerichtSmartService_mitUmschlag_barrierefrei_ HW76_DNK2.pdf (11.7.2014).

Benner, Christiane (2014), Online-Arbeit auf Abruf: Wer schützt die Click-Worker?, Frankfurter Allgemeine Zeitung, 19.03.2014, http://www.faz.net/aktuell/feuilleton/debatten/die-digital-debatte/politik-in-der-digitalen-welt/online-arbeit-auf-abruf-wer-schuetzt-die-clickworker-12852614-p3.html (18.7.2014).

Boes, Andreas/Kämpf, Tobi/Langes, Barbara/Lühr, Thomas/Steglich, Steffen (2014), Cloud-working und die Zukunft der Arbeit – Kritische Analysen am Beispiel der Strategie ‚Generation Open' von IBM, München (im Erscheinen).

Boes, Andreas/Bultemeier, Anja (2008), Informatisierung — Unsicherheit — Kontrolle. Analysen zum neuen Kontrollmodus in historischer Perspektive, in: Kai Dröge/ Kira Marrs/ Wolfgang Menz (Hrsg.), Rückkehr der Leistungsfrage — Leistung in Arbeit, Unternehmen und Gesellschaft, Berlin, S. 59-0.

Bullinger-Hoffmann, Angelika (2014), Industrie 4.0 quo vadis Mensch und Technologie, Vortrag zum 7. MINT-Tag, 2.4.2014, Leipzig.

Dettmer, Markus/Dohmen, Frank (2012), Frei schwebend in der Wolke, Der Spiegel, 6.2.2012, S. 62-64.

Kreibich, Rolf (2000), Herausforderungen und Aufgaben für die Zukunftsforschung in Europa, in: Karlheinz Steinmüller/Rolf Kreibich/Christoph Zöpel (Hrsg.), Zukunftsforschung in Europa. Ergebnisse und Perspektiven, Baden-Baden, S. 7-35.

Luhmann, Niklas (1990), Die Zukunft kann nicht beginnen. Temporalstrukturen der modernen Gesellschaft, in: Peter Sloterdijk (Hrsg.), Vor der Jahrtausendwende. Berichte zur Lage der Zukunft, Bd. 1, Frankfurt/M., S. 119-150.

Luhmann, Niklas (1992), Die Beschreibung der Zukunft, in: Niklas Luhmann: Beobachtungen der Moderne, Opladen, S. 129-147.

Malone, Thomas W. (2004), The Future of Work. How the New Order of Business Will Shape Your Organization, Your Management Style, and Your Life, Boston.

Palfrey, John/Gasser, Urs (2008), Born Digital: Understanding the First Generation of Digital Natives, New York.

Sattelberger, Thomas (2013), ‚Binden, ohne zu ketten‘. Der Personalexperte Thomas Sattelberger über die neue Macht der Mitarbeiter — und darüber, wie Unternehmen sie künftig gewinnen müssen, Die Zeit, Nr. 46, S. 30.

Tapscott, Don (1996), The Digital Economy: Promise and Peril in the Age of Networked Intelligence, New York.

Tapscott, Don (1999), Growing Up Digital: The Rise of the Net Generation, New York.

Zuboff, Shoshana (2014), Dark Google, Frankfurter Allgemeine Zeitung, 30.4.2014, http://www.faz.net/aktuell/feuilleton/debatten/the-digital-debate/shoshanna-zuboff-dark-google-12916679.html (08.07.2014).

PD Dr. Andreas Boes

Anja Bultemeier

Katrin Gül

Dr. Tobias Kämpf

Barbara Langes

Thomas Lühr

Dr. Kira Marrs

Alexander Ziegler

»3

Zwischen Empowerment und digitalem Fließband

3 Zwischen Empowerment und digitalem Fließband: Das Unternehmen der Zukunft in der digitalen Gesellschaft

PD Dr. Andreas Boes (Institut für Sozialwissenschaftliche Forschung e. V. – ISF München), Anja Bultemeier (FAU Erlangen-Nürnberg), Katrin Gül, Dr. Tobias Kämpf, Barbara Langes, Thomas Lühr, Dr. Kira Marrs, Alexander Ziegler (alle ISF München)

3.1 Einleitung

Aktuell entwickelt sich eine neue Debatte um die Demokratisierung der Unternehmen. Diese Debatte findet v. a. mit Blick auf bestimmte Start-up-Unternehmen im IT-Umfeld statt. Aus diesen Unternehmen wird berichtet, dass sie sehr weitgehende Formen der Beteiligung der Mitarbeiter an den Unternehmensentscheidungen bis hin zur Wahl der obersten Führungskräfte praktizieren. Was zunächst als eine Bewegung von Start-up-Unternehmen erscheint, ist jedoch lediglich der sichtbare Ausdruck eines tief greifenden Umbruchs in Wirtschaft und Gesellschaft. Dabei nehmen die Unternehmen, die im Umfeld der IT tätig sind, eine Vorreiterrolle ein. Auch in Dienstleistungs- und Industrieunternehmen stellt sich aktuell immer häufiger die Frage der Demokratisierung von Unternehmen.

Bereits zu Beginn der 1990er Jahre wurden die Implikationen neuer Managementkonzepte diskutiert, die auf die direkte Partizipation der Mitarbeiter abzielten. Zahlreiche empirische Untersuchungen stellten jedoch fest, dass diese neuen Organisationskonzepte in der Praxis – selbst in den als besonders innovativ geltenden Betrieben – kaum das Anfangsstadium durchschritten hatten[1]. Mit dem Fortschreiten der Digitalisierung und dem Entstehen eines weltweit verfügbaren „Informationsraums“[2] entsteht aktuell eine tragfähige Grundlage dafür, die Am-

1 Dörre et al. 1993.

2 Baukrowitz/Boes 1996.

bitionen der „neuen Organisationskonzepte" wirksam in der unternehmerischen Praxis umzusetzen.[3]

Aufbauend auf den Möglichkeiten der Digitalisierung erfinden sich Unternehmen heute regelrecht neu. Auf dem Prüfstand stehen nicht nur Produktions- und Geschäftsmodelle, sondern auch die Art und Weise, wie Unternehmen als Organisation funktionieren. Das fordistisch-bürokratische Unternehmensmodell prägte mit seinen starren Strukturen und ausgeprägten Hierarchien lange Zeit die Entwicklung der Wirtschaft. Nun wird es wird abgelöst von einem neuen Leitkonzept, dem **systemisch integrierten Unternehmen**. Dieses baut einerseits auf moderne Informationssysteme und IT-Prozesse, ist aber andererseits mehr denn je abhängig vom Engagement und der aktiven Beteiligung der Mitarbeiter. Dies beginnen viele moderne Unternehmen — nicht zuletzt die Vorreiter aus dem Silicon Valley — zu verstehen. Schlagworte wie Kollaboration, Empowerment oder Partizipation gewinnen in der Wirtschaftswelt heute spürbar an Bedeutung — kaum ein Unternehmen, das heute z.B. mit Blick auf seine Organisationsstrukturen nicht mit dem Begriff der **Öffnung**, oder dem angelsächsischen *open*, spielt. Die traditionelle, fordistische Managementkultur scheint nicht länger funktional. Gefragt ist nicht mehr der „Fürst im Reich", der einsame und mitunter despotische Entscheidungen trifft — sondern eine Professionalisierung und Versachlichung des Managements, rationale Führungsprinzipien und kollektive Entscheidungsprozesse.

Dieser Umbruch vom fordistisch-bürokratischen Großunternehmen hin zum systemisch integrierten Unternehmen bildet den strategischen Kontext für die aktuelle Debatte. Vieles spricht dafür, dass im Unternehmen der Zukunft die demokratische Frage neu gestellt werden muss. Wer den sich eröffnenden **Möglichkeitsraum** zur Stärkung der Demokratie in Unternehmen nutzen will, tut gut daran, diesen Zusammenhang in den Blick zu nehmen. Im Folgenden gilt es, diese These zu entwickeln. Unsere Überlegungen gründen im Wesentlichen auf den Forschungsergebnissen aus drei aktuellen Forschungsprojekten.[4]

3 Auf gesellschaftspolitischer Ebene wird der Zusammenhang von Digitalisierung und neuen Möglichkeiten der Beteiligung unter den Schlagworten „digital democracy" (z.B. Hague/Loader 1999; Hindman 2009) oder „liquid democracy" (z.B. Voss et al. 2014) bereits breit diskutiert. Auf Unternehmensebene hingegen liegen bisher kaum Untersuchungen vor, die die Debatte zur Demokratisierung von Unternehmen vor dem Hintergrund der Digitalisierung betrachten.

4 Bei diesen Forschungsvorhaben handelt es sich um die Projekte WING – Wissensarbeit im Unternehmen der Zukunft nachhaltig gestalten, Digit-DL – Digitale Dienstleistung in modernen Wertschöpfungssystemen und Frauen in Karriere – Chancen und Risiken für Frauen in modernen Unternehmen. Darüber hinaus wurde seit Anfang der 1990er Jahre die Entwicklung der IT-Industrie in einer Reihe von Forschungsprojekten intensiv wissenschaftlich begleitet. Insgesamt sind in diesem Kontext mehr als 1.300 Expertengespräche und Intensivinterviews mit Führungskräften, Beschäftigten und Interessenvertretungen geführt worden.

Um die gegenwärtigen Transformationsprozesse in Unternehmen besser verstehen zu können, richten wir zunächst den Blick in die Vergangenheit und stellen die Strukturprinzipien des fordistisch-bürokratischen Unternehmensmodells sowie die Rolle der Demokratie dar (Kapitel 3.2). Anschließend entwickeln wir eine Perspektive auf den gegenwärtigen, von der Digitalisierung ausgehenden Umbruch in Wirtschaft und Gesellschaft (Kapitel 3.3). Den inneren Kern dieses Umbruchs sehen wir im Entstehen eines weltumspannenden Informationsraums als einem neuartigen sozialen Handlungsraum. In Kapitel 3.4 steht die Frage im Mittelpunkt, wie sich auf Grundlage der Digitalisierung die Unternehmensstrukturen transformieren. Dabei beleuchten wir die Strukturprinzipien des neu entstehenden systemisch integrierten Unternehmensmodells und zeigen zugleich die damit einhergehenden Potenziale für eine Demokratisierung der Unternehmen auf. In Kapitel 3.5 untersuchen wir, inwiefern der neue Möglichkeitsraum in der Praxis tatsächlich für eine Demokratisierung der Unternehmen durch die Etablierung neuer Formen der Beteiligung genutzt werden kann und ob auch gegenläufige Entwicklungstendenzen sichtbar werden. Hierauf basieren die abschließenden Überlegungen zur Zukunft des demokratischen Unternehmens (Kapitel 3.6).

3.2 Demokratie im fordistisch-bürokratischen Unternehmensmodell

Das Fundament des fordistisch-bürokratischen Unternehmensmodells liegt im Maschinensystem der *großen Industrie* und einer damit korrespondierenden Idee von Organisation nach dem Muster der „wissenschaftlichen Betriebsführung“[5], die strikt zwischen Planung und Ausführung der Arbeit trennt[6] und einer „bürokratischen Rationalität“[7] folgt. Auf dieser Grundlage sind divisional gegliederte Unternehmen entstanden, deren große, funktionale Säulen — wie Entwicklung, Produktion und Vertrieb — weitgehend isoliert nebeneinander stehen und über eine hohe Eigenständigkeit verfügen. Dieser Grundaufbau prägt nahezu sämtliche Unternehmensdimensionen[8]. Auch die Führungs- und Karrieremuster werden von dieser funktionalen Gliederung bestimmt. Den jeweiligen Leitern der funktionalen Bereiche kommt eine hohe Gestaltungsmacht zu[9]; sie agieren als Fürsten im Reich,

[5] Taylor.

[6] Braverman 1977.

[7] Weber 1988.

[8] Boes et al. 2015c.

[9] Beckman 1996.

die mit weitreichenden Entscheidungsbefugnissen ausgestattet und von außen nur schwer zu kontrollieren sind. Wissenschaftliche Betriebsführung und bürokratische Entscheidungsprozesse führen zudem zu einer Ausdifferenzierung von Hierarchieebenen und zu vielfach kaskadierten Entscheidungs- und Befehlsketten[10]. Karriere verläuft als „Kaminkarriere" oder „funktionale Karriere"[11] innerhalb der jeweiligen Säulen und ist als „Statuskarriere"[12] mit einem schrittweisen Zuwachs an Geld, Macht und Prestige angelegt. In diesen Unternehmen sind Beschäftigte und Führungskräfte in „betriebszentrierten Arbeitsmärkten"[13] langfristig gebunden und in ihrem subjektiven Erleben durch „Zukunftsgewissheit"[14] geprägt[15].

Einen besonderen Stellenwert innerhalb einer solchen Unternehmenskonstellation nimmt die **Wissensarbeit** ein. Wissensarbeit entzieht sich in dieser historischen Phase einem tayloristischen Rationalisierungszugriff und ist deshalb im „Expertenmodus"[16] organisiert. Da auch das Management mit den Mitteln der wissenschaftlichen Betriebsführung nicht in die Köpfe der hoch qualifizierten Experten hineinschauen kann, bleibt deren Arbeit eine *black box*, die durch große „Ungewissheitszonen"[17] gekennzeichnet ist und auf individuell gebundenem Wissen basiert. Trotz Team- und Projektarbeit sowie Versuchen bürokratischer Kontrolle agieren die Experten immer auch ein Stück weit in ihren eigenen, gegeneinander abgeschotteten Silos. Die hoch qualifizierten Beschäftigten genießen in dieser Phase aufgrund ihrer individuellen **Machtpotenziale** eine — gerade gegenüber der Handarbeit — privilegierte Stellung im Betrieb[18].

Die Ausgestaltung dieses Unternehmensmodells formt auch die Art und Weise, wie Demokratie in Unternehmen gelebt wird. Unter Demokratie in fordistisch-bürokratischen Unternehmen sind hierzulande vor allem die Mechanismen der **verfassten Mitbestimmung** mit den beiden Säulen der Unternehmensmitbestimmung und der betrieblichen Mitbestimmung verstanden worden. Das System der verfassten Mitbestimmung, wie es in Deutschland seit den 1950er Jahren ausgestaltet wurde, kann als eine sehr eingeschränkte Form von Demokratie betrachtet werden. Es liefert einen formalrechtlichen Rahmen und bleibt „im Allgemeinen mit

10 Womack et al. 1991.

11 Faust et al. 2000: 177.

12 Baethge et al. 1995.

13 Lutz 1987.

14 Castel 2000: 341.

15 Bultemeier/Boes 2013; Boes et al. 2015c.

16 Boes et al. 2014a; Boes et al. 2015b.

17 Crozier/Friedberg 1979.

18 Baethge et al. 1995.

der Vorstellung institutionalisierter, also verrechtlichter Partizipation verbunden"[19]. Darin erweist es sich als komplementär zur starr hierarchisch verfassten, divisionalen Gliederung des fordistisch-bürokratischen Unternehmens. Die Garantie von Rechtsansprüchen für Mitarbeiter in Rahmen der verfassten Mitbestimmung bildet dennoch ein entscheidendes Korrektiv zur Herrschaft der Fürsten im Reich und trägt wesentlich zu einer Einschränkung einseitig strukturell bedingter Machtbefugnisse der Arbeitgeber bei[20]. Die verfasste Mitbestimmung ist jedoch weit entfernt davon, im betrieblichen Alltag von den Menschen als Demokratie erlebt zu werden. Die Bereiche, in denen mitbestimmt werden kann, sind gesetzlich vorgeschrieben und auch die Betriebsratsgremien sind hierarchisch verfasst. In großen Unternehmen werden ihre Vorsitzenden mitunter – analog zu den Leitern einzelner Geschäftsbereiche – als sogenannte Betriebsratsfürsten und dominante Akteure der betrieblichen Interessenvertretung erlebt.

Mit der fortschreitenden Digitalisierung wird nun dieser alte Bauplan der Unternehmen, dieses kohärente Gesamtgefüge aus funktionaler Abschottung, hierarchischer Ausdifferenzierung, Führung nach dem Prinzip des Fürsten im Reich, funktionalem Aufstieg und individuellem Expertentum mit dem Korrektiv verfasster Mitbestimmung zur Disposition gestellt[21]. Auf Basis einer neuen Qualität der Informatisierung entstehen die Grundlagen für einen Neuerfindungsprozess der Unternehmen, im Zuge dessen ihre Strukturprinzipien verändert werden.

3.3 Digitale Revolution: Ein neuer sozialer Handlungsraum entsteht

Der Ausgangspunkt des Umbruchs zum systemisch integrierten Unternehmen liegt in der fortschreitenden Digitalisierung der Gesellschaft. Mit der Digitalisierung entwickeln sich überall neue Geschäftsmodelle. Märkte, Technologien und Produkte unterliegen einem derart rasanten Wandel, dass Unternehmen darauf mit einer Beschleunigung und Öffnung ihrer Innovationsprozesse reagieren müssen. Damit einhergehend wachsen die Anforderungen an Flexibilität und Kundennähe, auf die sich Unternehmen durch die Einführung **neuer Methoden der Arbeitsorganisation** einzustellen versuchen. Es entstehen neue Produktionsmodelle, die im Bereich der Fertigung unter dem Schlagwort Industrie 4.0 und in den Bereichen der

[19] Mikl-Horke 1997: 259f.

[20] Hucker 2008.

[21] Boes et al. 2015c.

Wissensarbeit unter den Termini *Crowdsourcing* und *Cloudworking* diskutiert werden. Mit den Digital Natives gelangt eine neue Generation in die Unternehmen, die mit dem Internet und dessen Kulturformen aufgewachsen ist. Die IT-Unternehmen des Silicon Valley avancieren auch in der deutschen Wirtschaft zu neuen Leitbildern. Diese hier exemplarisch aufgeführten Phänomene haben ihren gemeinsamen Hintergrund in der digitalen Revolution.

Im deutschen Diskurs wird die digitale Revolution des 21. Jahrhunderts aktuell noch immer überwiegend im Maschinenparadigma des 19. Jahrhunderts gedeutet. Sie erscheint daher in erster Linie als eine neue Phase der Automatisierung, als neue Episode im epischen Kampf Mensch gegen Maschine. Aus dieser Perspektive lässt sich schwerlich eine Verbindung zwischen Digitalisierung und einem neuen Möglichkeitsraum für Demokratisierung ziehen. Es wird übersehen, dass die Digitalisierung in Wirklichkeit eine grundlegende Veränderung der Kommunikationsmöglichkeiten in der Weltgesellschaft bedeutet.

Aus theoretisch-konzeptioneller Perspektive markiert der Aufstieg des Internets zu einem ubiquitären Informationsraum[22] einen regelrechten **Produktivkraftsprung**.[23] Der Informationsraum bringt heute Arbeits- und Lebenswelt neu zusammen, verknüpft im *Internet der Dinge* Menschen und Maschinen und wird zu einer neuen, gesellschaftlichen Handlungsebene[24]. Entscheidend für ein Verständnis des damit verbundenen Produktivkraftsprungs ist, dass der Informationsraum mehr ist als bloße Datenbanken und digitale Algorithmen. Vielmehr entsteht mit dem Informationsraum ein neuer „sozialer Handlungsraum"[25], der Menschen in neuer Qualität miteinander vernetzt und in Beziehung bringt. Menschen können in diesem neuen Raum kommunizieren, gemeinsam arbeiten und lernen, Ideen entwickeln, Wissen teilen und Erfahrungen austauschen oder einfach zusammen „abhängen". Die Gesellschaft als ganze wird auf diese Weise vom Informationsraum durchdrungen und vernetzt[26]. Diese neue soziale Handlungsebene macht die Arbeitswelt und die Lebenswelt aneinander anschlussfähig und bewirkt, dass die Kommunikation im Privatbereich die Art und Weise, wie in Unternehmen kommuniziert wird, beeinflusst. Die Arbeitswelt endet nicht mehr wie früher an der Tür des Unternehmens, sondern umfasst die lebensweltlichen Bereiche mit. Insbesondere die junge Gene-

22 Baukrowitz/Boes 1996.

23 Rückblickend betrachtet, scheiterten die zu Beginn der 1990er Jahre aufkeimenden Bemühungen zur Realisierung neuer Organisationskonzepte im Wesentlichen daran, dass ihnen diese Produktivkraftgrundlage fehlte.

24 Boes 2005.

25 Boes 1996.

26 Boes/Kämpf 2012.

ration prägt eine entsprechende Anspruchshaltung im Hinblick auf die Kommunikationskultur in Unternehmen aus, die im Wesentlichen auf den neuen Möglichkeiten des Informationsraums gründet.

Mit diesem neuen Paradigma der Vernetzung und des sozialen Handlungsraums eröffnen sich große Chancen für die Demokratisierung von Wirtschaft und Arbeitswelt und die Nutzung der geistigen Produktivkräfte in einer Gesellschaft. Vorreiter sind die Communities im Internet selbst. Hier entstehen völlig neue Formen der Zusammenarbeit und der Innovation, die auf Werten wie Offenheit, Transparenz und Kollaboration basieren[27]. **Open-Source-Communities** haben sich außerhalb der Unternehmen gebildet und meiden meist ganz bewusst die Hierarchien klassischer Unternehmen. Sie haben schon früh eine neue Form des Miteinanderarbeitens erzeugt, die wesentliche Elemente von Demokratie beinhaltet. Unternehmen lernen nun aus der Zusammenarbeit mit den Internet-Communities, adaptieren deren Organisationsformen, Kommunikations- und Kooperationstools sowie die damit einhergehenden Kulturmuster und implementieren sie als eine Art Frischzellenkur in ihre Unternehmensstrukturen. Die Arbeitsprinzipien, Methoden und Tools der Internet-Communities bilden einen zentralen Impuls für viele Unternehmen, ihre Organisations- und Innovationsprozesse zu öffnen[28]. Der Einzug der ersten Generation der Digital Natives mit ihren Erfahrungen und Ansprüchen in die Arbeitswelt treibt diesen Prozess weiter voran[29]. Dadurch werden Erwartungen in Unternehmen hineingebracht, über die Veränderungsdruck erzeugt und ein Möglichkeitsraum für eine neue Demokratisierung aufgestoßen wird.

3.4 Das Unternehmen der Zukunft in der digitalen Gesellschaft

Die Krise des fordistisch-bürokratischen Großunternehmens, die in der Ölkrise der 1970er Jahre manifest wurde, mündete in den folgenden 20 Jahren in diverse Suchprozesse nach neuen Konzepten. Diese gewinnen zunehmend an Kohärenz und stabilisieren sich in einem neuen Grundtypus des Unternehmens, der sich seit der Mitte der 1990er Jahre in seinen konzeptionellen Prinzipien erkennen lässt.

27 Benkler 2006.

28 Boes et al. 2014b

29 Tapscott 2009; Pamert 2013.

Diesen neuen Unternehmenstyp bezeichnen wir als „systemisch integriertes Unternehmen“[30].

Der neue Unternehmenstyp wurde zunächst nur in einigen wenigen Pionierunternehmen entwickelt. Mit dem Paradigma des Informationsraumes unterliegen jedoch die historisch gewachsenen Strukturen und Organisationsmuster von immer mehr Industrie- und Dienstleistungsunternehmen wachsendem Veränderungsdruck. Nahezu sämtliche etablierte Unternehmen begeben sich aktuell in Suchprozesse mit dem Ziel, sich neu zu erfinden. Die Intensivierung internationaler Konkurrenz in einer global vernetzten Ökonomie und die neuen Wettbewerber aus dem Silicon Valley, deren Unternehmensstrukturen völlig anders auf die neuen Bedingungen eingestellt sind, üben zusätzlichen Handlungsdruck auf die etablierten Unternehmen aus. Dieser Neuerfindungsprozess vollzieht nicht in kleinen Schritten und schleichend, sondern als grundlegender Umbruch und bewirkt eine Veränderung der Grundfesten moderner Unternehmen. Auch in Traditionsunternehmen wie etwa Bosch — ein Unternehmen, das geradezu für so etwas wie einen bodenständigen, deutschen Fordismus steht — sind inzwischen die Leitorientierungen dieses Neuerfindungsprozesses klar erkennbar. Gerade in Abgrenzung zum alten Bauplan wird die Radikalität des Wandels deutlich, der gegenwärtig in Unternehmen beobachtet werden kann.

Statt auf eine Abschottung der funktionalen Silos und den „Autismus“ der Teileinheiten[31] setzen Unternehmen nun auf eine „systemische Integration“[32], die die Wertschöpfungsprozesse in neuer Qualität miteinander vernetzt und zueinander in Beziehung bringt. Ausgehend von der Idee durchgängiger Wertschöpfungsprozesse werden alle funktionalen Teileinheiten als Momente eines interdependenten Systems begriffen, das am Ende darauf abzielt, einen **Kundennutzen** zu bewirken. Auf diese Weise entstehen Unternehmen, die wie aus einem Guss funktionieren und bei denen jede Aktivität in einer Teilabteilung zwingend Aktivitäten in allen anderen nach sich zieht. Nicht mehr das Denken im eigenen Silo bestimmt die Selbstwahrnehmung einer Abteilung, sondern ihre Position und Relationalität im Gesamtsystem des Unternehmens.

Der *Flow* von Information bildet den neuen Fluchtpunkt der systemisch integrierten Organisation. Diese soll gleichermaßen flexibel und agil sein und zugleich über den gesamten Globus hinweg funktionieren. Moderne Informationssysteme und IT-Prozesse bilden auf der einen Seite das Rückgrat dieses neuen Unternehmen-

30 Boes/Bultemeier 2013.

31 Boes et al. 2013.

32 Bultemeier/Boes 2013: 103.

styps, auf der anderen Seite ist es mehr denn je abhängig vom aktiven Tun und der Beteiligung seiner Mitarbeiter.

Daraus resultieren neue Anforderungen an die Menschen in modernen Unternehmen. Nur wenn diese intelligent mit Prozessen umgehen, permanent Schnittstellen organisieren, Wissen teilen und den Austausch von Know-how über das gesamte Unternehmen hinweg vorantreiben, können lebendige und erfolgreiche Strukturen entstehen. Daher sollen sich die Mitarbeiter aktiv beteiligen, sich immer wieder *committen*. Sie sollen ihr Wissen in gemeinsame Lernprozesse der Teams einbringen und über Kollaborations- und Kommunikationsplattformen wie beispielsweise *Confluence* oder *IBM Connections* zugänglich machen. Um in einer globalen Unternehmensöffentlichkeit sichtbar und handlungsfähig zu werden, sollen sie sich zudem selbstbewusst positionieren und ihre Ziele in der ersten Person vorantreiben.

Die traditionelle, fordistische Managementkultur erscheint in diesem Setting nicht länger funktional. Gefragt ist nicht mehr der Fürst im Reich, der einsame und mitunter despotische Entscheidungen trifft – sondern eine Professionalisierung und Versachlichung des Managements, rationale Führungsprinzipien und die Einbindung von anderen Führungskräften in kollektive Entscheidungsprozesse[33].

Vor diesem Hintergrund greifen die Unternehmen einerseits die Ansätze zur Demokratisierung auf, die sich außerhalb der Unternehmen in den Open-Source- Communities gebildet haben[34]. Über den Informationsraum wurden dort schon früh Tools und Kommunikationsmöglichkeiten geschaffen und kulturell etabliert, die eine vergleichsweise demokratische Form des Produzierens ermöglichen. Auf der anderen Seite können die im Lean Management und den neuen Organisationskonzepten entwickelten Konzepte zur Dezentralisierung von Entscheidungsprozessen, flachen Hierarchien, verschiedenen Formen der Team- und Gruppenarbeit sowie auf Konsens zielenden Führungsstilen im systemisch integrierten Unternehmen nun voll zur Geltung kommen. „Lean" beruht in hohem Maße auf der Idee, die Selbstorganisationsfähigkeit und die Beteiligung der Mitarbeiter auf der Shop-Floor-Ebene zur kontinuierlichen Verbesserung der Produktionsprozesse zu nutzen[35]. Die Beschäftigten sollen daher angehalten werden, in Teams Entscheidungen über Dimensionen ihrer Arbeit zu treffen, die zuvor dem Management vorbehalten waren.

Die Suchprozesse der Unternehmen nach einem neuen Organisationsmodell vollziehen sich in zwei Schüben. Ein erster Anlauf entwickelte sich in den 1990er Jahren

33 Boes/Bultemeier 2013.

34 Boes et al. 2014b.

35 Boes et al. 2014a.

und verebbte mit dem Platzen der Dotcom-Blase im Jahr 2000. Wenige Jahre später wurde diesen Bemühungen in Zusammenhang mit der Intensivierung der Globalisierungsbestrebungen der Unternehmen neue Aktualität eingehaucht. Dieser zweite Schub hält bis heute an. Der erste Schub war stark davon geprägt, Selbstbestimmung als Gegensatz zur Mitbestimmung zu sehen und in der Vollendung des neuen Organisationsmodells zugleich die Aushebelung der traditionellen Mitbestimmungsstrukturen zu prognostizieren. Für viele galt damals als feststehend, dass sich mit der Durchsetzung neuer Unternehmenskonzepte und dem Vordringen hoch qualifizierter, junger Beschäftigtengruppen das System der verfassten Mitbestimmung zu einem Auslaufmodell entwickeln würde. Die Abschaffung der institutionell gesicherten Mitbestimmung erschien vielen Autoren geradezu als Projekt der Emanzipation. Sie vertraten die These, dass bestehende Regulationsstrukturen kollektiver Interessenvertretung sich als nicht mehr adäquat für die Beschäftigungsbedingungen der „Wissens- und Kommunikationsgesellschaft“ erweisen[36]. Künftig stünden vielmehr selbstbewusste Beschäftigte im Mittelpunkt, die als „Lebensunternehmer“[37] in der Lage seien, ihre Interessen selbst in die Hand zu nehmen, und keiner Unterstützung durch betriebliche Mitbestimmungsorgane bedürften. Diese Ansätze zur Überwindung des Fordismus und zur Etablierung neuer Organisationskonzepte tendierten dazu, die Selbstbestimmung der Beschäftigten gegen die Institutionen der verfassten Mitbestimmung auszuspielen. Erst mit dem krisenhaften Zusammenbruch der New Economy wurde das Bewusstsein befördert, dass die neuen Formen der Selbstbestimmung der Mitarbeiter einer institutionellen Absicherung bedürfen[38], da die dem systemisch integrierten Unternehmen innewohnenden Potenziale zur Demokratisierung ebenso gut ins Gegenteil verkehrt werden können.

3.5 Demokratisierung in den Unternehmen: Potenzial trifft auf Praxis

Die in den vorhergehenden Abschnitten geschilderten Entwicklungen beinhalten neue Potenziale und Chancen für ein Mehr an Demokratie im Arbeitsleben. Doch in der Praxis der Unternehmen erleben wir auch viele gegenläufige Entwicklungen. Drei Beispiele aus der Empirie illustrieren dies.

36 Heidenreich/Töpsch 1998; Lange et al. 2005; Mickler et al. 2004.

37 Heidenreich/Töpsch 1998: 20.

38 Boes/Baukrowitz 2002; Boes/Trinks 2006.

- Gerade die Wissensarbeit gilt heute als zentrales Anwendungsfeld für kollaborative Arbeitsformen, agile Entwicklungskonzepte und ein Empowerment der Teams. Spricht man mit den Beschäftigten selbst, stellt man fest, dass sie häufig den Verlust von Handlungsspielräumen beklagen, die sie im Expertenmodus innehatten. Im fordistisch-bürokratischen Unternehmen verfügten diese hoch qualifizierten Beschäftigtengruppen über hohe individuelle Machtpotenziale, da ihre konkreten Arbeitsprozesse für Außenstehende häufig undurchsichtig blieben. Eine zunehmende Einbindung in Prozesse, eine damit einhergehende Standardisierung von Arbeit und informatisierte Kontrollformen führen hier zu einer mitunter empfindlichen Einschränkung vormaliger Freiheitsgrade im Arbeitsprozess[39].
- In vielen Unternehmen werden heute Hierarchien abgebaut, Führungsspannen ausgeweitet und gerade im mittleren Management Entscheidungsprozesse verschlankt. Unsere Untersuchungen zeigen, dass in der Praxis weniger Hierarchie nicht automatisch mehr Demokratie und Beteiligung bedeutet. Neue Führungskonzepte, die auf die rigide Umsetzung des Prinzips „Steuern nach Zahlen" setzen, führen oftmals zu einer stärkeren Zentralisierung von Macht und Entscheidungskompetenz an der Unternehmensspitze. Demgegenüber erleben sich selbst Führungskräfte auf der unteren und mittleren Ebene als „zahlengetriebene" Exekutoren von Sachzwängen und Vorgaben, die jedoch kaum noch eigenständige Entscheidungen treffen und gestalten können[40].
- Im Kontext von Cloudworking beginnen viele Unternehmen heute, sich gegenüber ihrer Umwelt zu öffnen und die Potenziale der Crowd im Netz für sich zu nutzen. Dabei nutzen die Unternehmen den Informationsraum in seiner Eigenschaft als sozialer Handlungsraum und als globaler „Raum der Produktion"[41] für die Neufassung der Produktionsstrukturen. Ausgangspunkt der neuen Produktionsmodelle sind dabei nicht zuletzt die zentralen Werte und Arbeitsprinzipien der Open-Source-Community — wie etwa Transparenz in der Arbeit, die Teilung von Wissen und Kollaboration. In der Praxis führt dies nicht notwendigerweise zu einem Empowerment der Beschäftigten. Stattdessen zeichnet sich alternativ ein Szenario ab, in dem Innen und Außen systematisch gegeneinander ausgespielt werden[42]. Unsere Untersuchungen zeigen, dass die Beschäftigten in derartigen Konstellationen eine neue Qualität von Austauschbarkeit erfahren und dass die Arbeit im „System permanenter Bewährung", in dem sich Mitarbeiter immer wieder neu bewähren müssen und die Zugehörigkeit zum Unterneh-

---

39 Boes et al. 2015b.

40 Boes/Bultemeier 2008, 2010.

41 Boes 2005.

42 Boes et al. 2015a.

men fortlaufend zur Disposition steht, eine wesentliche Triebkraft für Stress und psychische Belastungen in der modernen Arbeitswelt darstellt[43].

Vor dem Hintergrund dieser Beispiele wird ersichtlich, dass der Informationsraum durch die informatorische Durchdringung und kollektive Erschließung geistiger Tätigkeiten einerseits eine Transformation von Wissensarbeit in Richtung industrialisierter, getakteter und global verteilter Wissensarbeit im systemisch integrierten Unternehmen ermöglicht. Er ermöglicht jedoch über die Adressierung der kollektiven Expertise der Mitarbeiter ebenso eine Weichenstellung in Richtung Partizipation und Empowerment.

3.6 Arbeitswelt der Zukunft: Zwischen digitalem Fließband und Empowerment der Beschäftigten

Unternehmen suchen aktuell nach dem richtigen Weg, um die Möglichkeiten des globalen Informationsraums für sich zu nutzen. Eine Vielfalt von Beispielen für neue Formen der offenen Kommunikation und Beteiligung stehen neuen Bestrebungen einer forcierten Kontrolle und Machtausübung in modernen Unternehmen gegenüber.

In der Praxis teilen sich die strategischen Suchprozesse von Unternehmen in zwei unterschiedlichen Szenarien:

- Einerseits werden die Kontrollmöglichkeiten mit der Digitalisierung ausgebaut, die Handlungs- und Entscheidungsspielräume eingeengt und Führungskräfte wie Beschäftigte gleichermaßen einem rigiden System von Vorgaben unterworfen. In diesem Fall entstehen digitale Fließbänder mit einem geringen Potenzial zur Demokratisierung.
- Andererseits werden die Möglichkeiten des Informationsraums genutzt, um die Transparenz für alle im Unternehmen zu verbessern und die Kommunikations- und Beteiligungsmöglichkeiten zu erweitern. Hier geht es vor allem um das Empowerment der Menschen, deren Souveränität und aktive Gestaltung.

Mit Blick auf die Demokratisierung der Arbeitswelt bewegen wir uns auf eine Scheidelinie zu. Werden die Potenziale des Informationsraums für eine echte Demokratisierung der Unternehmen genutzt oder führen sie im Gegenteil zu mehr Kon-

43 Kämpf et al. 2011.

trolle und Bevormundung? Im Auge zu behalten ist dabei, dass es sich hier streng genommen um keine einmalige Richtungsentscheidung handelt, sondern um eine Frage, die sich in den gegenwärtigen Suchprozessen permanent aufs Neue stellt und die entsprechend bearbeitet werden muss. In den konkreten Diskussionen innerhalb der Unternehmen kann die Gegenüberstellung der Szenarien digitales Fließband und Empowerment als Leitlinie dienen, an der sich die Bemühungen um Demokratisierung von Unternehmen orientieren. Bei der Einführung neuer Maßnahmen stellt sich immer wieder die Frage: Dient die Einführung einer Maßnahme — wie z. B. der Vertrauenszeit — dem Empowerment der Beschäftigten, etwa indem sie die Zeitsouveränität der Beschäftigten stärkt, oder wird sie zum Baustein eines digitalen Fließbandes, indem sie als Hebel zur Erzeugung einer Unkultur permanenter Verfügbarkeit zur Anwendung kommt?

Die uns gegenwärtig vorliegenden empirischen Befunde demonstrieren, dass die vielfältigen neuen Möglichkeiten der Beteiligung und des Empowerments der Mitarbeiter dem demokratischen Unternehmen in der digitalen Gesellschaft zum Durchbruch verhelfen könnten. Gegenläufig ist jedoch auch eine Art Panoptikum denkbar, eine Form der Herrschaft von denjenigen, die die Daten besitzen — in bisher unbekanntem Ausmaß. Entscheidend für die erfolgreiche Nutzung des Informationsraums ist folglich die Frage nach der Demokratie in den Unternehmen. Tatsächlich lässt sich der Informationsraum mit seinem Potenzial zur Neugestaltung von Unternehmen nur nutzen, wenn Unternehmen bereit sind, die Machtfrage, die in einer echten Demokratisierung immer berührt ist, zuzulassen.

Für Unternehmen gilt also mit Blick auf die zukünftigen Herausforderungen einer digitalen Gesellschaft der Ausspruch von Willy Brandt: „Mehr Demokratie wagen!“. Das bedeutet konkret:

- Die Beteiligung für Mitarbeiter nicht nur zu gewähren, wenn es gerade passend ist, sondern sie auch im Sinne eines unveräußerlichen Rechts institutionell abzusichern.
- Nicht wie im New-Economy-Diskurs der 1990er Jahre zu versuchen, die neuen Möglichkeiten zur Selbstbestimmung seitens der Beschäftigten gegen die verfassten Mitbestimmungsrechte auszuspielen, sondern vielmehr beide Elemente der Demokratie im Unternehmen gemeinsam auszubauen. Das daraus resultierende Zusammenspiel von individuellen Partizipationsrechten und kollektiv verfassten Mitbestimmungsrechten impliziert grundlegende Veränderungen der Mitbestimmungspraxis in Unternehmen.

Dies alles vorausgesetzt besteht die Hoffnung, dass mit der Frage nach Demokratie in der Wirtschaft eine neue Bewegung der **Humanisierung der Arbeitswelt** initi-

iert werden könnte, die diesen Namen auch verdiente. Im Zentrum dieser neuen Humanisierung der Arbeitswelt könnte die Idee eines echten Empowerments der Menschen stehen. Dass die Entwicklung in diese Richtung geht, ist allerdings kein Selbstläufer. Ohne die aktive Einbindung der Menschen wird sich der Möglichkeitsraum für die Demokratisierung der Unternehmen schnell wieder auflösen.

Literatur

Baethge, M./Denkinger, J./Kadritzke, U. (1995): Das Führungskräfte-Dilemma. Manager und industrielle Experten zwischen Unternehmen und Lebenswelt. Frankfurt am Main/New York

Baukrowitz, A./Boes, A. (1996): Arbeit in der „Informationsgesellschaft". Einige grundsätzliche Überlegungen aus einer (fast schon) ungewohnten Perspektive. In: Schmiede, R. (Hrsg.): Virtuelle Arbeitswelten. Arbeit, Produktion und Subjekt in der „Informationsgesellschaft". Berlin, S. 129—158

Beckman, S. L. (1996): Evolution of Management Roles in a Networked Organization. An Insider's View of the Hewlett-Packard Company. In: Osterman, P. S. (Hrsg.): Broken Ladders. Managerial Careers in the New Economy: New York, S. 155—184

Benkler, Y. (2006): The Wealth of Networks. How social production transforms markets and freedom. New Haven/London

Boes, A. (1996): Formierung und Emanzipation — Zur Dialektik der Arbeit in der „Informationsgesellschaft". In: Schmiede, R. (Hrsg.): Virtuelle Arbeitswelten. Arbeit, Produktion und Subjekt in der „Informationsgesellschaft". Berlin, S. 159—178

Boes, A. (2005): Informatisierung. In: SOFI/IAB/ISF München/INIFES (Hrsg.): Berichterstattung zur sozioökonomischen Entwicklung in Deutschland — Arbeits- und Lebensweisen. Erster Bericht. Wiesbaden, S. 211—244

Boes, A./Baukrowitz, A. (2002): Arbeitsbeziehungen in der IT-Industrie. Erosion oder Innovation der Mitbestimmung? Berlin

Boes, A./Bultemeier, A. (2008): Informatisierung — Unsicherheit — Kontrolle. In: Dröge, K./Marrs, K./Menz, W. (Hrsg.): Die Rückkehr der Leistungsfrage. Leistung in Arbeit, Unternehmen und Gesellschaft. Berlin, S. 59—91

Boes, A./Bultemeier, A. (2010): Anerkennung im System permanenter Bewährung. In: Soeffner, H.-G. (Hrsg.): Unsichere Zeiten. Herausforderungen gesellschaftlicher Transformationen. Verhandlungen des 34. Kongresses der Deutschen Gesellschaft für Soziologie in Jena 2008. Wiesbaden, CD-ROM

Boes, A./Kämpf, T. (2012): Informatisierung als Produktivkraft. Der informatisierte Produktionsmodus als Basis einer neuen Phase des Kapitalismus. In: Dörre, K./Sauer, D./Wittke, V. (Hrsg.): Kapitalismustheorie und Arbeit. Neue Ansätze soziologischer Kritik. Frankfurt am Main/New York, S. 316—335

Boes, A./Trinks, K. (2006): Theoretisch bin ich frei! Interessenhandeln und Mitbestimmung in der IT-Industrie. Berlin

Boes, A./Bultemeier, A./Trinczek, R. (Hrsg.) (2013): Karrierechancen von Frauen erfolgreich gestalten. Analysen, Strategien und Good Practices aus modernen Unternehmen. Wiesbaden.

Boes, A./Kämpf, T./Lühr, T./Marrs, K. (2014a): Kopfarbeit in der modernen Arbeitswelt: Auf dem Weg zu einer „Industrialisierung neuen Typs". In: Sydow, J./Sadowsli, D./Conrad, P. (Hrsg.): Arbeit — eine Neubestimmung. Managementforschung 24. Wiesbaden, S. 33—62

Boes, A./Kämpf, T./Langes, B./Lühr, T./Steglich, S. (2014b): Cloudworking und die Zukunft der Arbeit. Kritische Analysen am Beispiel der Strategie „Generation Open" von IBM. Stuttgart

Boes, A./Kämpf, T./Langes, B./Lühr, T. (2015a): Landnahme im Informationsraum. Neukonstituierung gesellschaftlicher Arbeit in der „digitalen Gesellschaft". In: *WSI Mitteilungen*, Jg. 68, H. 2, S. 77—85

Boes, A./Kämpf, T./Lühr, T. (2015b): Neue Mittelschichten unter Druck. Die Erosion des „Expertenmodus" als Organisationsform hochqualifizierter Kopfarbeit. In: Haipeter, T. (Hrsg.): Angestellte Revisited. Arbeitsbezogene Interessen und Herausforderungen der Interessenvertretung. Wiesbaden (im Erscheinen)

Boes, A/Bultemeier, A./Kämpf, T./ Lühr, T (2015c): Arbeitswelt der Zukunft — zwischen „digitalem Fließband" und neuer Humanisierung. Neue Herausforderungen für die nachhaltige Gestaltung von Wissensarbeit. In: Schröder, L./Urban, H.-J. (Hrsg.): Gute Arbeit 2016. Digitale Arbeitswelt — Trends und Anforderungen. Frankfurt am Main (im Erscheinen)

Braverman, H. (1977): Die Arbeit im modernen Produktionsprozeß. Frankfurt am Main/New York

Bultemeier, A./Boes, A. (2013): Neue Spielregeln in modernen Unternehmen – Chancen und Risiken für Frauen. In: Boes, A./Bultemeier, A./Trinczek, R. (Hrsg.): Karrierechancen von Frauen erfolgreich gestalten. Analysen, Strategien und Good Practices aus modernen Unternehmen. Wiesbaden, S. 95–165

Castel, R. (2000): Die Metamorphosen der sozialen Frage: Eine Chronik der Lohnarbeit. Konstanz

Crozier, M./Friedberg, E. (1979): Macht und Organisation – Die Zwänge kollektiven Handelns. Königstein

Dörre, K./Neubert, J./Wolf, H. (1993): „New Deal" im Betrieb? Unternehmerische Beteiligungskonzepte und ihre Wirkung auf die Austauschbeziehungen zwischen Management, Belegschaften und Interessenvertretungen. In: *SOFI-Mitteilungen* 20, S. 15-35

Faust, M./Jauch, P./Notz, P. (2000): Befreit und entwurzelt: Führungskräfte auf dem Weg zum „internen Unternehmer". München/Mering

Hague, B. N./Loader, B. D. (Hrsg.) (1999): Digital Democracy. Discourse and Decision Making in the Information Age. New York

Heidenreich, M./Töpsch, K. (1998): Die Organisation der Arbeit in der Wissensgesellschaft. In: *Industrielle Beziehungen*, Jg. 5, H. 1, S. 13–44

Hindman, M. S. (2009): The Myth of Digital Democracy. Princeton

Hucker, T. (2008): Betriebliche Partizipation und gesellschaftlicher Wandel. München/Mering

Kämpf, T./Boes, A./Trinks, K. (2011): Gesundheit am seidenen Faden. Eine neue Belastungskonstellation in der IT-Industrie. In: Gerlmaier, A./Latniak, E. (Hrsg.): Burnout in der IT-Branche. Ursachen und betriebliche Prävention. Kröning, S. 91-152

Lange, H./Feseker, K./Städler, A. (2005): Interessenregulierung in der New Economy. Endbericht des HBS-Forschungsprojekts „Interessenregulierung in der New Economy am Beispiel klein- und mittelständischer Unternehmen". Bremen (unveröffentlichter Abschlussbericht)

Lutz, B. (1987): Der kurze Traum immerwährender Prosperität — Eine Neuinterpretation der industriell-kapitalistischen Entwicklung im Europa des 20. Jahrhunderts. Frankfurt am Main/New York

Mickler, O./Kalkowski, P./Helmer, M. (2004): Projektorganisation im Bereich qualifizierter Dienstleistungsarbeit. Hannover

Mikl-Horke, G. (1997): Industrie- und Arbeitssoziologie. 4. Auflage. München

Parment, A. (2013): Die Generation Y — Mitarbeiter der Zukunft motivieren, integrieren, führen. 2. Auflage. Wiesbaden

Tapscott, D. (2009): Grown up digital. How the net generation is changing your world. New York

Voss, K. (Hrsg.) (2014): Internet und Partizipation. Bottom-up oder Top-down? Politische Beteiligungsmöglichkeiten im Internet. Wiesbaden

Weber, M. (1988/1920): Vorbemerkung. In: Ders.: Gesammelte Aufsätze zur Religionssoziologie I. Tübingen, S. 1—16

Womack, J. P./Jones, D. T./Roos, D. (1991): The Machine That Changed the World. The Story of Lean Production. New York

Prof. Dr. Isabell M. Welpe

Dr. Andranik Tumasjan

Christian Theurer

»4

Der Blick der Managementforschung

4 Der Blick der Managementforschung

Prof. Dr. Isabell M. Welpe, Dr. Andranik Tumasjan, Christian Theurer (Technische Universität München)[1]

4.1 Transparenz und Demokratie auf dem Vormarsch

Die rasanten technologischen Entwicklungen in den vergangenen Jahren haben zu einem rapiden Anstieg von erhöhter Transparenz, breiter Partizipation und Beteiligung, Dezentralisierung[2], sowie allgemeiner Demokratisierung verschiedener Lebensbereiche in Wirtschaft und Gesellschaft geführt[3]. Diese Phänomene werden in der Art und Weise sichtbar, wie wir uns informieren, zusammenleben, uns vernetzen — und nicht zuletzt, wie wir Arbeit organisieren[4]. Der gesunkene Transaktions- und insbesondere Kommunikationsaufwand ermöglichen es zunehmend, die Bedürfnisse der Menschen nach erhöhter Flexibilität und Mitgestaltung auch am Arbeitsplatz zu realisieren.

Dass wir uns bereits inmitten eines Transformationsprozesses befinden, zeigt nicht zuletzt die aktuelle Debatte dieser Thematik im aktuellen Medienalltag und somit in der breiten Bevölkerung. Die Presse (z.B. Handelsblatt, Frankfurter Allgemeine Zeitung, Zeit, Neue Zürcher Zeitung) berichtet jüngst immer häufiger über moderne Organisationsstrukturen und Arbeitsmodelle der Zukunft. So titelt z.B. die Frankfurter Allgemeine Zeitung im August 2014 „Wähl dir deinen Chef"[5] und berichtet über Unternehmen, die bereits wegweisende Schritte organisationaler Demokratisierung hinter sich haben oder diese angekündigt haben, wie z.B. Semco (Glasproduktion), Trumpf (Maschinenbau), HP (IT), Ebay (Online-Marktplatz) und Haufe-Umantis (Software). Die Neue Zürcher Zeitung betitelte bereits 2012 mit

1 Danksagung: Wir danken Fabian Ahrens für seine Unterstützung bei der Erstellung einer früheren Version dieses Beitrags.

2 Welpe, Tumasjan & Strobel, 2010.

3 Castells, 2010.

4 Agrawal, Horton, Lacetera, & Lyons, 2013; Carmel, & Agarwal, 2002.

5 Astheimer, 2014.

„Wenn der Chefsessel leer bleibt“[6] ein Interview mit dem demokratischen Unternehmer Heiko Fischer, Gründer der Firma Resourceful Humans.

Ein prägnantes Beispiel für zunehmende Demokratisierung und Transparenz als gesamtgesellschaftliche und -wirtschaftliche Trends sind Bewertungsportale: Ein Großteil der Internetnutzer *liked* und bewertet Tag für Tag: Zeitungsartikel, Hotels, Ärzte, Professoren, Bücher u. v. m. Auch Arbeitgeber und Führungskräfte werden bereits im Netz bewertet[7]. Die digitalisierte Generation trägt auf diese Weise das Wissen der Welt in Wikipedia und vielerlei Portalen zusammen. Das Arbeitgeberportal *kununu*, auf dem Bewerber, aktuelle und ehemalige Mitarbeiter ihr Unternehmen bewerten können, ist mit momentan knapp 900.000 Bewertungen von über 200.000 Unternehmen[8] ein schlagkräftiges Beispiel hierfür — Tendenz: steigend.

Ob wir wollen oder nicht, wir alle unterliegen und beteiligen uns an diesen Prozessen, die Transparenz und Partizipation vieler Menschen fördern und diese ermöglichen: Zeitungen, wie z.B. das Handelsblatt, experimentieren damit, ihre Leser über die nächste *Feature Story* abstimmen zu lassen. Andere Firmen lassen ihre (potenziellen) Kunden beim Produktdesign und der Produktentwicklung mitgestalten und -entscheiden (Beispiel: BMWs Virtual Innovation Agency). Auch das ist Ausdruck einer demokratischen Entwicklung. Diese hat sich nun weiter nach vorne verlagert. Dort, wo früher ein ganzer Markt mit seinen Kaufentscheidungen abgestimmt hat, kann dies nun jeder proaktiv und bereits im Vorfeld der Produktion tun.

Firmen wie Gore (Textilindustrie), Semco (Glasproduktion), Haufe-Umantis (Software)[9] oder Mondragon (genossenschaftliche Unternehmensgruppe) haben schon länger erfolgreich demokratische Strukturen in ihren Unternehmen etabliert (z.B. Wahl der Führungskräfte, Arbeitszeitflexibilität, Gehaltstransparenz). Auch Unternehmen wie Virgin (Mischkonzern) oder Microsoft (IT)[10] experimentieren damit, dass Urlaubsanträge abgeschafft werden und Mitarbeiter selbst entscheiden können, *wann* und *wie viel* Urlaub sie nehmen und *wie* und *von wo aus* sie arbeiten wollen.

In diesem Beitrag zeigen wir, was wir unter demokratischer Organisation verstehen, wie Unternehmen demokratische Strukturen in ihrer Organisation einbetten

6 Signer, 2012.

7 Stritzke, 2009.

8 Stand: Juli 2015.

9 Siehe Kapitel 15 in diesem Band.

10 Siehe Kapitel 14 in diesem Band.

können und was genau diese Maßnahmen umfassen. Zudem beschreiben wir, welche Ziele diese Maßnahmen verfolgen, wie diese aufgenommen bzw. akzeptiert werden und schließlich wie sie sich auf die Arbeitswelt der Zukunft auswirken werden. Aufgrund der noch jungen Entwicklung in diesem Bereich ist es unserer Ansicht nach noch zu früh, normative Aussagen zu treffen. Unser Beitrag ersucht deshalb, organisationale Demokratie deskriptiv einzubetten. Unsere nachfolgend vorgestellten Forschungsergebnisse zeigen, wie verschiedene Stakeholder diese Entwicklungen wahrnehmen, wie attraktiv sie diese empfinden und ob sie sie als realisierbar erachten. Abschließend wird ein Ausblick zu weiterer Forschung zum Thema gegeben.

4.2 Organisationale Demokratie

In diesem Kapitel stellen wir zunächst dar, wie der Demokratie-Begriff im Unternehmenskontext zu verstehen ist und welche Maßnahmen durchgeführt werden können, um dieses Verständnis umzusetzen. Außerdem zeigen wir auf, dass das Vorhandensein demokratischer Strukturen nicht automatisch mit der Abwesenheit von Hierarchie einhergeht.

4.2.1 Definition

Grundsätzlich hat der Demokratiebegriff für die Mehrzahl der Menschen eine sehr positive Bedeutung und steht für Werte, die wir in unserer Gesellschaft hochhalten. Der Begriff Demokratie stammt aus dem antiken Griechenland. Übersetzt bedeutet Demokratie sinngemäß „Herrschaft des Volkes" (altgriechisch; dēmos = Volk, kratein = herrschen). Demokratie ist das politische Prinzip, nachdem das Volk durch freie Wahlen an der Machtausübung im Staat teilhat. Die Definition ist nicht klar abgegrenzt, da viele Quellen auch die Gewaltenteilung oder die Bildung einer rechtsstaatlichen Verfassung in die Bedeutung mit einbeziehen. Etwa die Hälfte aller politischen Systeme auf der Erde machen heutzutage verschiedene Arten von freien demokratischen Systemen — meist direkte, parlamentarische oder Präsidialdemokratie — aus[11].

Mit *organisationaler Demokratie* in Unternehmen sind Strukturen gemeint, die allen Mitgliedern einer Organisation Einfluss auf das Unternehmen, die Arbeit im Unter-

[11] Vorländer, 2013.

nehmen und die Formen der Zusammenarbeit gewähren. Hierbei unterscheidet die Forschung zwischen[12]:

- Beteiligung von Mitarbeitern an (Management-) Entscheidungen,
- finanzielle Beteiligung von Mitarbeitern,
- soziale und psychologische Beteiligung.

Die drei Formen organisationaler Demokratie tragen zu einer gesteigerten Wettbewerbs- und Leistungsfähigkeit der Organisation bei, indem sie zu besseren Entscheidungen (z.B. durch verbesserte Nutzung des Wissens der Mitarbeiter, eine höhere Motivation, stärkeres unternehmerisches Denken), höherer Identifikation von Wissensarbeitern und einer Stärkung der Innovations- und Kooperationsfähigkeit[13] (z.B. durch vermehrten Wissensaustausch und höhere Kreativität) führen[14]. Sicherlich sind demokratische Elemente und Prozesse nicht immer über alle Ebenen, in allen Entscheidungsprozessen oder für alle Mitarbeiter einer Organisation sinnvoll, sondern nur, wenn langfristig auch Vorteile für Unternehmen und Mitarbeiter in Aussicht stehen. Dies ist beispielsweise dort der Fall, wo Kommunikationskosten gering sind und z.B. Kreativität, Flexibilität und verteiltes Wissen zur Lösung einer Aufgabe notwendig sind.

4.2.2 Wie leben Unternehmen Demokratie?

Prinzipiell kann zur Umsetzung und Bestimmung der Form von demokratischen Prozessen in Organisationen zwischen den Dimensionen des **Grads der Einflussnahme**[15] und der **Frequenz der Ausübung**[16] bestimmter Maßnahmen unterschieden werden (Abbildung 4.1).

12 Weber, 1999.

13 Strobel, Tumasjan, Spörrle, & Welpe 2013.

14 Ebenda.

15 Ebenda.

16 Ray, 2005; Sparks, 2006.

Abb. 4.1: Wie leben Unternehmen Demokratie? (Quelle: Great Place to Work, 2014; Yadzani, 2010; Sparks, 2006; Ray, 2005; Kerr, 2004; Weber, 1999).

Es wird deutlich, dass über die weitläufig bekannte Maßnahme der **Wahl von Vorgesetzten** hinaus vielfältige Formen von Demokratie in Unternehmen existieren. Beispiele hierfür sind:

- **Einfluss auf die (Unternehmens-) Strategie**
  Hierbei ist eine starke Einflussnahme der Mitarbeiter möglich. Ein Beispiel wäre ein Unternehmen, das seine Mitarbeiter in wirtschaftlich schwierigen Zeiten entscheiden lässt, Umsatzziele zu senken oder Mitarbeiter zu entlassen.
- **Aufgaben und Arbeitszeitautonomie**
  Mitarbeiter können selbst entscheiden, woran, wann und von wo aus sie arbeiten. Dies bedeutet großen Einfluss auf die eigene Arbeit zu haben und findet kontinuierlich statt.
- **Resonanzgruppen**
  Resonanzgruppen sind Frühwarnsysteme in Veränderungsprozessen, die aus Freiwilligen bestehen und die frühzeitig Feedback der Mitarbeiter zur Neuorganisation sammeln und an die Geschäftsführung weitergeben.
- **Gegenstromverfahren**
  Bei grundlegenden Unternehmensentscheidungen werden Workshops durchgeführt, an denen Mitarbeiter ohne Führungsverantwortung teilnehmen. Diese sollen das Fachwissen der Mitarbeiter nutzen und besser verstehen, insbesondere auf welche Schwierigkeiten strategische Entscheidungen bei der operativen Umsetzung stoßen könnten.

4.2.3 Hierarchien und demokratische Strukturen in Unternehmen

Darüber hinaus ist es wichtig, demokratische Arbeits- und Organisations*beziehungen* nicht mit Organisations*strukturen* gleichzusetzen. Entgegen der Meinung, eine steile Hierarchie sei das Gegenteil von Demokratie im Unternehmen[17], fehlt oder verringert sich in einer demokratischen Organisation nicht zwingend die Hierarchie, bzw. deren Grad. Der Grad der Demokratie in einem Unternehmen, der Grad der Hierarchie und die Verortung verschiedener Unternehmenstypen sind nach Ansicht der Autoren voneinander unabhängige Dimensionen[18]. Dies wird deutlich am einstigen Führungsstil von Steve Jobs, dem bekannten ehemaligen CEO von Apple: Er galt als äußerst autoritärer und hierarchischer Vorgesetzter. Dennoch kann davon ausgegangen werden, dass Steve Jobs jederzeit demokratisch gewählt worden wäre, da er unter seinen Mitarbeitern stets Zustimmungsraten von über 90 % genoss[19].

4.2.4 Auswahl der Organisationsstruktur

Im folgenden Abschnitt werden Kriterien definiert, die eine Aussage über den Nutzen der jeweiligen Organisationsstrukturen für bestimmte Aufgaben treffen. Es soll beantwortet werden, welche Formen von Arbeit für demokratische Strukturen überhaupt geeignet sind.

4.2.5 Variabilität und Analysierbarkeit

Die passende Organisation und Struktur eines Unternehmens und dessen Teams ergeben sich grundsätzlich aus den zu bewältigenden Aufgaben. Dabei sind zwei Dimensionen entscheidend[20]:

- Variabilität der Aufgabe,
- Analysierbarkeit der Aufgabe.

[17] Weber, Unterrainer, & Höge, 2008.

[18] Fiske, 1992.

[19] Glassdoor, 2009.

[20] Obstfeld, 2012.

Diese Dimensionen determinieren den Unterschied zwischen reinen Routine-Aufgaben (hohe Analysierbarkeit — niedrige Variabilität) und Nicht-Routine-Aufgaben (niedrige Analysierbarkeit — hohe Variabilität) aus[21].

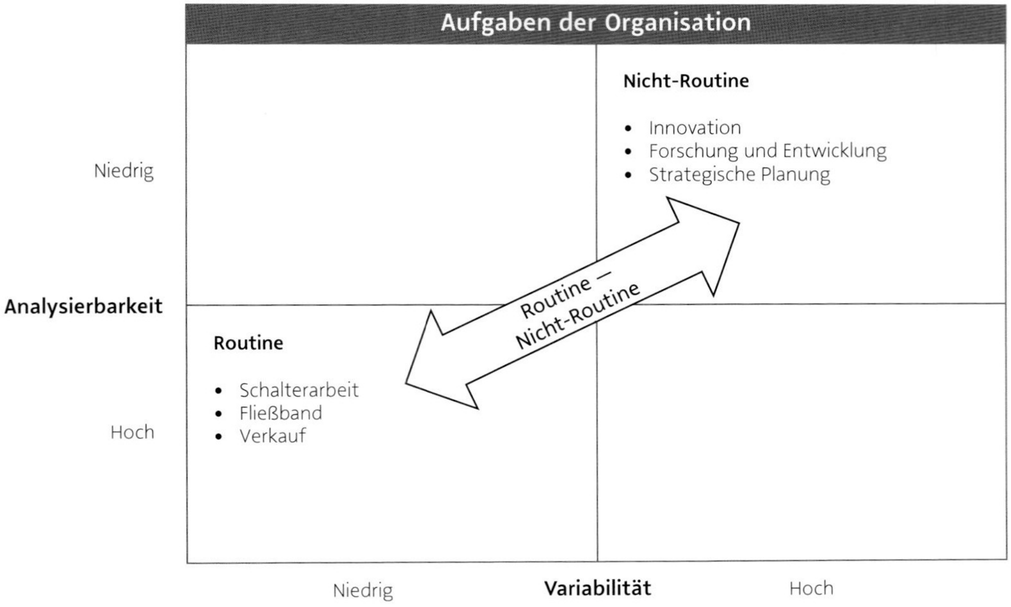

Abb. 4.2: Aufgabentypen in Organisationen (Obstfeld, 2012).

Nicht-Routine Aufgaben, die Kreativität und Wissen erfordern, verlangen eher flache und organische, selbstorganisierte Strukturen. Gut analysierbare Aufgaben erfordern eher hierarchische, mechanische und fremdorganisierte Strukturen[22]. Eine wesentliche Herausforderung für Unternehmen besteht darin, den jeweiligen Aufgaben gerecht zu werden und zwischen flacher und hierarchischer Organisation wechseln zu können. Künftige Forschung und Praxis wird noch zeigen müssen, wie demokratische Organisations- und Führungsprozesse die Bewältigung dieser Aufgaben unterstützen können.

21 Ebenda.

22 Ebenda.

4.3 Aktuelle Forschungsergebnisse

4.3.1 Allgemeine Akzeptanz demokratischer Organisations- und Führungsprinzipien

In einer Befragung von 1.000 Arbeitnehmern in Deutschland wurden den Teilnehmern Fragen zur Akzeptanz und Realisierbarkeit demokratischer Organisationsstrukturen gestellt[23]: Der allgemeine Wunsch nach demokratischer Führung in Unternehmen wurde dabei mit durchschnittlich 6,7 von 10 möglichen Punkten bewertet, wobei 1 für „auf keinen Fall" stand und 10 für „auf jeden Fall". Bei der Attraktivität aktiver Mitgestaltung der Strategie und der Wahl der Führungskräfte kommt die Umfrage zu ähnlichen Ergebnissen. Auf einer Attraktivitätsskala von 1 bis 7 liegt die mögliche Wahl von Vorgesetzten durchschnittlich bei 4,3, die Mitbestimmung der Strategie sogar bei 4,9. Fragt man die Teilnehmer jedoch nach der Realisierbarkeit dieser Maßnahmen, fallen die Antworten bislang eher pessimistisch aus: Die Wahl ihrer eigenen Führungskraft bewerten die Teilnehmer als wenig realistisch (2,7), ein wenig zuversichtlicher sind sie in ihrer Einschätzung hinsichtlich der Realisierbarkeit einer Mitbestimmung der Unternehmensstrategie (3,7).

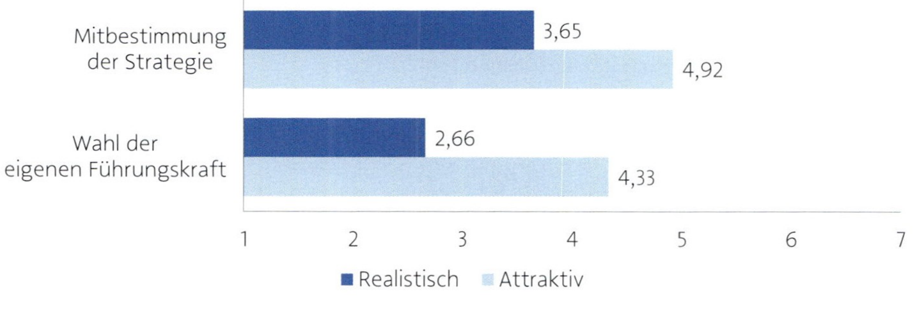

Abb. 4.3: Attraktivität und Realisierbarkeit demokratischer Organisationselements (Boes, Sattelberger, Welpe, 2015).

[23] Boes, Sattelberger, & Welpe, 2015.

4.3.2 Sichtweisen verschiedener Stakeholder

Um ein möglichst umfassendes Bild zu generieren, wurden des Weiteren verschiedene Stakeholder-Gruppen (potenzielle Bewerber, Führungskräfte, Investoren) befragt. Dabei wurden sieben verschiedene Demokratisierungselemente betrachtet:

1. Transparenz: Einsicht in betriebliche Daten, z.B. Gehälter oder Finanzen
2. Arbeitsgestaltungsautonomie: Arbeitszeit- und/oder Aufgabenautonomie
3. Wahl der Führungskraft
4. Einfluss auf die Strategie
5. Betriebliche Rahmenbedingungen, z.B. Mitarbeiterausschüsse, Vorschlagswesen
6. Kapitalbeteiligung: Kontingent von Unternehmensanteilen für Mitarbeiter
7. Empowerment: Übergabe von Führungsverantwortung

In unserer Studie, in der potenzielle Bewerber (n=128) nach dem Einfluss der oben genannten Dimensionen auf die Wahrnehmung des Unternehmens als attraktiver Arbeitgeber befragt wurden, zeigt sich für die relative Attraktivität folgendes Ergebnis (siehe Abbildung 4.4).

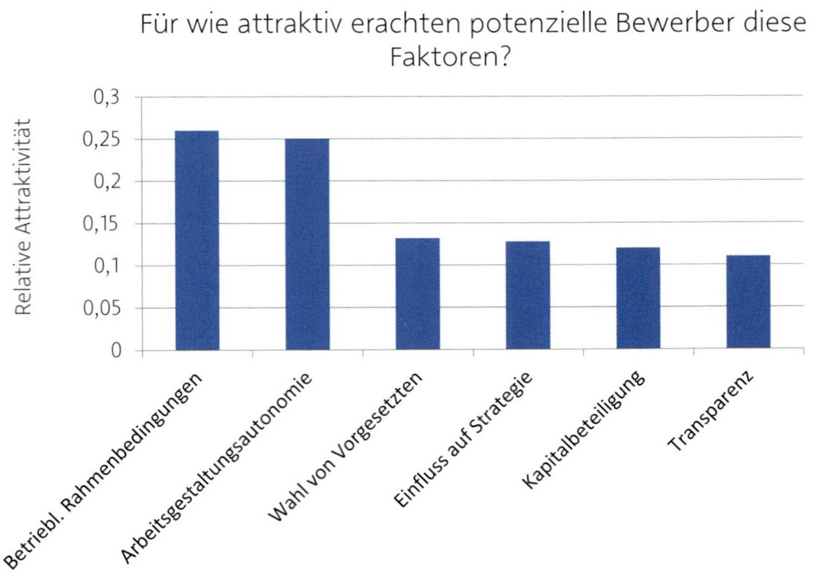

Abb. 4.4: Attraktivitätsfaktoren aus Bewerbersicht (Welpe, Tumasjan, Theurer, Quast, & Bauer, 2014).

Die Ergebnisse machen deutlich, dass demokratische Strukturen einen direkten positiven Einfluss auf die Attraktivität des Unternehmens als Arbeitgeber haben und damit eine anziehende Wirkung auf potenzielle Bewerber erzielen[24].

Werden auf der anderen Seite Führungskräfte aus Unternehmen (n = 45) nach der Realisierbarkeit eben dieser Maßnahmen befragt, schätzen diese die Situation wie folgt ein (Abbildung 4.5).

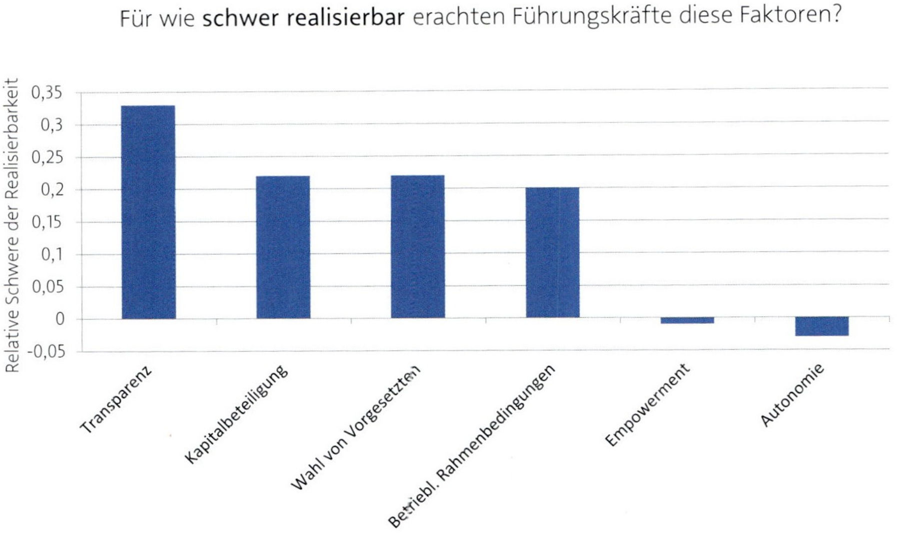

Abb. 4.5: Realisierbarkeit bestimmter Faktoren aus Führungskräftesicht (Welpe, Tumasjan, Theurer, Irmler, & Wappner, 2015).

Daraus lässt sich schließen, dass Maßnahmen wie Autonomie, Empowerment und Kompetenzentwicklung in vielen deutschen Unternehmen bereits angewandt werden und sich in Resonanz und Nutzen positiv erweisen. Anders gestaltet sich dies bei Wahlen von Vorgesetzten, der Umsetzung von Transparenz und der Implementierung finanzieller Beteiligungsformen. Hier herrscht unter Führungskräften noch große Skepsis in Bezug auf deren Realisierbarkeit. Der Bereich mit hoher Aussicht auf eine erfolgreiche Umsetzung aus Führungskräftesicht ist die Partizipation in Form von Mitsprache und Mitentscheidung über betriebliche Rahmenbedingungen bis hin zur Strategie. Dies liegt v.a. an dem starken Interesse (potenzieller) Mitarbeiter an dieser Maßnahme[25].

24 Welpe, Tumasjan, Theurer, Quast & Bauer, 2014.

25 Welpe, Tumasjan, Theurer, Irmler, & Wappner, 2015.

Wird der bisherige Umsetzungsgrad dieser Maßnahmen in Unternehmen unterschiedlicher Größe untersucht, ergibt sich ein eindeutiges Bild (Abbildung 4.6):

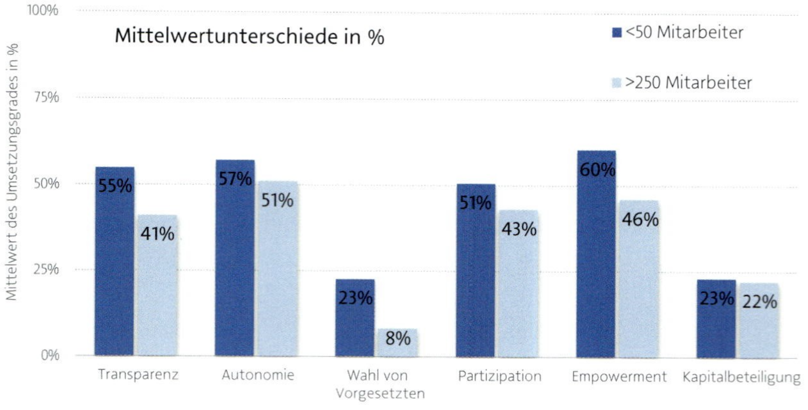

Abb. 4.6: Umsetzungsgrade verschiedener Faktoren aus Führungskräftesicht (Welpe, Tumasjan, Theurer, Irmler, & Wappner, 2015).

In kleinen Unternehmen (<50 Mitarbeiter) sind deutlich häufiger bereits demokratische Strukturen umgesetzt als in großen Unternehmen (>250 Mitarbeiter). Dies hängt sicherlich mit der vereinfachten Implementierbarkeit dieser Maßnahmen durch kurze Wege und flachere Hierarchien in kleinen Unternehmen im Vergleich zu Großunternehmen zusammen[26].

Potenzielle Investoren (privat und institutionell, n=93) beurteilen den Einfluss von Demokratisierungselementen auf ihre Investitionsentscheidung wie folgt (Abbildung 4.7).

[26] Tumasjan, Strobel & Welpe, 2011.

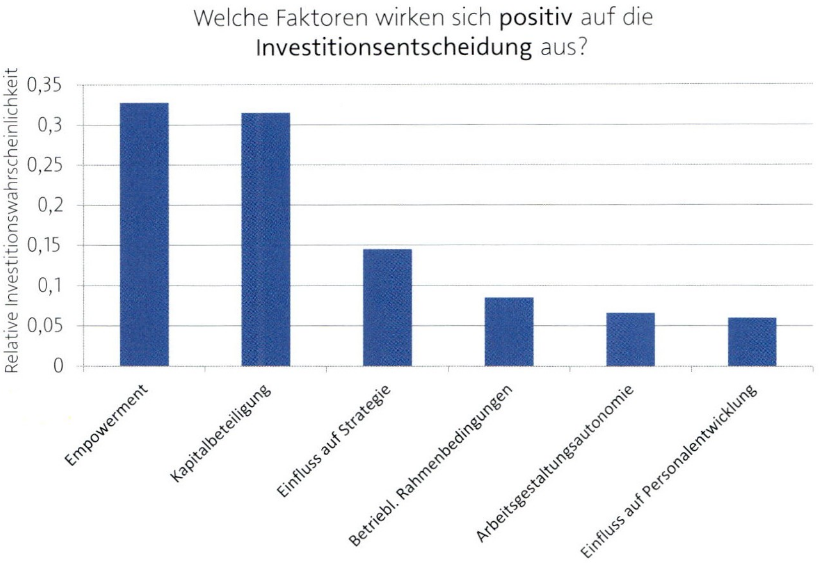

Abb. 4.7: Präferenzen potenzieller Investoren (Welpe, Theurer, & Graeber, 2015).

Es zeigt sich, dass die Investitionswahrscheinlichkeit bei bestimmten Maßnahmen steigt, wenn ein Unternehmen z.B. Mitarbeiterkapitalbeteiligung, Gehalts- und Entscheidungsautonomie oder einen Einfluss der Mitarbeiter auf die Strategie vorzuweisen hat. Demokratische Strukturen erzeugen bei den meisten Investoren eine prinzipiell positive und somit höhere Investitionswahrscheinlichkeit in ein Unternehmen[27].

Zusammenfassend ist zu sagen, dass unsere aktuellen empirischen Erkenntnisse zu organisationaler Demokratie die öffentliche Wahrnehmung bestärken: Demokratische Strukturen sind sowohl in den Augen von Bewerbern und Führungskräften, als auch in denen der Investoren attraktiv und sinnvoll, allerdings mit unterschiedlichen Gewichtungen und nicht immer gleichermaßen realisierbar.

[27] Welpe, Theurer, & Graeber, 2015.

4.4 Ausblick und Bedarf an weiterer Forschung zum Thema im Unternehmenskontext

Eine Herausforderung für künftige Forschungen auf dem Gebiet wird die Beobachtung der Leistungs- und Wettbewerbsfähigkeit demokratisch geführter Firmen über die Zeit hinweg sein. Um eines der ursprünglichen Ziele der Mitarbeiterpartizipation zu erreichen — nämlich bessere Entscheidungen herbeizuführen — wird Forschung benötigt, die überprüft, ob Teams oder Abteilungen mit entsprechenden demokratischen Rechten und Pflichten tatsächlich bessere Arbeitsergebnisse und -leistungen erzielen. Es besteht außerdem Bedarf in der Frage, welche organisationalen Voraussetzungen für demokratisch geführte Unternehmen entscheidend sind. Außerdem wird zu untersuchen sein, welchen Einfluss unterschiedliche Typen von Unternehmensdemokratie (z.B. hinsichtlich Grad, Frequenz und Form der Einflussnahme, siehe Abbildung 4.1) auf Motivation , Arbeitszufriedenheit und Innovation von Mitarbeitern haben.

Damit einhergehend muss geklärt werden, wo Unternehmensdemokratie beginnt und wie weit sie gehen sollte. Ebenso muss untersucht werden, welchen Gefahren demokratisch geführte Unternehmen begegnen werden und welche Hemmnisse einer Demokratisierung im Weg stehen. Eine vielversprechende Quelle — ergänzend zu bereits angestellten theoretischen Betrachtungen — sind insbesondere die Erfahrungen von Unternehmen, die schon seit vielen Jahren organisationale Demokratie als Teil der Unternehmensphilosophie leben. Letztlich werden diese Fragen unter Realbedingungen wohl am besten beantwortet.

Literatur

Agrawal, A, Horton, J., Lacetera, N. & Lyons (2013). Digitization and the contract labor market: A research agenda. In A. Goldfarb, S. Greenstein, & C. Tucker (Hrsg.), *Economic Analysis of the Digital Economy* (S. 219-250). Chicago: University of Chicago Press.

Astheimer, S. (08.10.2014). *Wähl dir deinen Chef*. Frankfurter Allgemeine Zeitung. Verfügbar unter: http://www.faz.net/aktuell/beruf-chance/arbeitswelt/mitarbeiter-bestimmen-arbeitszeit-und-gehalt-selbst-13186671.html

Boes, A., Sattelberger, T., & Welpe, I. (2015). *Umfrage zu demokratischen Organisations- und Führungsprinzipien*. München: Technische Universität München (TUM).

Carmel, E, &, Agarwal, R. (2002). The Maturation of Offshore Sourcing of Information Technology Work. *MIS Quarterly Executive*, 1 (2), 65-77.

Castells, M. (2010). *The Rise of the Network Society: The Information Age: Economy, Society and Culture*. Oxford: John Wiley & Sons.

Fiske A. P. (1992). The four elementary forms of sociality: framework for a unified theory of social relations. *Psychological Review*, 99 (4), 689-723.

Glassdor (23. Oktober 2009). *Apple / Microsoft War is Back On: New Products and New Marketing Campaigns!* URL: http://www.glassdoor.com/blog/apple-microsoft-war-products-marketing-campaigns/

Kerr, J. L. (2004). The limits of organizational democracy. *The Academy of Management Executive*, 18 (3), 81-95.

Obstfeld, D. (2012). Creative Projects: A Less Routine Approach Toward Getting New Things Done. *Organization Science* 23 (6), 1571-1592.

Ray, D. M. (November 2005). Corporate Boards and Corporate Democracy. *Journal of Corporate Citizenship*, 20, 93-105.

Signer, D. (2012). Wenn der Chefsessel leer bleibt. *Neue Zürcher Zeitung am Sonntag* (10.6.2012).

Sparks, A. G. (Februar 2006). Corporate Democracy: What It Is, What It Isn't, and What It Should Be. Insights: *The Corporate & Securities Law Advisor*, 20-24.

Stritzke, C. (2009). *Marktorientiertes Personalmanagement durch Employer Branding*. Wiesbaden: Springer Fachmedien.

Strobel, M., Tumasjan, A., Spörrle, M., & Welpe, I. (2013). The future starts today, not tomorrow: How future focus promotes organizational citizenship behaviors. *Human Relations*, 66 (6), 829-856.

Tumasjan, A., Strobel, M., & Welpe, I. (2011). Employer brand building for start-ups: Which job attributes do employees value most? *Zeitschrift für Betriebswirtschaft*, 81(Issue 6 Supplement), 111-136.

Vorländer, H. (2013). *Informationen zur politischen Bildung 284: Demokratie*. Bonn: Bundeszentrale für politische Bildung/bpb.

Weber, W. G. (April 1999). Organisationale Demokratie – Anregungen für innovative Arbeitsformen jenseits bloßer Partizipation. *Zeitschrift für Arbeitswissenschaft*, 53 (4), 270-281.

Weber, W. G., Unterrainer, C., & Höge, T. (2008). Sociomoral Atmosphere and Prosocial and Democratic Value Orientations in Enterprises with Different Levels of Structurally Anchored Participation. *Zeitschrift für Personalforschung/German Journal of Research in Human Resource Management*, 22 (2), 171-194.

Welpe, I., Tumasjan, A., & Strobel, M. (2010). Construal Level Theory – eine Theorie für die grenzenlose Unternehmung? *Zeitschrift für betriebswirtschaftliche Forschung*, 62 (Sonderheft), 84-10.

Welpe, I., Theurer, C., & Graeber, F. (2015). *Organisationale Demokratie und moderne Formen der Arbeit aus der Sicht der Investoren*. München: Technische Universität München (TUM).

Welpe, I., Tumasjan, A., Theurer, C., Irmler, L., & Wappner, M. (2015). *The Feasibility of Organisational Democracy from Executives' Point of View*. München: Technische Universität München (TUM).

Welpe, I., Tumasjan, A., Theurer, C., Quast, S., & Bauer, T. (2014). *New Ways of Employer Brand Building: The Attractiveness of Organizational Democracy*. München. Technische Universität München (TUM).

Yazdani, N. (2010). Organizational Democracy and Organization Structure Link: The Role of Strategic Leadership & Environmental Uncertainty. *Global Financial Crisis: Causes, Emerging Trends and Strategy*, 5 (2), 51.

Prof. Dr. Klaus Dörre

»5 Ein zukunftstaugliches Leitbild?

5 Das demokratische Unternehmen – ein zukunftstaugliches Leitbild?

Prof. Dr. Klaus Dörre (Friedrich-Schiller-Universität Jena)

Wer die alten Debatten um die demokratische Frage in Betrieben und Unternehmen kennt und es seit längerem gewohnt ist, vornehmlich über die Krise der Demokratie nachzudenken, sieht sich in jüngster Zeit mit einem überraschenden Diskurs konfrontiert. Zumindest als Leitbild, teilweise aber auch schon in der Praxis, sind Unternehmen mit demokratischem Selbstverständnis auf dem Vormarsch. Überraschend ist, dass diese Debatte nicht in erster Linie von Betriebsräten und Gewerkschaften, sondern eher von Teilen des Managements ausgeht. Fasst man die Essenz der einschlägigen Managementliteratur zusammen, so sind es die technologischen Produktivkräfte selbst, die es erlauben, verknöcherten Unternehmensbürokratien und antiquierten Führungsstilen den Kampf anzusagen. Vorreiter der Debatte sind vor allem kleinere Unternehmen mit qualifizierten Belegschaften im High-Tech-Bereich. Solche Unternehmen sind in hohem Maße auf die Produktionsintelligenz ihrer Mitarbeiter angewiesen. Kreativität und die Preisgabe von Produzentenwissen, so ein bekanntes Argument, lassen sich nicht erzwingen. Um innovativ und kreativ sein zu können, benötigen die Beschäftigten Freiräume. Sie wollen ihren eigenen Arbeitsplatz, ihre Arbeitsbedingungen selbst gestalten. Nicht minder wichtig, sie wollen und müssen kooperieren, denn der Schwarm ist klüger als jeder Einzelne. Und Kooperation gelingt am besten, wenn sie durch demokratische Entscheidungsprozesse gestützt wird. Unternehmen, die dies erkennen, sind, so ein weiteres Argument, letztendlich auch effektiver und effizienter. Demokratie im Unternehmen wird, so könnte man schlussfolgern, ein Schlüssel zu wirtschaftlichem Erfolg.

Und in der Tat, die exemplarisch präsentierten Zahlen sind beeindruckend. So gibt z. B. die Firma Synaxon, eines der häufig zitierten Musterbeispiele für den Demokratisierungstrend, an, der Umsatz des Unternehmens habe sich binnen fünf Jahren verdoppelt, während die Zahl der Mitarbeiter lediglich von 140 auf 150 gestiegen sei. Als Arbeitssoziologe fragt man sich natürlich sogleich, was solche Produktivitätssprünge eigentlich für den Arbeitsalltag der Beschäftigten bedeuten. Hier setzt der Beitrag an. Allerdings geht es nicht darum, sogleich Wasser in den Wein der Unternehmensdemokratisierung zu gießen. Im Gegenteil, junge Unternehmen, die mit demokratischen Entscheidungsverfahren experimentieren und in denen mitunter die Mitarbeiter ihre Chefs selbst wählen,

setzen einen Kontrapunkt zur Shareholder-Value-Steuerung, die sich in erster Linie an den Interessen der Eigentümer orientiert. Wenn es jedoch nicht bei einem bloßen Strohfeuer bleiben soll, ist es wichtig, dass die Anhänger der Idee einer demokratischen Unternehmenssteuerung aus den Fehlern der Vergangenheit lernen. Das demokratische Unternehmen hat, so meine These, nur dann eine Chance, wenn es auf robusten, krisenfesten, transparenten und daher nachhaltigen arbeitspolitischen Kompromissen der verschiedenen Interessengruppen gegründet ist. Es muss unterschiedliche und teilweise gegensätzliche Orientierungen, Wünsche und Präferenzen integrieren. Nur wenn das gelingt, hat direkte und demokratische Partizipation in Betrieb und Unternehmen eine Chance.

Diese Sicht der Dinge soll nachfolgend in drei Schritten begründet werden. Ich beginne mit einer sehr knappen Überlegung zum Begriff der Demokratie und zu den verschiedenen Traditionslinien der demokratischen Idee (5.1). Daran schließen sich ein Blick zurück in die Geschichte demokratischer Partizipation im Unternehmen (5.2) und ein Blick auf die Gegenwart und Zukunft der demokratischen Frage in Wirtschaftsorganisationen an (5.3), die in einem knappen Resümee zusammengefasst werden (5.4).

5.1 Liberale und egalitäre Demokratietradition

Den Begriff Demokratie gibt es seit der Antike. Er stammt vom griechischen δ η μος dēmos, dem Staatsvolk, ab. Gemeint ist eine Regierungsform, in welcher der Demos, das Volk, herrscht. Was unter Demokratie zu verstehen ist, hängt wesentlich davon ab, wer dem Volk zugerechnet wird. Dementsprechend zeichnet sich der Demokratiebegriff schon immer durch wechselnde Bedeutungsgehalte aus. Die Schwierigkeiten einer exakten Definition beginnen denn auch mit der — für Unternehmen keineswegs unbedeutenden — Frage, wer das Volk ist, das herrschen soll. Im antiken Griechenland gehörten beispielsweise Frauen und Sklaven nicht dazu, Bauern aber schon. Das Dorf war gewissermaßen Keimzelle des demokratischen Gemeinwesens; es handelte sich um die frühe Form einer Produzentendemokratie.[1]

Die demokratischen Institutionen der frühindustrialisierten Länder beruhen demgegenüber in erster Linie auf einer liberalen Traditionslinie, die Politisches und Ökonomisches trennt. Allerdings gibt es eine subdominante, konkurrierende ideen-

1 Meiksins Wood, 2010: S. 276.

geschichtliche Linie, die Demokratie von ihren Inhalten her als soziale Demokratie begreift. Zwischen beiden ideengeschichtlichen Linien bewegen sich deliberative Konzepte, die den Eigenwert verständigungsorientierter Verfahren hervorheben. Die westlichen Demokratien sind im Grunde aus Kombinationen und Kompromissbildungen dieser ideengeschichtlichen Traditionslinien hervorgegangen — dem Liberalismus mit seiner Betonung von Freiheit und Pluralismus einerseits sowie einem Demokratiekonzept, das Gleichheit und Volkssouveränität proklamiert[2], andererseits.

Beide Konzepte sind bedeutsam, weil sie dazu beitragen, Freiheit und Gleichheit über demokratische Politik auszubalancieren. Während die liberale Demokratietradition die Wirtschaft aufgrund der Eigentumsgarantie nicht zwingend als Sphäre der Demokratisierung betrachtet, setzen Konzeptionen einer sozialen Demokratie an der Sozialbindung des Eigentums an. Sie gehen davon aus, dass auch materielle Anforderungen von Beschäftigten erfüllt sein müssen, damit demokratische Partizipationsrechte überhaupt wahrgenommen werden können. Diese Linie kann man bis zu den Urvätern und -müttern kollektiver Vertragsbeziehungen in der zweiten Hälfte des 19. Jahrhunderts zurückverfolgen. Ihr lassen sich Sozialliberale wie Lujo Brentano, Sozialreformer wie das Ehepaar Beatrice und Sidney Webb und natürlich auch revolutionäre Sozialisten wie Karl Marx und der Jenaer Arbeitsrechtler und Rätedemokrat Karl Korsch zurechnen.

Immer wieder haben unterschiedliche Konzeptionen von sozialer und Wirtschaftsdemokratie auch als Herausforderer liberaler Demokratiekonzepte gedient.[3] Insbesondere nach 1989 haben sich Diskurse um die Ausgestaltung des Demokratischen allerdings wieder deutlich in Richtung der liberalen Tradition verschoben. Unter dem Eindruck demokratischer Revolutionen in Osteuropa, in denen sich Demokratisierungsforderungen mit der Einführung kapitalistischer Wirtschaftsformen verbanden, wurde der Eigenwert demokratischer Institutionen, Prozesse und Verfahren zu einem zentralen Fokus demokratietheoretischer Debatten.[4] In Konzepten wie dem einer deliberativen Demokratie wurde die demokratische gleichsam von der sozialen Frage entkoppelt. Entsprechende Überlegungen gingen von der Prämisse aus, die Wachstumsdynamik fortgeschrittener Kapitalismen und die mit ihr verbundene „Pazifizierung des Klassenkonflikts“[5] könne in die Zukunft verlän-

2 Mouffe 2014; Müller 2013.

3 In diesem Beitrag verzichte ich aus pragmatischen Gründen darauf, antikapitalistisch-sozialistische räte- und wirtschaftsdemokratische Konzeptionen vorzustellen. Dergleichen würde den begrenzten Rahmen dieses Beitrags sprengen.

4 Rödel/Frankenberg/Dubiel 1989.

5 Habermas 1987: S. 276 f., 293.

gert und auf Dauer gestellt werden. Diese Prämisse steht inzwischen wieder zur Disposition[6]. Die Erosion von Wohlfahrtsstaat, organisierten Arbeitsbeziehungen und marktbegrenzenden Institutionen verursacht, so jedenfalls eine intensiv diskutierte Diagnose, eine postdemokratische Tendenz[7]; vor allem in den unteren Klassen nehmen Bereitschaft und Möglichkeiten zu demokratischer Beteiligung ab. Zumindest für die alten kapitalistischen Zentren stellt sich daher die Frage, ob und wie sich demokratische Institutionen, Verfahren und Prozesse trotz sinkender ökonomischer Wachstumsraten und zunehmenden Ungleichheiten künftig stabilisieren lassen.

Die Debatte um das demokratische Unternehmen liegt, zumindest auf den ersten Blick, quer zu Postdemocracy-Szenarien. Historisch betrachtet waren Demokratisierungsimpulse in Unternehmen zumeist mit dem egalitären Urversprechen einer sozialen Demokratie („Gleichheit") verbunden. Über lange Zeiträume gingen sie in erster Linie von organisierten Arbeiterbewegungen aus. Es gibt aber auch eine lange unternehmerische Tradition, welche die Sozialbindung des Eigentums und die Mitwirkung von Beschäftigten oder des Gemeinwesens an unternehmerischen Entscheidungen betont. Ihr geht es darum, die gesellschaftliche Verantwortung von Unternehmen und die Beteiligung von Mitarbeitern praktisch werden zu lassen. Als Jenaer Soziologe denkt man in diesem Zusammenhang sogleich an Ernst Abbe und Carl Zeiss. Abbe hat die Zeiss-Werke in ein Stiftungsunternehmen umgewandelt, das sozialen Zwecken dienen sollte. Dort wurde der Achtstundentag schon vor der Novemberrevolution eingeführt und es gab klare Verfahrensregeln, etwa die, dass Führungskräfte nicht mehr als das Sechsfache eines Facharbeiters verdienen sollen. Die Gewinne wurden nur teilweise reinvestiert und Überschüsse auch für gesellschaftliche Anliegen genutzt. In Jena sind heute noch das Volkshaus und eine ganze Reihe anderer Einrichtungen zu sehen, die vom Stiftungsunternehmen bezahlt worden sind. Stiftungsunternehmen sind, darin Genossenschaften ähnlich, vom Gedanken geprägt, dass erfolgreiches Unternehmertum der Gesellschaft verpflichtet sein soll.

Halten wir fest: Die liberale Demokratietradition kommt weitgehend ohne demokratische Unternehmen aus. Aus Sicht der egalitären Demokratietradition geht es stets um eine Verbindung von demokratischer und sozialer Frage. Deliberative Konzepte nehmen eine Zwischenposition ein und orientieren sich am zwanglosen Zwang des besseren Arguments. Die derzeit diskutierten Praktiken demokratischer Unternehmen entsprechen weitestgehend deliberativen Demokratievorstellungen. Demokratische Entscheidungsverfahren scheinen besonders geeignet, die Produk-

6 Habermas 2013: S. 75–86.

7 Crouch 2008; Crouch 2011.

tivkraft der Schwarmintelligenz zu nutzen. Dieser Beobachtung sei jedoch sogleich hinzugefügt, dass demokratische Partizipationsformen keineswegs unabhängig von (Beschäftigten-)Interessen wirksam werden. Vor allem gilt jedoch: In demokratischen Unternehmen ist „das Volk" eine von Organisationsgrenzen bestimmte Einheit; es besteht im besten Falle aus allen Mitgliedern der Wirtschaftsorganisation. Auch geht es beim demokratischen Unternehmen in den aktuellen Debatten in erster Linie um Partizipationsformen mit begrenzter Reichweite. Von Demokratie im Wortsinne kann man eigentlich erst sprechen, wenn alle Unternehmensmitglieder auf den Organisationszweck, auf das Was, Wie und Wozu der Produktion gleichermaßen Einfluss nehmen können. Von einem solchen Partizipationsniveau sind Unternehmen, die mit Konzepten wie Liquid Democracy, mit internetbasierten demokratischen Verfahren operieren, häufig noch relativ weit entfernt.

5.2 Das demokratische Unternehmen im Rückblick

Um die aktuelle Debatte um das demokratische Unternehmen einordnen zu können, ist es sinnvoll, sich in geboten knapper Form noch einmal der spannungsvollen Geschichte von Demokratie und marktwirtschaftlich-kapitalistischem Unternehmen zu widmen. Die Demokratisierung von Gesellschaft und Wirtschaft vollzieht sich in Schüben und Phasen. In Anlehnung an T. H. Marshall und sein Standardwerk „Bürgerrechte und soziale Klassen"[8] kann man — sicher in einer starken Vereinfachung und Reduktion realgeschichtlicher Verläufe — von vier Entwicklungsetappen sprechen. Marshall geht von der Prämisse aus, dass sich Bürgerrechte, die er in einem sehr umfassenden Sinne versteht, schubweise durchsetzen. Das geschieht nicht im Selbstlauf, sondern vermittelt über Kampf und Konflikt. Wenn ein neuer Schub an Bürgerrechten, und sei es gegen den Widerstand ökonomischer Eliten, erst einmal durchgesetzt ist, kann er sich, wie im Falle der deutschen Mitbestimmung, im Nachhinein durchaus als wirtschaftliche Produktivkraft erweisen.

Der erste Demokratisierungsschub erfolgte im 18. Jahrhundert, als allgemeine Bürger- und Menschenrechte und mit ihnen der Rechtsstaat eingeführt wurden. Ein zweiter Schub der Durchsetzung politischer Partizipationsrechte setzte dann im 19. Jahrhundert ein und dauerte bis in die Anfänge des 20. Jahrhundert hinein an. Hier ging es um die Durchsetzung politischer Bürgerrechte (Wahlrecht, Koalitions- und Meinungsfreiheit). Die Phase war in Deutschland erst 1918 vorläufig abgeschlossen, nach der nationalsozialistischen Herrschaft und dem zweiten Weltkrieg musste sie

8 Marshall 1992.

— zunächst in Westdeutschland — aber noch einmal neu begründet werden. Der dritte Schub war mit der Durchsetzung sozialer Bürgerrechte zunächst in den entwickelten Kapitalismen der frühindustrialisierten Länder im 20. Jahrhundert verbunden. Mit der Institutionalisierung und Expansion des Wohlfahrtsstaates gelangte dieser Schub erst nach 1945 zu voller Blüte. In Deutschland schloss er die betriebliche und Unternehmensmitbestimmung ebenso ein wie Tarifautonomie, Kollektivverträge und die Anerkennung von Gewerkschaften als einer legitimen Partei der Arbeitnehmerinteressen in- und außerhalb der Unternehmen.

Ein vierter Schub dreht sich seither um die Forderung nach individuellen Beteiligungsrechten und direkter Partizipation von Beschäftigten. Es geht, wenn man so will, um Mitbestimmung und Demokratie in der ersten Person. Dieser Schub ist im Westen mit der Zäsur von 1968 verbunden. In Westdeutschland ging er von den sogenannten Septemberstreiks, spontanen Arbeitsniederlegungen in der Metall- und Elektroindustrie, aus. Daraus entwickelte sich im gewerkschaftlichen Umfeld eine Konzeption der Mitbestimmung am Arbeitsplatz. Gemeinsam mit Industriesoziologen wie Michael Schumann entwickelte Hans Matthöfer, damals Leiter der Abteilung Bildung der IG Metall, die Grundlagen für eine betriebsnahe Bildungsarbeit. Diese sollte dazu beitragen, die Aufmerksamkeit der Gewerkschaft „mehr als bisher auf die Vertretung der Interessen ihrer Mitglieder am Arbeitsplatz und auf den Kampf um mehr Mitbestimmung am Arbeitsplatz“[9] zu richten. Die Mitbestimmung am Arbeitsplatz wollte zu einer Aktivierung und Organisierung von Beschäftigten beitragen, intendiert war zugleich die Hoffnung auf eine „Politisierung“ nicht nur der Arbeiter, sondern auch der Gewerkschaftsmitglieder und des professionellen Gewerkschaftsapparates. Gewissermaßen als frühe Vorwegnahme gewerkschaftlicher Organizing-Projekte fand das Konzept zwischen 1960 und 1966 praktische Erprobung im Kölner Ford-Werk. Das sogenannte Ford-Projekt zielte darauf, den gewerkschaftlichen Organisationsgrad, der damals bei nur fünf Prozent lag, nennenswert zu erhöhen. Als wichtige Partizipationsform sollten in den Betrieben und Verwaltungen Formen von Gruppen und Teamarbeit mit gewählten Sprechern eingeführt werden. Abgesehen von Einzelfällen konnte sich die Konzeption einer Mitbestimmung am Arbeitsplatz betrieblich aber niemals in größerem Maßstab durchsetzen. Mit Zeitverzögerung wurde sie zwar in die gewerkschaftliche Programmatik aufgenommen, dort fristete sie aber lange Zeit allenfalls ein Schattendasein.

Das änderte sich ein wenig während der 1990er Jahre, als es weitreichende organisationale Veränderungen in den Unternehmen gab. Wieder war es das Thema einer direkten Partizipation von Beschäftigten, das mit nach-tayloristischen Produkti-

[9] Wittemann 1994.

onskonzepten erneut aktuell wurde. Nun handelte es sich jedoch um Konzepte, die nicht in erster Linie von der Arbeitnehmerseite ausgingen. Im Rahmen der Forschungen zu ihrer bekannten Studie „Das Ende der Arbeitsteilung?" waren die Industriesoziologen Michael Schumann und Horst Kern auf Produktionskonzepte gestoßen, die — gleichwohl noch im Larvenstadium befindlich — einen Rationalisierungspfad eröffneten, der die Produktionsintelligenz der Arbeiter zu rehabilitieren schien.[10]

Die neuen Produktionskonzepte verkörperten weder Notlösungen noch entstanden sie als Resultat gewerkschaftlicher Humanisierungsbestrebungen; es waren reflektierte Managementfraktionen, die diesen Rationalisierungspfad aus eigenem Antrieb anvisierten. Damit reagierten Teile der ökonomischen Eliten nicht nur auf die offenkundige Krise des tayloristisch-fordistischen Rationalisierungsparadigmas, sie stellten strukturelle Veränderungen wie die mikroelektronische Durchdringung des Produktionsapparates, die durchschnittliche Höherqualifizierung des gesellschaftlichen Gesamtarbeiters, Individualisierung und Wertwandel in Rechnung. Offenbar galt es, industrielle Arbeit und die Reproduktionsbedingungen von Arbeitskraft in neuer Weise zu reflektieren. Eben dies schlug sich in Produktionskonzepten nieder, mit denen sich die Perspektive einer Requalifizierung von industrieller Produktionsarbeit eröffnete. Die Industriemechaniker in der Automobilindustrie, sogenannte Systembetreuer im Werkzeugmaschinenbau und die Chemiefacharbeiter verkörperten eine Tendenz zu ganzheitlicheren Aufgabenzuschnitten, die sich vom tayloristischen Rationalisierungsparadigma abhoben. Wo sie realisiert wurden, benötigten sie integrative Rationalisierungskompromisse. Sie verlangten nach einer Mobilisierung der Produktionsintelligenz von Beschäftigten, für die, so jedenfalls die Erwartung von Kern und Schumann, das Management Zugeständnisse machen musste.

Es waren aber nicht die neuen Produktionskonzepte mit vergleichsweise großen Spielräumen für direkte Beschäftigtenpartizipation, die sich letztendlich durchsetzten. Das konkurrierende und ungleich wirkungsmächtigere Konzept war die sogenannte Lean Production. Auch die schlanke Produktion zielte darauf, die Produktionsintelligenz von Beschäftigten zur Rationalisierungs-Ressource zu machen, es ging um Rationalisierung in — begrenzter — Eigenregie. Dies sollte jedoch geschehen, ohne allzu viele Zugeständnisse an demokratische Verfahren und direkte Beschäftigtenpartizipation zu machen.

Aus heutiger Sicht kann man sagen: Im Kontext neuer Produktionskonzepte gab es kurzzeitig durchaus die Chance, Arbeitsprozesse und Betriebe mittels Ausweitung

[10] Kern/Schumann 1984.

von Beschäftigtenpartizipation zu demokratisieren. Diese Chance wurde jedoch weitgehend verspielt. Dafür gab es ein ganzes Bündel an Ursachen. In den großen Unternehmen setzten sich, auch in Deutschland, ab Mitte der 1990er Jahre kapitalmarktorientierte Steuerungsformen durch, die den Beschäftigten direkte Partizipation am Arbeitsplatz nur gewährten, wenn sich die Beteiligung rechnete. Angesichts internationaler Standortkonkurrenzen präferierten die dominanten Fraktionen im Management Varianten einer verordneten Partizipation (Toyota-Produktionssystem, Kaizen) mit ermäßigten Kompromissbildungen. Erhalt und Verteidigung des Arbeitsplatzes sollten den Festangestellten genügen, um „in Eigenregie“ besondere Rationalisierungsleistungen zu erbringen. Dies geschah häufig bei konsequenter Missachtung unterschiedlicher Interessen im Betrieb. Mehr noch, direkte Beschäftigtenpartizipation wurde teilweise als Alternative zu formalisierten Partizipationsrechten der Arbeitnehmer betrachtet und als Mittel zur Verhinderung oder Aushebelung von Mitbestimmung und Tarifverträgen eingesetzt. Hinzu kamen die Internationalisierung und Aufspaltung der Wertschöpfungsketten, die damit verbundene Fragmentierung von Belegschaften und die Ausbreitung unsicherer, wenig anerkannter, mit geringen Partizipationsmöglichkeiten ausgestatteter prekärer Arbeitsverhältnisse, deren disziplinierende Wirkung auch die Beteiligungsansprüche geschützter Stammbeschäftigter einschränkte.

Der entscheidende Punkt ist jedoch, dass Manager, die relativ weit von den eigentlichen Arbeitsprozessen agierten, das Konfliktpotenzial partizipativer Ansätze unterschätzten und ihren Kompromisscharakter ignorierten. So richtete sich der Rationalisierungsimpuls der neuen Produktionskonzepte wie auch der Lean Production gegen die mittleren Management-Positionen. Partizipationsangebote an die Produktionsarbeiter erfolgten mit dem Appell an den Shop Floor, den „bürokratischen Wasserköpfen“ in den Betrieben den Kampf anzusagen. Entscheidungskompetenzen von Vorgesetzten und qualifizierten Gewährleistungsarbeitern sollten in die Produktionsteams verlagert werden. Doch ein Management, das mit einer solchen Stoßrichtung agiert, erzeugt unweigerlich Verlierer, und das führt zu Rationalisierungskonflikten. Nicht minder bedeutsam war ein anderes Problem. Werden die Produzierenden, gleich ob sie Produkte oder Dienstleistungen herstellen, mit Beteiligungsrechten ausgestattet, wachsen ihre Partizipationsansprüche. Demokratie und Partizipation erzeugen den Wunsch nach mehr Demokratie und Partizipation. Erfüllen sich entsprechende Wünsche, werden die Teams oder Gruppen mächtiger. Teams, die ihren Teamleiter oder Gruppen, die ihre Sprecher wählen, lassen sich nicht mehr kommandieren. Das war der wichtigste Grund dafür, dass sich die Idee, Gruppen mit großen Beteiligungsspielräumen und großer Autonomie auszustatten, während der 1990er Jahre nicht durchgesetzt hat.

Stattdessen trifft man heute z.B. in der Automobilindustrie auf einen flexiblen Taylorismus. Gemeint sind Konzepte mit engen Produktionsvorgaben, geringen Taktzeiten für Arbeitsabläufe von unter einer Minute und sehr reduzierten Beteiligungsmöglichkeiten der Gruppenmitglieder. Auch werden die Team- oder Gruppensprecher häufig nicht mehr gewählt, sondern von Vorgesetzten bestimmt. Die Kompromissgrundlage des Ganzen ist ein Tausch von Produktionsintelligenz gegen — begrenzte — Beschäftigungssicherung. Dergleichen kann aber nicht bruchlos funktionieren. Stattdessen entstehen Strukturen, die mit wirklicher Demokratie und direkter Beschäftigtenpartizipation nichts zu tun haben. Schuld daran ist die Angst der Vorgesetzten vor der Machtdelegation an die Teams oder die Gruppen. Hinzu kommt: Was in den 1980er und 1990er Jahren an Beschäftigtenpartizipation umgesetzt worden ist, war im Wesentlichen vom Management gewährt. Es handelte sich nicht um institutionalisierte, also gesetzlich festgeschriebene oder in Betriebsvereinbarungen festgelegte Partizipationsrechte. Oft beruhte direkte Partizipation auf informellen Regeln und Praktiken.

Auch wegen dieser schwachen Institutionalisierung ist die Notwendigkeit, partizipative Rationalisierung auf robuste Kompromisse zu gründen, die auch den Beschäftigten etwas bringen, in der globalen Standortkonkurrenz auf der Strecke geblieben. Insofern können die 1990er aus der Perspektive einer Mitbestimmung in der ersten Person im Grunde als verlorene Jahre bezeichnet werden. Dabei waren es gar nicht in erster Linie Effizienz- und Effektivitätsargumente, die dazu geführt haben, dass das arbeitspolitische Pendel zurückgeschwungen ist. Es war einfach ein machtpolitisch begründetes Zurückbleiben hinter den Möglichkeiten, die Kern und Schumann mit den neuen Produktionskonzepten gefunden zu haben glaubten. Unter den Bedingungen von Globalisierung und Weltmarktkonkurrenz und unter dem Druck von finanzmarktorientierten Steuerungssystemen waren dem Management stilbildender Unternehmen einfach die Risiken zu groß, mit langem Atem Konzepte zu verfolgen, die letztendlich die Beschäftigten mit mehr Macht ausstatten.

Die arbeitspolitische Rückentwicklung lässt sich sehr deutlich am Mercedes-Vorzeigewerk in Rastatt nachvollziehen. Dort war ursprünglich eine Arbeitsorganisation mit teilautonomen Gruppen geplant. Die Produktionsarbeiter sollten über weitgehende Partizipationsrechte verfügen, ihre Sprecher selbst wählen und intern ihre Arbeit in eigener Regie organisieren. Faktisch ist dieses Modell unter dem Druck von Rationalisierung und Standortkonkurrenz gekippt und Schritt für Schritt in eine andere Arbeitsorganisation überführt worden, die eindeutig neo-tayloristische Züge trägt. Zwar konnte der Betriebsrat lange die Wahl der Gruppensprecher verteidigen, dafür gibt es aber längst wieder ganz enge Arbeitstakte mit repetitiven Tätigkeiten. Begründet wurde das mit Effizienz und Effektivität. Wichtiger ist

aber wohl, dass es am langen Atem gefehlt hat, mit einer sehr jungen Belegschaft, die auch entsprechende Ansprüche hatte, eine partizipative Arbeitsorganisation zu stabilisieren. Es gab Unmengen von Konflikten — Gruppen gegen Meister, Meister gegen Gruppen; plötzlich lief das Band schneller und niemand wusste, wer es schneller gestellt hatte; dann rebellierten die Gruppen und so weiter. Die partizipative Arbeitsorganisation war außerordentlich konfliktreich, und dem begegnete das Management mit dem Konzept eines flexiblen Taylorismus. Das ist nicht mehr der alte Taylorismus-Fordismus mit kleinteilig zerlegter, extrem standardisierter Arbeit, wie man ihn zu Henry Fords Zeiten kannte. Vielmehr wird ausgesprochen flexibel gearbeitet, aber eben doch mit engen Takten, hoch standardisiert und vor allem mit geringen Partizipationsspielräumen für Beschäftigte.

Der arbeitspolitische Rückschlag betraf aber nicht allein die produzierende Industrie. Es gab auch viele kleinere Unternehmen der IT-Branche, in denen zunächst zwar ein lockerer Umgangston herrschte, der sich aber änderte, als die Belegschaften älter wurden und Mitarbeiter Familien gründen wollten und Schwierigkeiten mit der vollständig flexibilisierten Arbeitszeit bekamen. Beschäftigte formulierten Forderungen nach einer Begrenzung der Arbeitszeit oder einem Betriebskindergarten und wollten vielleicht noch einen Betriebsrat gründen. Vorgesetzte und Eigentümer waren dann häufig nicht bereit, auf solche Forderungen ihrer Mitarbeiter einzugehen. Solange die Beschäftigten sich dafür engagieren, dass der Output des Unternehmens stimmt und der Gewinn gut ist, wird kein Manager der Welt etwas gegen Beteiligungswünsche haben. Sobald jedoch Forderungen laut werden — zum Beispiel: Mitarbeiter in den USA erfahren über das unternehmenseigene Intranet, welche Rechte und Gehälter Arbeitnehmer in Deutschland haben und wollen Ähnliches —, dann produziert das Konflikte. Für Manager, die häufig nicht einmal mehr zwei oder drei Jahre im Unternehmen sind und unter dem Diktum der Shareholder-Value-Steuerung selbst kurzzyklisch Gewinnausweise liefern müssen, war und sind solche aufwendigen, anspruchsvollen arbeitspolitischen Konzepte dann einfach nicht funktional.[11]

Daran hat sich für erhebliche Teile des Managements bis heute nichts geändert. Aus deren Sicht geht es für Beschäftigte nur noch darum, in der Weltmarktkonkurrenz zu bestehen und ihre relativ gut dotierte Festanstellung zu verteidigen, jedoch nicht um Mitbestimmung bei der Gestaltung des eigenen Arbeitsplatzes. Von einer Einflussnahme auf Produktionsentscheidungen gar nicht zu reden. Im Mainstream der Managementkonzepte ist auch heute kein Platz für Basisdemokratie oder für deliberative demokratische Verfahren. Kern und Schumann hatten mit ihren empirischen Forschungen die Auffassung begründet, neue Produktions-

[11] Dazu ausführlich: Dörre 2002; Dörre 2001, S. 675–704; Dörre 1996, S. 7–23.

konzepte könnten nur funktionieren, wenn es eine Balance zwischen Rationalisierungs- und Humanisierungszielen gebe. Dieser Gedanke ist ab Mitte der 1990er Jahre weitgehend auf der Strecke geblieben. Immerhin gibt es eindrucksvolle Gegentendenzen, wie die neue Debatte um das demokratische Unternehmen zeigt. Allerdings tun sich heute gerade Gewerkschaften und Betriebsräte schwer, solche Diskussionen für eine neue Initiative zur Humanisierung und Demokratisierung der Arbeitswelt zu nutzen. Das hat auch damit zu tun, dass direkte Partizipation in den Unternehmen in der jüngeren Vergangenheit häufig mit Positionsverlusten von Gewerkschaften, der Aushöhlung betrieblicher Mitbestimmungsrechte sowie mit Machtverlusten des Personalmanagements einhergegangen ist.

5.3 Das demokratische Unternehmen – eine Chance

Die Debatte um das demokratische Unternehmen, wie sie heute in aufgeschlossenen Managementkreisen geführt wird, beinhaltet dennoch eine arbeitspolitische Chance, die durch neue technische Möglichkeiten gefördert wird. Diese Chance kann arbeitspolitisch aber nur fruchtbar gemacht werden, wenn Klärungen erfolgen, die integrative arbeitspolitische Kompromisse ermöglichen. Das erfordert letztendlich eine neue, demokratische Unternehmensverfassung. Ansätze für eine demokratische Unternehmensverfassung lassen sich durchaus bereits in der Praxis entdecken. In manchen Unternehmen wählen die Mitarbeiter ihre Chefs, die Teams bekommen relativ weitreichende Befugnisse, alle können anonym Vorschläge machen und dann wird darüber abgestimmt. Ein markantes Stichwort lautet Liquid Democracy. Dabei geht es primär um — internetbasierte — Beteiligungsprozesse, um demokratische Verfahren zur Verständigung über den Arbeitsalltag, über Neueinstellungen und über wichtige Unternehmensentscheidungen. Wieder bleibt es nicht bei bloßen Verfahren, es wird über arbeits- und unternehmenspolitische Inhalte entschieden. Dabei kann es vorkommen, dass die Vorschläge des Chefs, die er anonym macht und im Intranet zur Abstimmung stellt, nicht zum Zuge kommen. Initiativen, die zum Beispiel für den Anschluss der Gehälter an den Manteltarifvertrag plädieren, obwohl das Unternehmen nicht dem Arbeitgeberverband angehört und daher eigentlich nicht tarifpflichtig wäre, gehen hingegen positiv für die Antragsteller aus. Auch das demokratische Unternehmen der Gegenwart ist also alles andere als eine konfliktfreie, interessenshomogene Organisation.

Während es den Mitarbeitern primär um Selbstbestimmung, um persönliche Entfaltung und sinnhafte Arbeit geht, orientieren sich die Unternehmensleitungen auch gegenwärtig sehr stark an der Vorstellung, demokratische Partizipation müsse sich ökonomischer Effizienz und Effektivität unterordnen. Es gibt Unternehmen, deren

Zahlen dafür sprechen, dass demokratisches Entscheiden die Abläufe und Produktionsprozesse tatsächlich effizienter und effektiver macht. Was dabei verloren zu gehen droht, und hier könnte man Lehren aus den 1990er-Jahren ziehen, ist, dass es im Unternehmen immer plurale Interessen gibt. Wenn die Unternehmensleitungen sich von der Vorstellung einer relativ homogenen betrieblichen Gemeinschaft leiten lassen und den Kompromisscharakter von Demokratie verkennen, dann wird es problematisch. Konkret: Der Chef stellt etwas zur Abstimmung, es wird abgelehnt, aber er ist der Chef und setzt es trotzdem durch. Wenn dergleichen öfter geschieht, ist es um das demokratische Unternehmen schon sehr bald sehr schlecht bestellt, weil sich die gute Idee immer wieder vor der alltäglichen Praxis blamiert.

Sucht man in der aktuellen Debatte nach Merkmalen dessen, was als demokratisches Unternehmen firmiert, so stößt man bei außerordentlich heterogenen Beispielen immer wieder auf fünf Charakteristika.

1. Unternehmen mit demokratischem Anspruch unterscheiden sich anhand spezifischer *Eigentumsformen*. Die Bandbreite reicht von der Wertschöpfungsgemeinschaft, die eine klare Trennung von Eigentümern/Geschäftsleitung und Beschäftigten kennt, bis hin zur Großkooperative, in der das Unternehmen allen Organisationsmitgliedern gehört (Beschäftigte sind Mitglieder, Mitarbeiter-Gesellschaft, Genossenschaftsmodelle). In der Regel unterscheiden sich diese Unternehmen auch in ihren Betriebszwecken. Die Wertschöpfungsgemeinschaft versteht sich als gewinnorientiertes Unternehmen, das große Freiräume gewährt, solange der Profit stimmt („zehn Prozent Umsatzrendite und fast alles ist erlaubt"). Genossenschaftlich organisierte Unternehmen und Mitarbeitergesellschaften wollen ebenfalls Gewinne erwirtschaften. Ihr Hauptzweck ist es aber, den Mitgliedern Einkommens- und Beschäftigungssicherheit sowie eine sinnvolle Betätigung zu bieten. Manchen dieser genossenschaftlich organisierten Unternehmen geht es vor allem um ein bestimmtes Produkt oder eine besondere Dienstleistung – den neuen Energiegenossenschaften etwa um eine Wende hin zu erneuerbaren Energien. Insgesamt können wir ein Experimentieren mit Formen eines „kollektiven Selbsteigentums"[12] feststellen, das sich sowohl vom konventionellen Privateigentum an Produktionsmitteln als auch gegenüber einem Staatseigentum ohne Selbstverantwortung abgrenzt. Möglicherweise werden wir in Zukunft feststellen, dass Demokratie im Unternehmen vor allem dort eine Chance besitzt, wo es gelingt, solche neuen Eigentumsformen bestandsfest zu machen.

[12] Wesche 2014, S. 443–486.

2. Auffällig sind *stark differierende Partizipationsniveaus*. Diese reichen von der Gestaltung des eigenen Arbeitsplatzes über die Befugnis zur Einstellung von Mitarbeitern und die demokratische Wahl des Chefs/der Vorgesetzten bis zum Einfluss von Genossen oder Mitgliedern auf Investitionsentscheidungen (Mondragon, Semco). Letzteres ist im Spektrum wohl eher die Ausnahme. Hier finden sich Schnittmengen mit wirtschaftsdemokratischen Konzepten, die beanspruchen, Alternativen zur gewinnorientierten Privatwirtschaft zu entwickeln. Letzteres ist bei dem Gros der jungen Technologieunternehmen so nicht der Fall. Hier spielt eher die Erosion von Wissenshierarchien eine Rolle — ein Prozess, der nicht zu starren bürokratischen Regeln, vorgegebenen Aufgabenzuschnitten und pyramidalen Unternehmensorganisationen passt.
3. Typisch ist zudem, dass sich viele Unternehmen mit demokratischem Selbstverständnis daran machen, die *Möglichkeiten internetbasierter sozialer Netzwerke* auf die Betriebsorganisation zu übertragen. Demokratie wird gewissermaßen zum Geschäftsmodell mit eigener Software. Liquid Feedback oder Liquid Democracy heißen entsprechende Konzepte, mit denen Unternehmen wie die Synaxon AG, Zara und andere arbeiten. In solchen Fällen funktioniert die Unternehmensorganisation nach dem Muster der Piratenpartei — mit allen Stärken und Schwächen. Grundsätzlich kann über alles und jedes diskutiert und demokratisch abgestimmt werden. Dabei zeigt sich in der Regel aber rasch: Partizipation und demokratische Verfahren kosten Zeit und erfordern Arbeit. Demokratie ist gewissermaßen ein „Zeitfresser“. Deshalb lässt sich demokratische Partizipation nicht auf gleich bleibendem Niveau verstetigen. Früher oder später kommt es deshalb zu Interessendelegationen, zur Formalisierung von Abläufen und nicht selten zum Wusch nach institutionellen Garantien für Partizipationsmöglichkeiten. Das muss nicht das Ende demokratischer Partizipation bedeuten, im Gegenteil, aber es wäre doch leichtfertig, wollte man die Schwierigkeiten einer internetgestützten Partizipation übersehen.
4. Für viele Unternehmen mit demokratischem Anspruch gilt, dass sie ein *ambivalentes Verhältnis zur formalisierten Mitbestimmung* entwickeln (z.B. it-agile, siehe Kapitel 16 in diesem Band). Einerseits kommen viele der jungen Technologie-Unternehmen ohne formalisierte Mitbestimmung und Mitgliedschaft im Arbeitgeberverband aus. Andererseits klagen Beschäftigte durchaus tarifliche Normen ein und ergreifen mitunter auch Initiativen für Betriebsratsgründungen. Wichtig ist in diesem Zusammenhang, dass junge Technologieunternehmen mit wenig ausgeprägten formalisierten Strukturen häufig einen expansiven Zugriff auf die unterschiedlichen Arbeitsvermögen entwickeln. Bezahlte professionelle Erwerbsarbeit, unbezahlte Sorgearbeiten, Eigenarbeit und frei gewählte Tätigkeiten, die ausschließlich der Selbstentfaltung dienen, repräsentieren je eigene Arbeitsvermögen. Diese müssen in einer Art „Balance-Ökonomie“ über Steuerungsarbeit miteinander verbunden werden. In den jungen Unternehmen

mit dezentralen Strukturen tendieren die Flexibilitätsimperative der Unternehmensorganisation zu einem „Balance-Imperialismus“[13], der Steuerungsverluste bewirken kann. Steuerungsenergien und -ressourcen, die eigentlich der Ausbalancierung der verschiedenen Arbeitsvermögen dienen, benötigen immer mehr Zeit und Energie. Demokratische Beteiligungsformen können diese Tendenz unbeabsichtigt noch verstärken. Das kann zu Konflikten führen, die sich mittels institutionalisierter und garantierter Beteiligungsrechte möglicherweise besser bewältigen lassen. Auch deshalb stellt demokratische Beteiligung in der ersten Person und betriebliche Mitbestimmung keinen Gegensatz dar. Es trifft zu, dass Unternehmen mit demokratischem Selbstverständnis teilweise Entscheidungsprozesse für Mitarbeiter öffnen, die weit über das hinausgehen, was die formalisierte Mitbestimmung ermöglichen würde. Gerade in Krisenzeiten ist es aber dennoch vorteilhaft, wenn Beschäftigte auf institutionell garantierte Mitbestimmungsrechte zurückgreifen können. Das trifft auch und gerade dann zu, wenn Beschäftigte den „Balance-Imperialismus“ eindämmen, sprich: Arbeitsleistung und Arbeitszeiten begrenzen wollen.

5. Das führt zu einem letzten Punkt. Für viele junge Unternehmen mit demokratischem Anspruch steht der erste Härtetest noch aus. Überwiegend handelt es sich um *expandierende Unternehmen mit dezentralen Strukturen im IT-Bereich*, in den vergleichsweise junge, hochqualifizierte Belegschaften arbeiten. Doch was passiert, wenn das Unternehmen in die Krise gerät? Müssen die Teams, die zuvor selbst eingestellt haben, auch wieder selbst entlassen? Wird das nicht zu Rollenkonflikten führen, die letztendlich zulasten von Kreativität und Partizipationsfreude gehen? Wir wissen noch zu wenig, um solche Fragen präzise beantworten zu können. Die Gefahr, dass es sich bei demokratischer Partizipation im Unternehmen, die nicht auf formalisierten Mitbestimmungsrechten beruht, um bloße Schönwetterkonzepte handeln könnte, liegt jedoch auf der Hand.

Das spricht keineswegs gegen den demokratischen Aufbruch in diesen Unternehmen, wohl aber dafür, auf dem Weg zu einer demokratischen Unternehmensverfassung einige wichtige Grundregeln zu berücksichtigen. Es gilt zu klären, wer der Demos, das „Volk“ im Unternehmen ist und was er darf (wer sind die Mitglieder, Rollenteilung?). Gilt Demokratie allein für dauerhaft Angestellte, oder gehören auch befristet Beschäftigte, Auszubildende usw. zum „Betriebsvolk“? Nötig sind ferner ein offener, transparenter Umgang mit Interessengegensätzen und Gerechtigkeitsvorstellungen, krisenfeste Partizipationsformen, die die etablierte Mitbestimmung erweitern, aber nicht ersetzen, sowie Schutz vor „panoptischer Herrschaft“ und elektronisch gestützter Kontrolle. Dringend geboten ist eine ausgewogene Balance von Wirtschaftlichkeits- und Demokratisierungszielen. Mitarbeiter und Ma-

[13] Negt/Kluge 1993, S. 107.

nagement benötigen Zeit für Partizipation sowie ein Denken, das über den Tellerrand des eigenen Betriebs, des eigenen Unternehmens hinausreicht; sie benötigen Bündnispartner in der Gesellschaft, die eine Demokratisierung der Unternehmensorganisation mit langem Atem betreiben.

Für die Nachhaltigkeit — hier verstanden als Robustheit in Krisensituation — demokratischer Partizipation ist darüber hinaus wichtig, dass Beteiligungsformen von Beschäftigten genutzt werden können, um auf die eigenen Arbeitsbedingungen Einfluss zu nehmen. Um dies zu leisten, müssen demokratische Verfahren mit inhaltlichen Projekten verbunden werden. Die Prävention psychischer Belastungen in der Arbeitswelt, die Versuche, Arbeit und Privatleben in eine vernünftige Balance zu bringen, aber auch eine generell stärkere Beteiligung der Beschäftigten am Was, Wie, Wozu der Produktion, also eine Antwort auf die Frage zu finden „Welchen Sinn hat das eigentlich, was ich hier mache und herstelle?“, sind Felder, die sich für partizipative Entscheidungen anbieten.

Der entscheidende Ansatzpunkt für eine neue Humanisierung der Arbeitswelt liegt wohl in der Problem-Trias von Leistungsverausgabungen, Arbeitszeiten und Arbeitsverdichtung. Ein weiterer Kristallisationspunkt ist die Prekarisierung von Arbeit, also die Etablierung von unsicheren Arbeits- und Beschäftigungsverhältnissen, die oft in Konkurrenz zu den abgesicherten Beschäftigungsverhältnissen stehen. Die Ausbreitung unsicherer, wenig anerkannter Arbeitsverhältnisse führt dazu, dass die Prekären in den Betrieben indirekt Druck auf die Stammbeschäftigten ausüben, die dann ihre Festanstellung als „Privileg“ begreifen und sie mit Zähnen und Klauen verteidigen. Die Konkurrenz in internationalen Wertschöpfungsketten forciert diesen Anpassungsdruck zusätzlich, denn es kann immer argumentiert werden, dass eine Leistung anderswo besser und billiger zu haben ist. Selbiges betrifft nicht nur die einfache Produktionsarbeit, sondern zunehmend auch die Tätigkeiten qualifizierter Angestellter und Ingenieure. In weltmarktorientierten Konzernen hat sich selbst bei Tätigkeiten im Bereich Forschung und Entwicklung ein Global Sourcing etabliert, in dessen Rahmen wöchentlich entschieden wird, was im Unternehmen selbst gemacht und was fremdvergeben wird. Die ständige Drohung nicht mit Entlassung, aber doch mit einem „Andere können's vielleicht besser und billiger“, ist latent stets präsent. Das macht es ausgesprochen schwer, eine Arbeitspolitik zu betreiben, die auf Demokratisierung und Humanisierung der Erwerbsarbeit zielt.

5.4 Fazit

Hat das demokratische Unternehmen dennoch eine Chance? Die antwortet lautet: Es wäre wünschenswert, aber wir wissen es nicht! Doch wir sollten es ausprobieren. Wir müssen klar sehen, Unternehmen mit demokratischem Selbstverständnis stellen selbst in der digitalisierten Wirtschaft derzeit nur eine kleine Minderheit dar. Es wäre auch völlig falsch, anzunehmen, die Digitalisierung werde im Selbstlauf eine Demokratisierung erzwingen. Gegenwärtig können wir vielfach das Gegenteil beobachten. Nehmen wir das Beispiel Onlinehandel. Dort werden die „Picker" in vielen Betrieben beständig kontrolliert, überwacht und dem Herrschaftsregime einer „panoptischen Fabrik"[14] unterworfen. Die Kontrolleure müssen selbst gar nicht anwesend sein, über den Scanner haben sie permanent Zugriff auf die Leistungsdaten. Ein Arbeiter berichtet: „Bei A. war ich Picker. Ich ging durchs Lager und sammelte die bestellten Waren ein. Als Picker trägt man einen Scanner bei sich, der einem alles vorgibt: das nächste Produkt, und wo man es findet. Selbst die Wege, die man durch diese riesigen Lagerhallen nimmt, sind genau vorgeschrieben. So wird man quasi zur Verlängerung der Maschine. Das Einzige, was die Schichtführer interessiert, ist, dass man schnell ist und sein Soll erfüllt."[15]

Im Blog schildert ein Teilnehmer die Art der Leistungssteuerung mit plastischen Worten: „Um uns permanent zu Bestleistungen anzuspornen, hat sich das Management etwas Besonderes einfallen lassen: Die POWER HOUR. In dieser ‚Kraftstunde' sollen wir Höchstleistungen bringen. Während die Picker auf dem Scanner eine Nachricht erhalten, läuten in der Packhalle AC/DC's Höllenglocken die große Stunde ein. Und mit dem Startschuss geht's los: Viele legen einen guten Zahn zu […]".[16] Kein Wunder, in manchen Betrieben besteht ein erheblicher Anteil der Belegschaften aus befristet Beschäftigten, zeitweilig handelte es sich zu erheblichen Teilen um osteuropäische Leih- und Vertragsarbeiter und die Löhne der Stammbeschäftigten liegen auf Mindestlohnniveau und sind teilweise über Jahre hinweg nicht gestiegen.

Demokratisierung bedeutet in solchen Fällen zunächst Herstellung von Gegenöffentlichkeit und Durchsetzung elementarer sozialer und Mitbestimmungsrechte. Im beschriebenen Fall wird digitale Technologie eingesetzt, um ein Kontrollregime zu errichten, für das der Kontrolleur nicht anwesend sein muss; es genügt, dass er anwesend sein könnte. Dementsprechend fühlen sich die Beschäftigten perma-

14 Diesen Begriff verdanke ich meinem Mitarbeiter Jan Rottenbach.

15 Quelle: http/www.zeit.de/wirtschaft/unternehmen/2013-02/amazon-protokolle/seite-2

16 Quelle: http://amazon-verdi.de/?admin=&npage=0%3A8&query=scanner

nent beobachtet. Neu ist aber auch, dass die gleichen Beschäftigten einen Blog im Internet einrichten, um über ihre Erfahrung zu berichten und um Protest und Solidarität zu organisieren. Das heißt, im Konfliktfall können demokratische Gegenöffentlichkeiten entstehen, ganz gleich, ob das den Unternehmen passt oder nicht.

Solche Formen praktizierter digitaler Demokratie finden sich nicht nur bei hochqualifizierten Beschäftigten. Junge Arbeiter und Angestellte haben teilweise sehr klare Ansprüche an Beteiligung, die sich sowohl an die Unternehmen und die Geschäftsleitungen als auch — soweit überhaupt vorhanden — an Betriebsräte und Gewerkschaften richten. Wir haben es mit einer neuen Generation von Beschäftigten zu tun, die Bevormundung hasst. Sie legt großes Gewicht auf Selbstbestimmung, Autonomie und individuelle Gestaltungsspielräume. Das ist das Neue. Selbst prekär Beschäftigte sagen: „Ich will heute mehr Geld, was in Zukunft passiert, weiß ich sowieso nicht!". Und sie sind bereit, für die Verwirklichung ihrer Ansprüche an Arbeit und Leben Konflikte einzugehen. Selbst bei Hochqualifizierten, die ihre Arbeit im Management nicht mehr ausfüllt, finden wir eigensinnige Reaktionen. Etwa wenn eine junge Akademikerin trotz Stabsstelle in ein Teilzeitmodell wechselt, um nebenbei zwecks Selbstentfaltung zu promovieren. In stark differierenden Kontexten entstehen offenbar Ansprüche an sinnvolle Arbeit und ein gutes Leben, die sich in den Unternehmen in ganz unterschiedlicher Weise artikulieren.

Hier liegt die eigentliche Chance für Unternehmen mit demokratischem Selbstverständnis. Zahlreiche Dysfunktionalitäten wie etwa die zunehmende psychische Belastung von Beschäftigten oder die Prekarisierung erzeugen auch auf der Unternehmensseite ein enormes Druckpotenzial. Gerade Technologieunternehmen benötigen aber motivierte, qualifizierte Beschäftigte. Denen muss bei sinkender Arbeitslosigkeit und Fachkräfteengpässen in einigen Bereichen, vor allem aber mit Blick auf die genannten subjektiven Präferenzen, mehr geboten werden. Konkurrenzfähig sind solche Unternehmen nur, wenn sie Produktionsintelligenz und die Kooperationsfähigkeit ihrer Mitarbeiter nutzen können. Dies muss auf Freiwilligkeit beruhen. Selbiges gelingt am besten, wenn diejenigen, die intelligent agieren sollen, ihre Meinung in demokratischen Beteiligungsverfahren artikulieren und so auf ihre Arbeitsbedingungen und auf unternehmerische Entscheidungen einwirken können. Genau das ist mit robusten Kompromissen gemeint, auf die sich ein demokratisches Unternehmen gründen muss.

Gelingt es, solche Kompromisse zu verstetigen, hat die Idee des demokratischen Unternehmens eine Chance. Allerdings benötigt diese Idee Unterstützung aus der Politik, von Gewerkschaften und Wirtschaftsverbänden. Vor allem aber bedarf sie der Initiative aus dem Management und seitens der Beschäftigten. Einen Erfahrungsaustausch zwischen Unternehmen, die sich Demokratisierung auf die Fahnen

schreiben, das Aufzeigen von Beispielen und einen hartnäckigen Kampf gegen die Vorstellung, dass mehr Demokratie zulasten der Effizienz und Effektivität von Unternehmen gehen muss, könnte ein erster wichtiger Schritt sein, um Demokratie als Leitbild für eine zeitgemäße Unternehmensverfassung zu verankern. Zugleich gilt es zu beachten, dass sich Demokratisierung nicht mit Prekarisierung verträgt. Wir brauchen eine Art von Flexibilisierung von Arbeit und Beschäftigung in den Unternehmen, die nicht einseitig zulasten der Belegschaften geht und unterschiedliche Klassen von Arbeitnehmern erzeugt. Unter solchen Bedingungen kann Unternehmensdemokratie nicht funktionieren. Es bliebe bei demokratischen Inseln an der Spitze der Arbeitspyramide, während die Arbeitsverhältnisse und Arbeitsbeziehungen weiterhin umso problematischer werden, je tiefer man in die Wertschöpfungskette oder in die Produktionsprozesse geht. Nur wer sich die Überwindung solcher Spaltungen auf die Fahnen schreibt, gibt dem demokratischen Unternehmen tatsächlich eine faire Chance.

Literatur

Crouch, C. (2011): Das befremdliche Überleben des Neoliberalismus, Berlin.

Crouch, C. (2008): Postdemokratie, Frankfurt a.M.

Dörre, K. (2002): Kampf um Beteiligung. Arbeit, Partizipation und industrielle Beziehungen im flexiblen Kapitalismus. Wiesbaden.

Dörre, K. (2001): Das deutsche Produktionsmodell unter dem Druck des Shareholder Value. In: *Kölner Zeitschrift für Soziologie und Sozialpsychologie 4/2001.*

Dörre, K. (1996): Die demokratische Frage im Betrieb. Zu den Auswirkungen partizipativer Managementkonzepte auf die Arbeitsbeziehungen in deutschen Industrieunternehmen. In: *SOFI-Mitteilungen Nr. 23.*

Habermas, J. (2013): Demokratie oder Kapitalismus, in: *Blätter für deutsche und internationale Politik (Hrsg). Demokratie oder Kapitalismus? Europa in der Krise*, Berlin.

Habermas, J. (1987): Theorie des kommunikativen Handelns, Frankfurt a.M.: Suhrkamp.

Kern, H./Schumann, M. (1984): Das Ende der Arbeitsteilung? Rationalisierung in der industriellen Produktion. München.

Marshall, T. H. (Hrsg.) (1992): Bürgerrechte und soziale Klassen. Zur Soziologie des Wohlfahrtsstaates. Frankfurt am Main New York: Campus.

Meiksins Wood, E. (2010): Demokratie contra Kapitalismus, Köln.

Mouffe, C. (2014): Agonistik. Die Welt politisch denken, Berlin.

Müller, J. W. (2013): Das demokratische Zeitalter, Berlin.

Negt, O./Kluge, A. (1993): Geschichte und Eigensinn, Suhrkamp, Frankfurt a. M.

Rödel, U./Frankenberg, G./Dubiel, H. (1989): Die demokratische Frage: Ein Essay, Frankfurt a.M.

Wesche, T. (2014): Demokratie und ihr Eigentum. Von der Marktfreiheit zur Wirtschaftsdemokratie, in: *Deutsche Zeitschrift für Philosophie 62(3)*.

Wittemann, K. P. (1994): Ford-Aktion: Zum Verhältnis von Industriesoziologie und IG Metall in den sechziger Jahren, Marburg.

Teil II:
Transformationaler Wandel in der Wirtschaft – Reflexionen zu Beteiligung und Demokratie in modernen Unternehmen

Prof. Dr. Shoshana Zuboff

»6

The Sharing Economy. Disruption's Tragic Flaw

6 The Sharing Economy. Disruption's Tragic Flaw[1]

Prof. Dr. Shoshana Zuboff (Harvard Business School)

The case of Uber shows why European companies should not follow the example of their American competitors too closely. It pays to take the needs of customers and contractors into account.

6.1 Digital Disruption

Are Germany and Europe behind the curve in digital disruption? Earlier this year Volkmar Denner, the CEO of Bosch, told the Financial Times: "Uber is not a revolutionary technology, it's a business model innovation — and there we are not good enough yet...That's where I see the biggest threat." There's also been quite a lot of material coming out of the European Commission and other sources on the need for more digital disruption in Europe. Is Mr. Denner correct? Should Germany and Europe imitate the Uber model? Is it a model that will drive economic history? Will it make our societies more prosperous? More democratic?

What does the U.S. experience suggest about the answers to these questions and the wider prospects of the so-called "**sharing economy**"? Just exactly who is sharing what with whom and who benefits? Let's start by examining the **key forces** driving this disruption.

1. First among equals are fundamental **changes in consumption** that represent a shift from the mass to the individual. We live in a new society of individuals whose needs and demands have been frustrated for decades. This is no mere cohort effect. Today most of us share an expectation of psychological **self-determination** — the sense that we create ourselves. Across generations we take for granted that we will design our own lives: family life, work life, religion, sexuality, community, what we eat, how we dress ... the list is long. We no

[1] Published on March 23, 2015 in the FAZ. http://www.faz.net/aktuell/feuilleton/debatten/the-digital-debate/shoshana-zuboff-on-the-sharing-economy-13500770-p5.html

longer simply take these things for granted as handed down from traditions or dictated by conventions. When we are thwarted in these expectations, we smolder and suffer. We yearn for trustworthy channels to these resources, but we are typically disappointed.

2. A second driving force is the entire assembly of **new digital capabilities**. Only these technologies finally make it possible to create new market forms that can effectively respond to individuals' needs at an affordable price.
3. Third, most people are looking for convenient access to the resources they need for effective life. In the U.S. many people are living deeply stressful, hectic lives. Two-income families are the norm. Most **families struggle** with childcare, healthcare, and employment security.
4. Fourth is the **demand for affordability** due to stagnating incomes and a retrenchment of consumer credit. The real wages of U.S. workers have been flat since 1979. Sharp decreases in union representation, the shift to disaggregated global production, the reduction of the labor share — these factors have each contributed to this stagnation.
5. Fifth, there is an **on-demand labor pool**. In the U.S. 37 % of the working age population, 92 million people, are not permanently employed and appear to have given up seeking full time jobs. There are many others for whom one paycheck is not enough.

6.2 Mutation

The credo of digital disruption has been conducted under the flag of "creative destruction," Joseph **Schumpeter**'s famous, fateful phrase! The destruction rhetoric has been used to legitimate what I think of as the "boys and their toys" theory of history — as if the winning hand in capitalism is about blowing things up with new technology. Schumpeter's analysis was, in fact, far more nuanced and complex than the current rhetoric suggests. What did Schumpeter actually say about this process?

For one thing, he stressed that capitalism must be understood as an "evolutionary" process. It is not always the same thing. He also stressed that only certain changes in capitalism rise to evolutionary significance. These rare events are what he called "mutations." **Mutations** are not random, temporary, or mere reactions to events. They are enduring, sustainable, qualitative shifts in the logic, understanding, and practice of the capitalist enterprise. What triggers a mutation? Schumpeter insists that this evolution is disciplined above all by new consumers' needs combined with the new institutional forms that must be invented to reliably meet those needs. He wrote: "The fundamental impulse that sets and keeps the capitalist engine in

motion comes from the new consumers' goods, the new methods of production or transportation, the new markets, the new forms of industrial organization that capitalist enterprise creates." As an example Schumpeter cites "the organizational development from the craft shop and factory to a firm like U.S. Steel..."

These ideas underscore another key point: mutations include new ways of institutionalizing social relationships as they align with the direction of the new consumer needs. To build on Schumpeter's example, U.S. Steel was a revolutionary new form known as mass production aimed at meeting the new needs of mass consumers. Its technologies were only one aspect of its success. It depended upon new ways of organizing work and new social forms that institutionalized fair labor practices through unions and collective bargaining as well as internal labor markets, career ladders, employment security, training and development, and so on. This social inventiveness and institutionalization is critical. This is consistent with Schumpeter stress on two processes: He wrote that capitalism "creates and destroys."

Finally, contrary to the rhetoric of **speeding up business innovation**, Schumpeter argued that a genuine mutation takes time, a lot of time, and patience. "We are dealing with a process," he wrote, "whose every element takes considerable time in revealing its true features and ultimate effects ... We must judge its performance over time, as it unfolds through decades or centuries."

My point here is plain enough. Every disruption and digital business model is not a mutation. The status of "mutation" implies a very high threshold, one that is crossed in time through the serious work of inventing new institutional forms embedded in new consumption requirements. Mutations fundamentally change the nature of capitalism by shifting it more radically in the direction of those it is supposed to serve. This sort of thinking is not nearly as sexy or explosive as the boys-and-their-toys-approach would have us think, but this is what it takes to move the dial of economic history.

6.3 Disruption's Tragic Flaw

Is Uber a mutation? Does it meet Schumpeter's standard? Should Uber's "sharing economy" model be a role model for Germany, and Europe?

The first thing to note is that Uber is among a new group of firms that has taken disruption to the next level. The first round of disrupters, like Apple's iPod and iTunes, bypassed old industry structures to distribute digital goods and services

directly to individuals. The iPod/iTunes bypass was a model for the **first wave of digital disruption**.

Uber represents a critical **second wave**. It bypasses old institutional structures not only to distribute information but also to distribute valued human and physical assets directly to individuals. It does this by providing a platform that enables drivers to share their underutilized assets with individuals in need of transport. This model is important because the two most significant sectors in need of mutation are health and education, which together constitute 20 % of global GDP. In both cases, distributing care and learning directly to individuals will require new ways of organizing people and physical assets, not just digitalized information. This means that there is much at stake in this second wave — and much to learn from this "sharing" model.

One thing that both waves have in common is the shift is away from the mass toward the **individual**. This suggests that the essential logic of mutation in our time involves providing individuals with the quality goods, services, experiences, and capabilities that they want, when they want them, how they want them, where they want them — and all at an affordable price. This reorientation around the individual necessarily implies trustworthy relationships. It implies a new kind of social contract based on a promise of advocacy and alignment with consumers' genuine interests. As Schumpeter put it, "the new consumer's needs" are the disciplinary guideline.

Despite the potential of Uber's sharing model, its actions are full of contradictions. Uber is under scrutiny for its failure to align with new consumers' needs. For example, in India an Uber driver was accused of raping a passenger. This set off a firestorm during which Uber was banned in New Delhi for failing to adequately screen its drivers. The point of screening would be to ensure that drivers' capabilities align with passengers' needs — most fundamentally their needs for safety and security. Uber faces opposition in many countries and cities with respect to driver screening and licensing: including Germany, the Philippines, South Korea, Spain, Australia, Belgium, Britain, Canada, Thailand, the Netherlands, Portland, Oregon, San Francisco, London, and Los Angeles. To be sure, some of this resistance is the result of entrenched interests defending their territory. But genuine concerns about the quality and licensing of drivers cannot be written off solely as oligopolistic sour grapes. The failure to institutionalize around these bedrock customer needs violates Schumpeter's evolutionary discipline to align with consumers' needs.

The absence of creative customer-aligned institution-building leaves Uber vulnerable to a wide range of other violations of the implied social contract. This is the systemic source of the recent scandals that have erupted at Uber over the last few months. For those who have missed the highlights: News surfaced that Uber casually ignores

its own privacy rules by tracking the rides of customers and even displaying them as a form of social entertainment. Other reports suggest the ease with which Uber employees can access private customer data and movements. An Uber executive used the real-time "God View" to track a journalist without her permission. Another executive suggested funding "opposition research" to silence journalists who wrote negative articles about the company. Uber reportedly ran a "dirty tricks" campaign to undermine its competitor Lyft. What these accounts share is a picture of a company without moorings in the institutional disciplines that shape the path to mutation. Uber appears to be at best indifferent toward, at worst contemptuous of, its own customers. One cybersecurity expert suggests that customers disguise their destination when they use Uber, by requesting a ride to a nearby address.

Similar criticisms are being directed toward Uber's labor practices, questioning the fundamental fairness of its model. Uber's drivers own the key physical assets — cars, maintenance, gas — but the company unilaterally sets the rates and terms of their labor, including its claim on each fare. Uber drivers — and other "on-demand" workers — have become increasingly vocal as the question the rights of these enterprises to operate outside of minimum wage laws, anti-discrimination statutes, workers' compensation laws, and union-organizing rights. The firms have few obligations, while workers undertake nearly all the risks. In a *Wall Street Journal* article about on-demand employment, one worker tells the *WSJ*: "We are not robots; we are not a remote control; we are individuals ..." An Uber competitor quoted in the same article praised Uber's indifference to laws: "They don't even make any effort to comply with what they think are bad laws."

It seems to me that despite all the disruption rhetoric, these Uber practices suggest more continuity than change. They import the old logic of the neoliberal paradigm that explicitly disavows any unique allegiance to people and places. They also replay an even earlier Fordist logic that treats people as interchangeable parts in a universe of standardization and anonymity. The failures of institutionalization on the employment side also violate end consumer interests. These are two sides of the same coin. In consumer-facing service businesses we know all too well that employees who are exploited, insecure, and stressed do not easily operate in the best interests of their end consumers, as their motivations and incentives tend toward exerting the least possible effort.

In my view, what we see in Uber and similar cases is a tragic flaw: **disruption without discipline**. Disruption without the institutionalization required for systemic coherence, which is essential for trust. Half mutation, half repetition ... half advocacy, half contempt ... half future, half past. Uber's is opportunistic disruption that does not rise to Schumpeter's standard for moving capitalism's evolutionary dial.

So far, the investment process has both enabled this tragic flaw and profited from it. Even as the accounts of Uber's privacy violations were emerging in early December 2014, its profits and alleged 40 % growth rates were sufficient to raise another $ 1,2 billion from venture firms, pushing its valuation to $41 billion and making it, according to the *Wall Street Journal*, the highest valuation "for any private startup backed by venture capitalists." A month later, in January 2015, it received another $ 1,6 billion in financing from Goldman Sachs.

And while Mr. Denner praises Silicon Valley's ability to raise capital ... what does that mean for the economy? Just this week, a prominent Wall Street analyst's comments underscored the relationship between exorbitant investor returns and the inequality that is defacing our society: "Right now we have earnings coming off of record highs as a percentage of GDP and yet you have Wall Street saying 'don't worry, it's going to soar to new highs.' Pardon me, but when did the peasants with the pitchforks come out and start rioting? Society at large has to enjoy some of the largesse, or else the pitchforks come out. So earnings as a share of GDP can't really advance materially from current levels, or at least it's not healthy if they do."

Uber and similar disruptive businesses are supposed to be the correction — the solution. Instead they appear to be an extension of the decades-long trend toward emptying the enterprise of the human as executives and investors devour the labor share. In this "business model," "sharing" is simply the new rhetoric of accumulation. The tragedy for a company like Uber is that it risks becoming the Justin Bieber of disruption — young, brash, and so overindulged that it has no incentive to mature into the kind of pioneering mutation that can aspire to greatness.

The tragedy is more than Uber's. It affects all of us. People the world over are hungry for genuine mutations that produce new trustworthy forms of enterprise aligned with the genuine interests of individuals. According to the 2015 Edelman Global Trust Barometer, respondents in all nations by a two-to-one margin, feel the new developments in business are going too fast. Even worse, 54 % say business growth or greed/money are the real impetuses behind innovation — two times more than those who say that business innovates because of a desire to make the world a better place or improve people's lives.

Schumpeter reflected on the inherent vulnerability of modern enterprise because it induces ever more distance, anonymity, and indifference. In his time he worried that the shift from owning property to owning shares would destroy the moral center of the enterprise. "Dematerialized, defunctionalized, and absentee ownership", he wrote, "does not impress and call forth moral allegiance as the vital form

of property did. Eventually there will be *nobody* left who really cares to stand for it — nobody within and nobody without....".

In our time the abstractions of the "God View" reduce human beings to just so many digital assets and leave firms like Uber subject to the same harms: nobody within and nobody without who cares to stand for it, except the new billionaires, of course.

6.4 Europe Can Do Better

Europe can do better than mimic the Silicon Valley-inspired playbook of the North Atlantic where, despite so much disruption, the principles of neoliberal indifference and their consequences have not really been disrupted. Instead, Europe can enjoy the advantages of the *second mover*. Learn from the shortfalls and ambivalence of the so-called disruptors. Learn from their tragic flaws.

For example, in the U.S. new social institutions are emerging to fill the gap left by the disrupters' failures of institutional creativity and discipline. The Drivers Network aims to organize drivers from a variety of ride-sharing services in order to effect more fair and democratic business practices. Another organization, peers.org, is an online community that supports workers in the sharing economy. Activist groups such as 15 Now, Jobs with Justice and Fight for 15 advocate on behalf of on-demand workers for minimum wage protection.

These kinds of creative advocates will be necessary to stimulate 21st century regulatory innovations that help compel immature "disruptions" into the disciplines of a new social contract. In what may seem like a paradox to some, the healthy prosperous evolution of capitalism — along with the needs of the servers and the served — depend upon these disciplines. Advocacy-oriented capitalism requires the reciprocal rights and obligations long associated with strong market democracies. If the prospects of capitalism and democracy are to find new common cause, this is the new terrain on which they must meet.

Genuine mutations unlock historic new levels of prosperity, not only for investors and executives — but for the wider societies in which they flourish. When it comes to digital disruption and the pseudo-sharing economy, Europe can do better. Europe can be the new world.

Dieter Schweer

Sarah Seidemann

»7

Die neue Macht – digitale Freiräume

7 Die neue Macht – digitale Freiräume

Dieter Schweer, Sarah Seidemann (Bundesverband der Deutschen Industrie e. V.)

Die beiden Megatrends Globalisierung und Digitalisierung verändern die Welt radikal — sie wird schneller, flexibler, effizienter und kundennäher sein. Auch Unternehmen müssen auf diesen Wandel reagieren. Sie brauchen eine neue **Innovationskultur** mit **flexibleren Arbeitsstrukturen**.

Die digitale Transformation wird sämtliche Stufen der industriellen Wertschöpfung erfassen — von der Logistik über die Produktion bis hin zur Dienstleistung. Einerseits werden bestehende Prozesse stetig optimiert und **Effizienzpotenziale** ausgeschöpft. Starre Wertschöpfungsketten werden zu dynamischen Wertschöpfungsnetzwerken. D. h. konkret: Wertschöpfung findet nicht länger sequenziell und zeitversetzt statt, sondern in einem Geflecht ständig kommunizierender und flexibel aufeinander reagierender Einheiten. Künftig können Fabriken, Unternehmen und ganze Wertschöpfungsnetzwerke nahezu in Echtzeit gesteuert werden. Das ermöglicht Unternehmen, ihre Produktion kurzfristig auf individuelle Kundenwünsche auszurichten, unzählige Lieferketten parallel zu organisieren und ihr Angebot dynamisch mit sich entwickelnden Trends abzugleichen.

Auf der anderen Seite entfaltet die Digitalisierung **disruptive Kraft**: Das Alte wird zerstört. Neue Akteure mischen innerhalb kürzester Zeit mit neuen Geschäftsmodellen ganze Branchen auf und stellen die Existenz etablierter Unternehmen in Frage. Auf einmal konkurrieren bislang unbekannte globale Wettbewerber um traditionelle Kundenschnittstellen. Maurice Lévy, CEO der weltweiten Agenturgruppe Publicis, hat Sorge, „aufzuwachen und ‚ge-ubert' worden zu sein — völlig branchenfremde Unternehmen können dir heute über Nacht das angestammte Geschäftsmodell wegnehmen".

Das bedeutet konkret: Traditionelle Branchengrenzen brechen auf. Disruptive Entwicklungen verändern oder verdrängen tradierte Geschäftsmodelle. Innovationszyklen werden immer kürzer. Neue, ungeahnte Wertschöpfungspotenziale entstehen — etwa durch die massenhafte Verfügbarkeit digitaler Daten (*big data*) oder die Individualisierung der Produktion. Komplexe und dynamische Wertschöpfungsnetzwerke prägen das Bild von Morgen. **Wandel wird also zur Normalität.**

Unternehmen müssen sich diesem Wandel und seiner Geschwindigkeit stellen. Oftmals verlieren bisherige Strategien und Gewissheiten ihre Geltung, Handlungs- und Gestaltungsräume werden größer und komplexer oder verändern sich grundsätzlich. Es wird zum Gebot der Stunde, auf den Wandel vorbereitet zu sein, ihn mitzugestalten. Nach einer Studie von Roland Berger, die 2015 im Auftrag des BDI veröffentlicht wurde, stehen den vielversprechenden Möglichkeiten vernetzter, effizienterer Produktion und neuer Geschäftsmodelle dramatische Risiken gegenüber: Bis 2025 könnte Europa einen Zuwachs von 1,25 Billionen Euro an industrieller Bruttowertschöpfung erzielen, aber auch einen Wertschöpfungsverlust von 605 Milliarden Euro erleiden.

7.1 Wie können sich Unternehmen auf den Wandel vorbereiten?

Voraussetzung für die erfolgreiche digitale Transformation eines jeden Unternehmens ist und bleibt der Mensch: die **Mitarbeiter und Führungskräfte**. Während Routinetätigkeiten in Zukunft zunehmend automatisiert werden, müssen die komplexen Wertschöpfungsnetzwerke und Produktionsabläufe weiterhin von Menschen geplant, simuliert, optimiert und überwacht werden. Jenseits der Beherrschung komplexer technischer Abläufe sind Unternehmen auf kreative Ideen für **neue Geschäftsmodelle** angewiesen. Das eigene Unternehmenskonzept muss ständig und grundsätzlich hinterfragt, angepasst und ggf. ersetzt werden. Das Motto der digitalen Welt lautet: keine Angst vor der Selbstkannibalisierung. „Wer sich selbst angreift, verteidigt sich am besten“, fasst es Dr. Andreas Wiele, Vorstand bei Axel Springer, zusammen. Auch das eine Aufgabe, die nur der Mensch übernehmen kann.

! WICHTIG

Daraus lassen sich zwei Kernbotschaften ableiten:

- Routinetätigkeiten werden weiter abnehmen. Es gilt daher, neben der Rekrutierung hoch qualifizierter neuer Mitarbeiter auch vorhandene Beschäftigte für künftige Aufgaben fit zu machen. So ist beispielsweise davon auszugehen, dass IT-, Produktions- und Kommunikationskompetenzen zunehmend verschmelzen und interdisziplinäre Kompetenzen wichtiger werden. **Lebenslanges Lernen** muss für alle Mitarbeiter noch selbstverständlicher und in der Personalentwicklung systematisch verankert werden.
- Agilität und Innovationsfähigkeit sind Voraussetzungen für Unternehmen, in der digitalen Welt zu bestehen. Hierfür muss eine **neue Innovationskul-**

tur mit flexibleren Arbeitsstrukturen entstehen. Bürokratische, streng hierarchische Strukturen, die noch in vielen Unternehmen verankert sind, stehen diesem Ziel entgegen. Sie müssen durch dynamische, interdisziplinäre Netzwerkstrukturen ersetzt werden, die Synergien freisetzen und Freiräume für Kreativität und Innovationen schaffen.

7.2 Wie kann eine neue Innovationskultur mit flexibleren Arbeitsstrukturen aussehen?

Starres Abteilungsdenken mit Vorgesetzten, die wie Gatekeeper Wissen und Entscheidungsmacht verwalten, wird dem rasanten Wandel nicht mehr gerecht. Die Ziele eines Unternehmens lassen sich künftig immer seltener unter einzelnen Abteilungen subsumieren. **Situatives Arbeiten** wird wichtiger: Es bedarf für die unterschiedlichsten Probleme ständig anderer interdisziplinärer Expertenteams. Unternehmensübergreifende, interdisziplinäre Netzwerke, die sich zu gemeinsamen Zielen in Ad-hoc-Arbeitsgruppen formieren und im Anschluss wieder auflösen, gewinnen an Bedeutung. Diese Teams teilen und erweitern ihr Wissen, denken über ihre eigenen Arbeitsabläufe hinaus und behalten unternehmensübergreifende Ziele im Blick. So können verschiedene — auch internationale — Perspektiven, Ideen, Impulse und Qualifikationen aufeinander treffen und das Gemisch für wichtige Innovationen bilden.

Gleichzeitig sprechen mehrere Argumente dafür, diese Teams zu präzise formulierten Zielen in hierarchiefreien Räumen arbeiten und entscheiden zu lassen:

- Die Bedeutung von Innovationen und somit **Kreativität** für die Wettbewerbsfähigkeit nimmt zu. Der traditionelle deutsche Führungsstil einer sicherheitsorientierten und verwaltenden Linienhierarchie steht einer offenen Innovationskultur i.d.R. im Weg. Bewahrende Denk- und Handlungsweisen müssen durch Freiräume für Querdenker ersetzt werden.
- Ein schneller Wandel erfordert ständiges Umdenken. Gewissheiten müssen kontinuierlich auf den Prüfstand gestellt werden. Urteilsfähigkeit wird immer stärker an das frühzeitige Erkennen gesellschaftlicher und technologischer Trends gekoppelt sein. Umso wichtiger wird es, die kollektive Intelligenz und Phantasie sowie das **Wissen der vielen Mitarbeiter** zu nutzen und sich nicht auf das Urteil einzelner Manager zu verlassen.
- Ein weiterer Megatrend wird unser Denken und Handeln in den kommenden Jahren beeinflussen: demografischer Wandel und Fachkräftemangel. Die Wett-

bewerbsfähigkeit von Unternehmen wird entscheidend davon abhängen, ob sie die besten Köpfe gewinnen, halten und motivieren können. Aktuell geben laut Gallup-Engagement-Index 70 % der Arbeitnehmer in Deutschland an, eine geringe **emotionale Bindung** an ihr Unternehmen zu haben und Dienst nach Vorschrift zu machen. Mit diesen Mitarbeitern wird man den Innovationswettbewerb nicht gewinnen. Die Unternehmen sollten für sich nutzen, dass durch mehr Eigenverantwortung und Selbstorganisation insbesondere hoch qualifizierte Wissensarbeiter motiviert werden können.

Selbstverständlich ist es wichtig, für das Arbeiten in derartigen Projektteams klare **Spielregeln** festzulegen. Müssen Teamentscheidungen beispielsweise grundsätzlich im Konsens getroffen werden? Was passiert, wenn kein Konsens erzielt werden kann? Wird dann als nächste Eskalationsstufe direkt die Geschäftsführung eingebunden? Welches Budget steht den Teams für die Erreichung ihrer Ziele zur Verfügung?

Entscheidungen der **Teams** müssen zudem auf mögliche politische und rechtliche Implikationen geprüft werden und dürfen dem Leitbild des Unternehmens nicht zuwiderlaufen. Darüber hinaus kann es sinnvoll sein, eine Art **Skipper** für das jeweilige Team festzulegen. Dieser koordiniert Verantwortlichkeiten und Deadlines, achtet darauf, dass sich alle einbringen, und moderiert Konflikte. Er übernimmt sozusagen die Organisation des Teams und beugt Verantwortungslosigkeit vor — ohne den anderen Teammitgliedern vorgesetzt zu sein. In digitalen Freiräumen entstehen neue Machtstrukturen.

7.3 Welche Voraussetzungen müssen für eine neue Innovationskultur erfüllt sein?

Für die erfolgreiche Umsetzung flexibler Arbeitsstrukturen in flachen Hierarchien müssen im Unternehmen neben klaren Spielregeln fünf weitere grundsätzliche Voraussetzungen erfüllt sein:

1. Unternehmen brauchen eine neue **Fehlerkultur** .
   Es muss Mitarbeitern erlaubt sein, Fehler zu machen. Der Wandel zwingt uns, Bewährtes kontinuierlich auf den Prüfstand zu stellen und Neues auszuprobieren. Dabei entstehen Fehler — aus denen die Mitarbeiter und ihre Unternehmen lernen können. Das Motto muss sein: Das größte Risiko in einer Welt im Wandel stellt die Risikovermeidung dar.

2. **Vertrauen** in die Mitarbeiter ist ein Schlüsselfaktor für Erfolg.
   Kontrolle bremst Kreativität aus und somit Innovationen, die für Unternehmen lebenswichtig sind. Vertrauen und Wertschätzung sind grundlegend für die Motivation, eine nachhaltige Bindung sowie Loyalität der Mitarbeiter gegenüber ihren Unternehmen.
3. **Transparenz** über Strukturen, Prozesse und Ziele eines Unternehmens ist unverzichtbar.
   Nur informierte Mitarbeiter können eigenverantwortlich arbeiten, die Ziele ihres Unternehmens im Blick halten und ggf. neue Ziele einbringen. Auch viele Synergien können erst genutzt werden, wenn transparent ist, was das Unternehmen bereits macht, kann und bewegt. Gerade dezentrale Entscheidungen müssen zudem unmittelbar in den Gesamtkontext eingebettet und in das System eingespeist werden. Nur so können die zunehmende Komplexität bewältigt und Wechselwirkungen berücksichtigt werden.
4. Die Mitarbeiter müssen für die **neuen Qualifikationsanforderungen** fit gemacht werden.
   System- und globales Denken, kommunikative Fähigkeiten und Kompetenzen wie Teamfähigkeit und Selbstorganisation gewinnen an Bedeutung. Nicht alle Mitarbeiter können und wollen eigenverantwortlich in flexiblen Netzwerkstrukturen arbeiten. Unternehmen müssen sich gemeinsam mit den Mitarbeitern an die neuen Strukturen herantasten und im Zweifel individuelle Lösungen finden.
5. **Incentive-Strukturen** müssen an die neuen Arbeitsstrukturen angepasst werden.
   Leistung muss in Teams erfasst werden. Wertschätzende Kommunikation muss einen zentralen Stellenwert einnehmen. Tradierte Bewertungsmaßstäbe müssen überdacht werden: Wie werden beispielsweise Misserfolge im Kontext einer neuen Fehlerkultur bewertet? Insgesamt wird sich im Zuge flacherer Hierarchien ein neues Karriereverständnis herausbilden, das von den Unternehmen und Mitarbeitern mit Leben gefüllt werden muss.

7.4 Neue Innovationskultur ≠ führungslos

Interdisziplinäre Netzwerke, Ad-hoc-Arbeitsgruppen, flachere Hierarchien und dezentrale Entscheidungen – all das ist kein Selbstzweck. Der unternehmerische Erfolg steht auch in einer neuen Innovationskultur im Mittelpunkt. Um diesen Erfolg zu sichern, braucht es auch künftig eine stringente Unternehmensführung, die

- das **Gesamtwohl des Unternehmens** im Blick hält.
- die **Gesamtstrategie** festlegt und die konkreten **Ziele** für das Unternehmen ableitet.
- die **Interessen der Eigentümer** wahrt.

Unternehmerische Entscheidungen unterliegen nicht zuletzt auch immer einer **Haftung**. Vorstände oder Geschäftsführer werden für den von ihnen verursachten Schaden unter Umständen auch persönlich zur Verantwortung gezogen. Die Gesamtverantwortung muss somit immer die Unternehmensführung tragen, sie darf nicht auf den Schultern vieler pulverisieren.

Neben der Unternehmensleitung werden aus unserer Sicht auch andere Führungskräfte weiterhin eine wichtige Rolle in Unternehmen spielen. Vorgesetzte werden zwar immer seltener die Rolle der Fachautorität übernehmen, aber ihre Bedeutung als **Coach und Mentor** für das eigene Team wird zunehmen. Moderne Führungskräfte haben die Aufgabe, auch in flexiblen Netzwerkstrukturen Verbindlichkeit zu schaffen, das eigene Team zu motivieren und im Idealfall zu inspirieren. Sie sorgen dafür, dass Mitarbeiter mit ihrer Arbeit nicht überlastet sind, sie ihre Fähigkeiten optimal einbringen können und ihre Kompetenzen kontinuierlich anpassen und erweitern.

Es gibt allerdings keine *One-size-fits-all*-Lösung. Kein Unternehmen, keine Branche ist wie die andere. Die Größe des Unternehmens, die Komplexität der Unternehmensstruktur, die Zusammensetzung der Belegschaft sowie die Produktform beeinflussen die Arbeitsorganisation maßgeblich. Und: Unterschiedliche Aufgaben verlangen verschiedene Formen der Führung.

Armin Steuernagel

»8
Arbeit und Eigentum – Mitarbeiter als Eigentümer

8 Arbeit und Eigentum – Mitarbeiter als Eigentümer – ein Konzept im historischen Kontext

Armin Steuernagel (Purpose GmbH & Co. KGaA, Damia GmbH, Universnatur GmbH, Appstimmung gGmbH)

> *Es ist gar nicht auszusprechen, wie schätzenswert es ist, etwas sein Eigen nennen zu dürfen.*
>
> *Aristoteles*

8.1 Dimensionen der Mitgestaltung und des Eigentums

Wofür fühlen Sie sich verantwortlich? Wahrscheinlich für das, was Sie — in irgendeiner Form — als Ihr Eigenes betrachten, sei es mit anderen zusammen oder alleine: Ihr Haus, Ihre Familie, vielleicht auch die Straße, in der Sie wohnen und um deren Sauberkeit Sie sich bemühen, Ihren Arbeitsplatz, Ihre Abteilung, deren Gestaltung Ihnen besonders am Herzen liegt, Ihre Stadt usw. Mit dem Eigenen identifizieren wir uns nicht nur mehr als mit dem Fremden, sondern wir stehen für es ein, fühlen uns verantwortlich. Als Eigentümer sind wir Gestalter und nicht Verwalter, nicht den Entscheidungen anderer ausgeliefert. Möglichst umfassend Gestalter, also Eigentümer, seines Lebens zu sein und das anderen auch zu ermöglichen, das war und ist der Traum vieler Menschen, die sich gegen Sklaverei, für Menschenrechte und für Demokratie einsetzten und -setzen. Technologischer und sozialer Fortschritt macht es uns jeden Tag leichter, unabhängig von den Unwägbarkeiten der Natur, unabhängig von geografischen Distanzen und unabhängig von traditionellen Verhältnissen selbst zu entscheiden, was wir wirklich wollen. Nie war es einfacher, Eigner unseres Lebens zu sein. Gleichzeitig haben wir uns selbst Institutionen geschaffen, mit denen wir uns diesen Gestaltungsfreiraum gegenseitig einschränken. Sobald wir etwa von der privaten in die Arbeitswelt wechseln, in der wir immerhin einen sehr großen Teil unseres Lebens verbringen, geben wir **Gestaltungsraum** und **Verantwortung** ab. Wir entscheiden nicht mehr selbst, sondern folgen Arbeitsanweisungen anderer, für deren Konsequenzen in der Welt wir uns

nur eingeschränkt verantwortlich fühlen. Wir sind abhängig von Vorgesetzten und lassen den Kapitalmarkt entscheiden, für welche Eigentümer wir arbeiten, welchen Herren wir dienen.

Die in diesem Band vorgestellten Konzepte von neuen partizipativen und demokratischen Führungskulturen zeigen Wege auf, wie der Gestaltungs- und Eigentumsraum bis in die Arbeitswelt hinein ausgedehnt werden kann. Diese Ausdehnung kann in zwei Dimensionen betrachtet werden.

- Die erste Dimension (im Folgenden ***Wie*-Dimension** genannt) zielt auf den Gesichtspunkt : Werde ich gefragt und bestimme ich mit, was ich an meinem Arbeitsplatz tue und wie ich arbeiten will? Der war for talents stellt sicher, dass immer mehr Unternehmen sich dem Bedürfnis ihrer Mitarbeiter nach diesem **Gestaltungsraum** entsprechen. Letztlich ist dies durchaus vorteilhaft für Unternehmen, denn mit dem Gestaltungsraum der Mitarbeiter dehnt sich auch deren Identifikations- und Verantwortungsraum aus: Wer gefragt wird, denkt mit. Wer mitentscheidet, verantwortet mit.
- Vor einiger Zeit führte ich ein Gespräch mit einer Mitarbeiterin, die mich mit einer weiteren Dimension konfrontierte, der ***Wozu*-Dimension**. Sie sagte: „Du sagst doch immer, wir arbeiten hier alle für eine sinnvolle Sache, für den Bedarf, für unsere Kunden und dafür, dass Mensch und Erde gesünder werden und bleiben. Das mache ich ja auch gerne, aber arbeiten wir nicht eigentlich alle für dich? Alles, was ich mit meiner Arbeit in die Firma und unsere Mission investiere, kannst du doch ganz einfach zu Geld machen, oder? Spätestens wenn du die Firma verkaufst oder vielleicht deine Enkel sie verkaufen, hat meine Arbeitsinvestition einem Privatzweck und nicht der von dir kommunizierten Mission gedient, oder?“ Ich musste ihr Recht geben. Viel Freiraum am Arbeitsplatz, Mitgestaltungsmöglichkeiten — schön und gut. Aber was bezweckt man mit seiner Arbeit, welchem Herrn und Ziel dient man? Kundenbedürfnisse oder Share-Holder-Value? Die Antwort auf diese Frage beeinflusst massiv die beschriebene Wie-Dimension.

Wird die Wozu-Frage — die durch das gegenwärtige Eigentumsrecht vor allem vom Eigentümer entschieden wird — mit „Unternehmenswert- und Gewinnmaximierung“ beantwortet, so ist jegliche Mitbestimmung nur Mittel zum Zweck und wird abgeschafft sobald sie den Zweck verfehlt. Wenn dies von Anfang an klar ist, läuft Mitbestimmung Gefahr, ihre positive Wirkung von vornherein gar nicht erst entfalten zu können.

Dimension Eigentum	Frage
1. Gestaltung — Arbeitsweise und Arbeitsplatz	**Wie** und **was** arbeite ich?
2. Bestimmung — Zweck und Gewinnverwendung	**Wozu** und **warum** arbeite ich?

Aus der Motivationsforschung wissen wir: Intrinsische Motivation ist dann besonders hoch, wenn wir einerseits unser eigener Herr sind (*Wie*-Dimension) und andererseits eine für uns *sinnvolle* Tätigkeit verfolgen (*Wozu*-Dimension).[1]

Daher müssen wir uns, wenn wir neue und zeitgemäße Arbeits- und Führungskulturen schaffen wollen, zwei Herausforderungen stellen:

1. Neuen, partizipativen **Führungsmodellen** im Unternehmen, die Betroffene zu Beteiligten machen, sowie **Arbeitskulturen**, die auf die zunehmend individuelleren Bedürfnisse der Mitarbeiter (Ort, Zeit, Modus der Arbeit) eingehen. Dies gehört zur *Wie*-Dimension.
2. Andererseits einer neuen **Eigentumskultur** bzw. -struktur, die Mitarbeitern ermöglicht, zu wissen, welchem Zweck ihre Arbeit gewidmet ist, ihnen Sicherheit gibt, dass ihre Arbeitsinvestition nicht im Nachhinein umgewidmet und privatisiert wird. Außerdem eine Eigentumsstruktur, die neue partizipative / demokratische Führungsmodelle nicht aushöhlt und unterläuft, sondern diese stärkt.

Beispiele für exemplarische Lösungsansätze für die erste Herausforderung (*Wie*-Dimension) gibt es viele, die z.T. in diesem Band thematisiert werden: der cheflose 2.000-Mitarbeiter-Tomatenverarbeiter **Morning Star** mit Sitz in Kalifornien, das demokratische Software-Unternehmen **Haufe Umantis** aus der Schweiz oder **Semco** aus Brasilien.

Lösungsansätze für die zweite Herausforderung (*Wozu*-Dimension) sind bislang weniger bekannt. Dieser Beitrag fokussiert sich daher besonders darauf. Nach einigen historischen Beispielen gehen wir der Frage nach, ob es nicht an der Zeit ist, die alte juristische Konstruktion des Unternehmenseigentum fit für die Gegenwart und Zukunft zu machen. Dies erfolgt ausdrücklich nicht, um den Gegensatz zwischen Kapitalismus und Kommunismus wieder aufleben zu lassen und zu fordern, allen solle alles gehören: Die Unzulänglichkeit dieses Ansatzes hat sich gezeigt. Die Baufälligkeiten der Konstruktion Eigentum und unsere Art des Umgangs mit ihr zeigen sich jedoch deutlich: Unternehmen — und mit ihnen Tausende von Mitarbeitern — werden als Anlageobjekt gehandelt und der Shareholder-Value-Maximierung

[1] Daniel Pink (2011), Drive: The surprising truth about what motivates us, Riverhead Books.

unterworfen, mit Inkaufnahme von sozialen Verwerfungen, Kurzfristorientierung, Schäden an der Umwelt sowie der Entstehung von Misstrauens-Kulturen zwischen Unternehmen und Kunden, Mitarbeitern und Lieferanten. Die Eigentumsverhältnisse liefern zudem oft die größten Hinderungsgründe der ersten Herausforderung, der *Wie*-Dimension, adäquat mit neuen Modellen zu begegnen.

8.2 Arbeit und Kapital – Beispiele aus der Geschichte

Im Folgenden werden Beispiele aus der Geschichte angeführt, die zeigen, wie die Arbeitswelt im oben beschriebenen Sinne aus dem Gestaltungs- bzw. Eigentumsbereich der meisten Menschen herausgefallen ist und immer wieder neue Ansätze entstanden, um sie wieder zu integrieren.

8.2.1 Amerika des 19. Jahrhunderts

Parallel zur Abschaffung der Sklaverei unter Abraham Lincoln, Mitte des 19. Jahrhunderts, entwickelte sich Amerika von einer Gesellschaft der Landwirte und Handwerker zu einer Industriegesellschaft.[2] Gab es bis dahin viele kleine, selbstständige Betriebe, entstanden nun große Fabriken mit wenigen Eigentümern und vielen Angestellten. Aus vielen *selbstständig Beschäftigten*, die Eigentümer ihres Arbeitswerkzeugs waren, wurden *Angestellte*, die mit Werkzeugen und Maschinen arbeiteten, welche Fabrikeigentümern gehörten. Sie waren auf Arbeitgeber angewiesen und daher nicht mehr ganz Herr ihrer selbst. Dies bereitete den amerikanischen Bürgern seinerzeit große Sorgen, sahen sie dadurch doch die republikanische Demokratie in Gefahr. Angestellte seien *abhängig* beschäftigt — so die Argumentation — und daher nicht im republikanischen Sinne freie Bürger, die ganz auf ihren eigenen Füßen stünden, ganz *Eigner* ihres Lebens. Sie seien zwar nicht wie Sklaven als Ganzes verkäuflich, doch die Käuflichkeit, zumindest eines Teils ihrer Lebenszeit, sei gegeben. Damit könne von ihnen nicht erwartet werden, die nötige Weitsicht bei demokratischen Entscheidungen zu haben. So argumentierte die *Free-labour*-Bewegung[3]. Die Gegenseite, die sogenannten Voluntaristen, brachten vor, jeder könne seinen Arbeitsplatz frei wählen, weshalb Freiheit wei-

[2] Sandel, M. J. (1998), Democracy's Discontent: America in Search of a Public Philosophy. Belknap Press; S. 168ff.

[3] Ebenda.

terhin gewährleistet sei. Lincoln überzeugte das nicht. Nach seiner Ansicht sollten letztlich alle — nach einer Übergangsphase der Lohnarbeit — selbstständig sein: „Der [...] mittellose Anfänger im Leben arbeitet eine Weile für Lohn, spart den Überschuss an, mit dem er für sich selbst Werkzeug oder Land kaufen kann; dann arbeitet er eine Zeit lang auf eigene Rechnung und stellt langfristig andere Anfänger ein, ihm zu helfen." Wer es nicht irgendwann zum Selbstständigen schaffe, selbst Kapitaleigentümer werde, sei einfach „dumm oder unfähig", davon war Lincoln überzeugt.[4] Er konnte nicht ahnen, dass nach seinem Tod immer mehr Menschen zu Angestellten wurden und die Mittel zum Kauf von Land und Werkzeuge nicht aufbringen konnten und immer weniger den Weg in die Selbstständigkeit wählten. Er hätte es — so lässt sich vermuten — auch nicht für richtig befunden.

Die Industrialisierung hatte zur Folge, dass immer weniger Menschen Gestalter und Eigentümer ihrer Arbeitswelt waren: weder Eigentümer der Werkzeuge oder Maschinen mit und an denen sie arbeiteten, noch Gestalter der Bedingungen, unter denen sie arbeiteten. Es blieb der Rückzug ins Private, das jetzt deutlich stärker als Gegensatz zur Arbeitswelt empfunden wurde. Anfang des 20. Jahrhunderts war diese Enteignung der Arbeitswelt akzeptiert und die bis dahin der *Free-labour*-Bewegung zugewandten Gewerkschaften schwenkten um: von der Rückeroberung der Arbeitswelt zur Maximierung des Privaten, des verbleibenden Gestaltungsraums. Die neuen Forderungen lauteten daher: weniger Arbeitszeit, mehr Geld.[5]

8.2.2 Carl-Zeiss-Stiftung

Ernst Abbe (1840-1905) war im 19. Jahrhundert als Mitinhaber der Zeiss und Schott Werke einer der Ersten, der die Arbeitswelt in der *Wozu*-Dimension neu und partizipativer gestaltete. Er wollte sicherstellen, dass die Eigentümerschaft nie die Aufgabe des Unternehmens korrumpieren könne. Weil Abbe seine Überlegungen selbst aufschrieb und diese nicht allgemein bekannt sind, soll er hier mit einigen persönlichen Gedanken zu Wort kommen:

Abbe fragte sich, wem der Wert der Firma zustehe und stellte fest, „... dass der Besitz, über den ich gegenwärtig verfüge, und der Erwerb, den ich aufgrund bestehender Verträge in Zukunft erwarten kann, ganz wesentlich nur dadurch zustande gekommen sind, dass es mir und meinen Genossen möglich war, die Tätigkeit vieler anderer Personen dauernd in unseren Dienst zu stellen und den Ertrag ihrer Arbeit

4 Abraham Lincoln (1859), zitiert nach Sandel, M. J. (1998), ebenda, S. 168ff.

5 Ebenda.

uneingeschränkt uns zu Nutzen zu machen. Die gegenwärtige Rechtsordnung erklärt auch solchen Besitz bedingungslos für freies Privateigentum des erfolgreichen Unternehmers. Nach meiner persönlichen Überzeugung aber will ein Erwerb diesen Ursprungs vor einem strengeren Sittlichkeitsideen genügenden Eigentumsbegriff als ‚öffentliches Gut' betrachtet und behandelt sein, soweit es hinausgeht über das Maß eines angemessenen Lohnes für die persönliche Tätigkeit.

Diese Überzeugung, in welcher ich durch die eigene Lebenserfahrung als Unternehmer mehr und mehr bestärkt worden bin, verpflichtet mich vor meinem Gewissen, die Mittel, welche die Gunst der Umstände in meine Hand gelegt hat, bei meinen Lebzeiten zu gemeinnütziger Verwendung zu bringen und gleichzeitig Vorkehrungen zu treffen, dass auch nach meinem Tode Gleiches geschehe [...] Unter den mancherlei möglichen Wegen, auf welchen dem Gemeinwohl zu dienen ein Mann meiner Denkungsart sich versucht fühlen möchte, können aber — angesichts gegebener persönlicher Umstände und Zeitverhältnisse — für mich nur zwei in Betracht kommen: Ausgiebige Fürsorge für das Wohl aller derer, welche zur Gewinnung jener Mittel bisher mitgewirkt haben oder in Zukunft mitwirken werden — und Förderung der Wissenschaften, auf deren Boden die betreffenden Unternehmungen erwachsen sind und denen ich zugleich mein eigenes Emporkommen zu verdanken habe."[6]

Abbe entwickelte eine innovative, rechtliche Konstruktion und wandelte das Unternehmen selbst zu einer Stiftung um. Diese **Rechtsform** stellte und stellt in abgewandelter Form bis heute sicher, dass das Unternehmen einem Zweck gewidmet ist und alle Arbeitsinvestitionen, die Mitarbeiter in dieses tätigen, diesem Zweck dienen. Die Stiftung hat zum Ziel einerseits für das Wohl der Mitarbeiter zu sorgen, andererseits die allgemeine Forschung zu fördern, die den Erfolg von Zeiss erst ermöglichte. Abbe gab dieser Stiftung außerdem eine der seinerzeit fortschrittlichsten Satzungen: Sie enthielt viele, damals nicht selbstverständliche Rechte für Mitarbeiter (teilweise Mitbestimmung,Urlaubszeiten, 8-Stunden-Arbeitstag, Krankenversicherung, Arbeitslosenversicherung, Weiterbildung usw.). Er begrenzte die Bezüge der leitenden Angestellten und führte schließlich eine Mitarbeitergewinnbeteiligung ein.[7]

6 Abbe, Ernst (1887): Denkschrift vom 4. Dez. 1887 zuhanden Staatsminister Dr. Stichling, Weimar in: Schomerus, Friedrich, Dr. (1940), Werden und Wesen der Carl-Zeiss-Stiftung, an der Hand von Briefen und Dokumenten aus der Gründungszeit (1886-1896), Verlag von Gustav Fischer, Jena.

7 Gerth, Kerstin (2005), Ernst Abbe, 1840-1905 – Wissenschaftler, Unternehmer, Sozialreformer, Verlag Dr. Bussert & Stadeler, Jena.

Abbe tat also viel dafür, die *Wozu*-Frage und die *Wie*-Frage so zu beantworten, dass Mitarbeiter das Unternehmen als ihres erleben konnten und können. 2016 feiert Zeiss sein 170-jähriges Firmenjubiläum und ist in mehreren Bereichen Weltmarktführer, sicher auch dank dieser sozialen Innovationen Abbes.

8.2.3 Betriebsrätegesetz 1920

Zum Ende des Ersten Weltkriegs widersetzten sich die kriegsmüden Matrosen einer ihnen sinnlos erscheinenden Anweisung der Heeresleitung, trotz Waffenstillstandsgesprächen zu einem letzten Kampf auszulaufen. Sie meuterten und bildeten erste sogenannte Soldatenräte. Nach ihrem Vorbild bildeten sich infolge in ganz Deutschland zahlreiche Soldaten- und Arbeiterräte. Diese übernahmen z.T. die Verwaltung der öffentlichen Angelegenheiten. Auch nach Ausrufung der Republik forderten Arbeiter mit großen Generalstreiks die Einführung eines Rätesystems. Unter anderem sollten Unternehmen durch Mitarbeiter über Betriebsräte (mit-) geführt werden. Dies führte schließlich 1920 zur Verabschiedung eines **Betriebsrätegesetzes**, das jedoch weit hinter den Erwartungen der Arbeiter zurückblieb: Statt geforderter wirtschaftlicher Mitbestimmung wurden lediglich Informations- und Mitbestimmungsrechte in sozialen Belangen verankert, die mit Unterbrechung in ähnlicher Form bis heute gelten. Auch eine Demonstration der Arbeiter mit über 100.000 Teilnehmern konnte nicht mehr Rechte erringen — sie wurde mit 42 Toten blutig beendet.[8]

Die Bestrebungen der Arbeiterbewegung, sich die Arbeitswelt durch Rätesysteme mehr zu *eigen* zu machen, kann unterschiedlich bewertet werden. In der Geschichte des Unternehmenseigentums ist sie ein wesentlicher Einschnitt: Die Bewegung legte die Grundlage unseres heutigen Mitbestimmungsrechts in Deutschland, welches Teile der Kontrollrechte einer Firma den Mitarbeitern zuspricht. Sie brachte zudem das Bedürfnis zum Ausdruck, den Gestaltungsraum von der Privatwelt auf die Arbeitswelt auszudehnen.

[8] Ralf Hoffrogge (2009): Das Ende einer Revolution: Novemberrevolution 1918 und Märzstreiks 1919, in: Forum Wissenschaft 1/2009, http://www.bdwi.de/suchen/2380904.html?searchshow=hoffrogge).

8.2.4 Shareholder-Value-Maximierung: Die Trennung von Eigentümerschaft und Unternehmerschaft

Die Folge der Industrialisierung war ein erster Schritt der **Entkopplung von Arbeit und Eigentum**.
Zumeist waren **Unternehmerschaft und Eigentümerschaft** jedoch gekoppelt: Fabrikleiter waren identisch mit Fabrikbesitzern. Für sie fielen Verantwortung und Kontrolle zusammen, sie fühlten sich als ihr eigener Herr und mussten die Folgen ihre Entscheidungen selbst verantworten.

Das Aufkommen der Kapitalgesellschaften ermöglichte jedoch eine noch weitergehende Enteignung der Arbeitswelt: Aus Eigentümer-Unternehmern wurden **angestellte Manager**.[9] Unternehmerschaft und Eigentümerschaft wurden – zumindest für einen Teil der Unternehmen – entkoppelt. Heute zeichnen sich zwar einige der sehr erfolgreichen Unternehmen – namentlich die deutschen eigentümergeführten Familienunternehmen – durch die Deckung von Unternehmerschaft und Eigentümerschaft aus. Doch viele Unternehmen sind im Eigentum von Investoren bzw. Fremd-Eigentümern, die nicht selbst aktiv im Unternehmen arbeiten, sondern die Eigentumsrechte am Unternehmen, inklusive der Gewinnbezugsrechte, als Anlage- und Spekulationsobjekt betrachten. In der Folge entstand in den 1970er und 1980er Jahren ein neues Management-Konzept, welches konsequenterweise die Maximierung des **Shareholder Value** in den Vordergrund stellte. [10] Es geht von einem Auseinanderfallen von Eigentum (Shareholder) und Kontrolle (Manager) des Unternehmens aus, was unter Annahme eines eigennützigen Verhaltens der Manager, nachteilig für die Shareholder sein kann. Schließlich verfügen Manager über mehr Informationen und könnten so potenziell die Eigentümer bzw. Shareholder übervorteilen. Diese tragen jedoch – so die Theorie – das residuale Risiko, sie müssen letztlich geradestehen, folglich sind ihre Interessen schützenswert. **Corporate Governance** soll durch die Schaffung von Anreizstrukturen sicherstellen, dass Manager sich im Interesse der Shareholder verhalten. Des Weiteren soll durch die Schaffung eines Marktes an Kontrollrechten (Aktienmarkt) die Beurteilung der Manager durch den Markt erfolgen. Schlechte Manager müssten demnach durch sinkende Aktienkurse abgestraft, gute durch steigende Kurse belohnt werden.

Dieses System führte zu einer vollständigen Entkopplung von Unternehmerschaft und Eigentümerschaft,zur Anonymisierung zwischen Eigentümern bzw. Managern

---

9 Jürgen Kocka (2013), Geschichte des Kapitalismus, C.H. Beck Wissen, S. 85.

10 Michael Jensen und William Meckling sind die Autoren, des berühmten Artikels, der 1976 im Journal of Financial Economics erschien: Theory of the Firm: Managerial Behavior, Agency Cost and Ownership Structure. Er legte die Grundlage für den Shareholder-Value-Ansatz.

und Mitarbeitern und einer Situation, in der letztlich niemand mehr für seine Entscheidungen geradestehen muss (solange er nicht gegen Gesetze verstößt). Jeder kann mit Sachzwängen bzw. Anreizstrukturen und Vorgaben argumentieren. Die Folge: strukturelle Verantwortungslosigkeit, die nicht durch noch so viele — in der Folge anwachsende — Regulierung wett gemacht werden kann.

Diese Situation hat multiple Skandale produziert (Enron, WorldCom, Tyco International) und scheint — so zeigen Studien — auch Unternehmen und Shareholdern nicht gut zu tun. Kürzlich belegte eine Studie von McKinsey, wie sehr der Shareholder-Value-Ansatz zu Kurzfristorientierung geführt hat: Fast 80 % der Top-Manager und Vorstände fühlen starken Druck, innerhalb von zwei Jahren deutliche finanzielle Erfolge präsentieren zu müssen. Die gleiche Studie stellte für CFOs fest, dass 55 % auf eine attraktive Investitionschance verzichten würden, wenn dies auch nur zu einer kleinen, negativen Abweichung von den vorgegeben Quartalsplanzahlen führen würde.[11] Einige Unternehmer wie Michael Dell (Gründer von DELL)[12] nehmen inzwischen ihr Unternehmen wieder von der Börse (*Delisting*), um dem kurzfristigen und sehr innovationsfeindlichen Rechtfertigungsdruck zu entgehen.

Erfolgreiche Unternehmen wie Google, Facebook, LinkedIn oder Alibaba haben diese Problematik früh erkannt und interessanterweise alle eines gemeinsam: Sie haben die Kopplung von Unternehmerschaft und Eigentümerschaft wieder eingeführt. In all diesen Unternehmen haben die Gründer und das Management die Stimmrechtsmehrheit (wenn auch nicht die Kapitalmehrheit) und können so unabhängig von Investoren agieren.[13] Warren Buffet, der sein Imperium ähnlich strukturiert hat, schreibt in einem Brief an seine Aktionäre 2014: „Games are won by players who focus on the playing field — not by those whose eyes are glued to the scoreboard".

Für alle Stakeholder, inklusive der Investoren, scheint es besser zu sein, dass sich Unternehmen nicht auf die kurzfristige Maximierung des Shareholder Values fokussieren, sondern auf das Spiel, auf ihr Geschäft konzentrieren.[14] Die Verknüpfung von Eigentümerschaft (Stimmrechte) und Unternehmerschaft ermöglicht genau dies, erhöht zugleich aber auch die Verantwortung für Mitarbeiter und Umwelt. Als Eigentümer-Unternehmer ist man für die Entscheidungen und deren Konsequen-

11 Dominic Barton und Mark Wiseman (2014), Focusing Capital on the Long Term, Harvard Business Review, Ausgabe Januar-Februar 2014, https://hbr.org/2014/01/focusing-capital-on-the-long-term/ar/1.

12 Siehe: www.dell.com/learn/us/en/uscorp1/secure/acq-dell-silverlake.

13 Weitere Hinweise dazu in: Roland Linder (2012), Die machtlosen Aktionäre, Frankfurter Allgemeine Zeitung, 17.5.2012.

14 Weiteres zum Thema in Roger Martin (2011), Fixing the Game: Bubbles, Crashes, and What Capitalism Can Learn from the NFL, Harvard Business Review Press, Mai 2011.

zen wieder selbst voll verantwortlich und kann sich weniger durch Hinweise auf Sachzwänge entlasten.

	Landwirtschafts- und Handwerksgesellschaft	**Frühe Industrialisierung**		**20. Jahrhundert**			**Sinn-Wirtschaft**
Arbeitsformen	Selbstständige, Bauern, Handwerker	Fabrik-Besitzer/ Unternehmer	Lohnarbeiter	Eigentümer	Manager	Arbeiter	Neue Selbstständigkeit
Eigentum	Arbeit und Eigentümerschaft verbunden	Unternehmerschaft = Eigentümerschaft, eigentümergeführt	Angestellte, kein Eigentum	Investoren, Fremdeigentum	Angestellte	Angestellte	Kopplung: Mit-Unternehmer = Mit-Eigentümer
Verantwortung	Selbstverantwortung — direktes Tragen der Konsequenzen seiner Tat	Verantwortung der Unternehmer für sich selbst und oft für die Mitarbeiter		Anonymität — strukturelle Verantwortungslosigkeit. Keiner ist mehr direkt für seine Handlungen verantwortlich			Verantwortungseigentum

8.3 Beispiel: Purpose-Economy und Purpose-Unternehmen

Unternehmen der Purpose-Economy gehen — ähnlich wie Google, Facebook, Alibaba — den Weg der Kopplung von Eigentümerschaft und Unternehmerschaft. Sie sind ein Beispiel dafür, wie die *Wozu*-Dimension (Wofür arbeite ich?) so bearbeitet wird, dass Mitarbeiter und andere Stakeholder ein neues Verhältnis zum Unternehmen und der damit verbundenen Arbeitswelt gewinnen können. Außerdem stellen wir eine Purpose-Finanzierungsgesellschaft vor (Purpose GmbH & Co. KGaA), die über Finanzierungsmethoden diesen Ansatz unterstützt. Neue Herangehensweisen in der *Wie*-Dimension (demokratischerer Führungsstil usw.), die auch in Purpose-Unternehmen vorhanden sind, werden an dieser Stelle ausgelassen.

8.3.1 Unternehmen fit für die Zukunft machen: Sinn – der neue Antrieb der Wirtschaft

Psychologen, Verhaltensökonomen, Mediziner und auch die Alltagserfahrung sind sich einig: Was uns Menschen wirklich nachhaltig motiviert, sind keine extrinsischen Anreize wie die Aussicht auf Gewinn oder die Aussicht auf Strafe. Das, was uns zu Höchstleistungen anspornt und uns gesund hält, ist **Sinn**, ist Selbstbestimmung (*autonomy*) und das Streben nach Entwicklung unserer Fähigkeiten (*mastery*).[15] Gerade jüngere Menschen sind besonders sinnorientiert und erwarten dies auch von ihrem Arbeitgeber. Auf kurzfristige Rendite ausgerichtete Unternehmen sind für sie nicht attraktiv. 85 % der über 3.000, in einer Studie[16] befragten Studierenden und Berufseinsteiger wollen im Beruf ethisch handeln, 60 % sagen sogar, sie wollen mit ihrer Arbeit die Welt verändern. Diese und weitere Untersuchungen zeigen den enormen Veränderungsbedarf für etablierte Unternehmen auf, wenn sie im stärker werdenden Wettbewerb um die besten Talente attraktiv bleiben wollen. Neben Mitbestimmungsmöglichkeiten und neuen Arbeitskulturen (*Wie*-Dimension) wird Sinn die neue Währung (*Wozu*-Dimension), langfristig mit voraussichtlich gravierenden Folgen für die ganze Wirtschaft.

Die Recruiting- Videos der großen, börsennotierten Unternehmen gehen zwar auf diese Bedürfnisse der zukünftigen Mitarbeiter ein: Sie versprechen sinnvolle Arbeit, die der Gesellschaft hilft. Für viele Mitarbeiter steht dies jedoch im Gegensatz zu der Wahrnehmung und dem Wissen, dass es meist doch um den Shareholder Value geht. Das macht misstrauisch, demotiviert und erweist sich langfristig als Nachteil für die Rekrutierung von guten Mitarbeitern.

Die neue Sinn-Wirtschaft erfordert neue Arbeits-, Führungs- und Eigentumskulturen. Eine Eigentumsstruktur, die einerseits **effektive Mitwirkung** der Mitarbeiter sicherstellt und dies nicht von der Laune der Eigentümer abhängig macht und die eine **Zweck- bzw. Sinn-Orientierung des Unternehmens** ermöglicht, die über reine Profitgenerierung hinaus geht.

8.3.2 Treuhandeigentum: Purpose-Ownership

Die einfachste Form, Mitarbeiter wieder zu Gestaltern und Eigentümern ihrer Arbeitswelt zu machen, ist:

[15] Daniel Pink (2011), Drive: The surprising truth about what motivates us, Riverhead Books. Video: http://youtu.be/u6XAPnuFjJc.

[16] Studie „Karriere trifft Sinn" von Embrace von Gero Hesse und Prof. Dr. Christoph Beck, 2014. https://goo.gl/OdXJjO.

- die Unternehmenseigentümerschaft an eine Mitarbeiterschaft bzw. Mit-Unternehmerschaft in einem Unternehmen zu koppeln und
- gleichzeitig sicherzustellen, dass Gewinne nicht privatisiert werden, sondern dem Unternehmenszweck dienen.

Diesen Weg gehen die Unternehmen, die sich in der Purpose-Economy zusammenschließen. Dies ermöglicht, dass Eigentum immer Verantwortungseigentum bleibt, weil die tätigen Personen auch die verantwortlichen Eigentümer sind. Verhindert wird hingegen, dass Eigentumsrechte und Gestaltungsrechte als reine Anlageobjekt genutzt werden. Betrachten wir nun die Regeln des Treuhandeigentums bzw. Purpose-Ownerships.

- **Eigentümerschaft = Unternehmerschaft**
  Firmeneigentumsanteile mit Stimmrecht können nur von Mitarbeitern bzw. Unternehmern gehalten werden. Beim Verlassen des Unternehmens werden diese an die Nachfolger übertragen. Weder Verkauf noch Vererbung der Stimmanteile sind konsequenterweise möglich. Das bedeutet: Jeder, der das Unternehmen besitzt, führt es auch. Die Nachfolge wird — je nach Unternehmen — von den Unternehmern alleine oder mit der Purpose-Stiftung gemeinsam beschlossen (mehr dazu siehe unten). Die Übertragung der Anteile muss zum Nennwert geschehen. Der scheidende Mit-Eigentümer erhält eine Pension, ein Earn-Out oder eine von den Gewinnen der Zukunft abhängige Rente, damit er wirtschaftlich abgesichert ist.
- **Gewinn ist Mittel und nicht Selbstzweck**
  Er dient der Erfüllung des Unternehmenszwecks und nicht der Vermögensbildung der Unternehmer, die Gestaltungs-Eigentum halten. Daher haben Stimmrechtsanteile kein Gewinnbezugsrecht — Mitunternehmer erhalten ihren Unternehmerlohn, der auch erfolgsabhängig sein kann — vor Gewinnfeststellung.[17] Firmeneigentumsanteile ohne Stimmrechte können von Investoren gehalten werden und auch ein Gewinnbezugsrecht beinhalten.

Diese zwei Selbstverpflichtungen ändern die Eigentumsform eines Unternehmens und lässt sie aussehen wie eine Partnerschaft zwischen den (leitenden) Unternehmern, ähnlich der Form, wie Anwalts-Partnerschaften sie schon lange pflegen.[18]

[17] Steuerlich ist es in Deutschland weitestgehend unbedeutend, ob ein Unternehmer sich Einkommen als Lohn oder Gewinn auszahlt.

[18] Viele Anwaltskanzleien haben verstanden, dass Mitarbeiter, die intrinsisch motiviert sind, die Voraussetzung ihres Erfolges sind und dass eine Entkopplung von Eigentum und Unternehmertum, intrinsische Motivation durch extrinsische Anreize ersetzt. Viele, darunter die weltweit ältesten Anwaltskanzleien, sind deswegen in Partnerschaften organisiert.

Im Weiteren spreche ich von Purpose-Ownership oder – wie es juristisch korrekt genannt wird – **Treuhandeigentum**.

Sind Unternehmerschaft und Eigentümerschaft gekoppelt, ist das ein klares Signal an Mitarbeiter und andere Stakeholder, dass ihre Arbeitsinvestition nicht privat liquidiert oder monetarisiert werden kann. Das Unternehmen gehört sich selbst, bzw. denen, die es aktiv führen, und die Eigentümerschaft erlischt mit Beendigung der Unternehmerschaft. Es ist ein klares Signal der Unternehmer, dass sie ihre Motivation nicht aus Gewinnbezugsrechten oder zukünftigen potenziellen Verkaufserlösen ziehen, sondern aus der Tätigkeit, der Sache selbst.

8.3.3 Die passende Rechtsform

Um Purpose-Eigentum rechtlich abzubilden, gehen wir wie folgt vor: Etwa 90 % des Eigentums (genauer 90 % der Stimmanteile) liegen in Händen der Unternehmer/Führungskräfte/Mitarbeiter. Das Unternehmen hat also eindeutige Eigentümer: Verantwortungseigentümer, die sich mit ihm identifizieren und beschränkt haften. Die Purpose-Regeln werden in der Satzung des Unternehmens festgeschrieben:

- Die Stimmrechtsanteile sind an eine aktive Unternehmerschaft geknüpft und müssen nach dem Ausscheiden weitergegeben werden und
- Stimmrechtsanteile haben kein Gewinnbezugsrecht.

Normalerweise können die Eigentümer, sobald sie die Mehrheit haben, solche Regeln ändern. Die Änderung der Purpose-Regeln wird jedoch im Gesellschaftsvertrag einer hundertprozentigen Zustimmung unterstellt und gleichzeitig werden 10 % der Stimmanteile an eine Purpose-Stiftung gegeben. Diese hat – auch laut Statuten – die Pflicht, bei Änderungsversuchen ihr Veto einzulegen. Dadurch wird die Stiftung zu einem Treuhandeigentum-Dienstleister für Unternehmen. Jedes Purpose-Unternehmen sendet außerdem eine Person in den Stiftungsrat, um die Einhaltung der Statuten zu kontrollieren.

Die konkrete Ausformung des Purpose-Ownership kann stark variieren. In einem sehr kapitalintensiven Unternehmen kann es z. B. nur einen einzigen Eigentümer geben, der sein Eigentum als Purpose-Ownership hält. In einem anderen, eher wissensarbeiter-basierten Unternehmen, können z. B. alle Mitarbeiter auch Mit-Eigentümer mit Purpose-Ownership sein. Purpose-Ownership kann variieren und sich entwickeln: ein Unternehmen, das z. B. mit einem Purpose-Eigentümer startet, kann Stück für Stück die Mitarbeiter zu wirklichen Partnern und Miteigentümern entwickeln.

Diese Struktur ermöglicht den Mit-Unternehmern, sich als Eigentümer des jeweiligen Unternehmens zu fühlen und so zu agieren, gleichzeitig jedoch *de jure* ihr Unternehmen einem Zweck zu widmen, der größer als ihr jeweiliges Eigeninteresse ist.

8.3.4 Stakeholder Perspektiven

Mit Purpose-Ownership senden Unternehmen ein hartes Signal an ihre Stakeholder: sie geben nicht nur mündliche Absichtserklärungen. Weiche Signale werden von vielen Marktteilnehmern in großer Fülle gesendet. (Es genügt, einmal die TV-Werbung anzuschauen, um den Eindruck zu bekommen, jedes Unternehmen versuche, die Welt zu retten.) Das Signal in der Purpose-Economy ist ein hartes, also rechtlich bindendes, und damit glaubwürdiges Signal. Unternehmer können glaubhaft demonstrieren, dass sie Eigentümer sind, weil sie intrinsisch motiviert dem Zweck des Unternehmens dienen möchten. Sie instrumentalisieren das Unternehmen nicht für persönliche Profitgenerierung, sondern sind Verantwortungs- und Gestaltungseigentümer. Dieses Signal ist stark genug, um von Mitarbeitern, Kunden und Geschäftspartnern auf der ganzen Welt wahrgenommen zu werden. Es ist langfristig ein entscheidender Wettbewerbsvorteil und ermöglicht Stakeholdern des Unternehmens, ihr Verhalten zu verändern.

Mitarbeitern können wirklich für den Zweck des Unternehmens und nicht für den persönlichen Vorteil von Investoren-Eigentümern arbeiten. Ihre Arbeitsinvestition wird nicht zur Gewinnmaximierung instrumentalisiert, sondern bleibt immer dem Zweck verbunden. Dadurch wird — gerade in der *Wozu*-Dimension — den Mitarbeitern die Herrschaft über den Zweck ihrer Arbeit gegeben. Dies setzt ein enormes Motivationspotenzial frei und zieht Mitarbeiter an, die den Zweck/Sinn des Unternehmens teilen. Außerdem erleichtern es die Purpose-Regeln, immer mehr Mitarbeiter zu Purpose-Miteigentümern zu machen, da sie mit ihrem Weggang keine wichtigen Assets mitnehmen können.

8.3.5 Finanzierung – Purpose Aktiengesellschaft

Viele Unternehmen entkoppeln Eigentümerschaft und Unternehmerschaft, entweder weil dringender Finanzierungsbedarf besteht oder kein Nachfolger/Käufer mit hinreichend finanziellen Mitteln bereit steht. Diese Entkopplung ist bei Treuhandeigentums-Regeln nicht möglich. Die Finanzierung von treuhänderisch geführten Unternehmen wird über die Purpose GmbH & Co. KGaA (Kommanditgesellschaft auf Aktien) sichergestellt. Sie emittiert Aktien an Kleinanleger und Impact Investoren und investiert — langfristig und ohne Exit-Strategie — in Unternehmen mit

treuhänderischem Eigentum. Die Aktiengesellschaft ist rechtlich so strukturiert, dass auch sie unverkäuflich ist und als Purpose-Unternehmen geführt wird. Ziel der Purpose Aktiengesellschaft ist es:

- **Nachfolgesituationen zu finanzieren**
  Dies ist wichtig, wenn z.B. ein Unternehmer sein Unternehmen in Purpose-Form überführen will, aber noch eine Rente braucht oder einen günstigeren Kaufpreis für seine Anteile möchte.
- **Purpose-MBO**
  Oft werden Unternehmen zu immer höheren Preisen von Investor zu Investor weiterverkauft. Weil Investoren den gezahlten Preis zurückverdienen müssen, entsteht ein starker Profit-Druck, der auf Mitarbeiter und andere Stakeholder weitergegeben wird. Zusammen mit der Unterstützung des Managements kauft die Purpose-Aktiengesellschaft solche Unternehmen frei und setzt das Management als Purpose-Eigentümer ein. Dann muss nur noch ein letztes Mal der Firmenwert zurückverdient werden.
- **Wachstumsfinanzierung von Purpose-Unternehmen und Purpose-Startups.**

Die Purpose GmbH & Co. KGaA investiert in die Unternehmen unter mehreren Bedingungen. Die wichtigsten sind:

1. Das Purpose-Ownership muss umgesetzt werden (siehe die oben angeführten Regeln).
2. Es werden gemeinsam „Notbremsen-Bedingungen" ausgemacht (z.B. bei starkem Abschmelzen des Eigenkapitals ohne Aussicht auf Gewinne, gravierenden Abweichen von der Strategie, z.B. statt Bio => Genfood usw.). Diese Bedingungen werden von den Unternehmern selbst vorgeschlagen, sie sind also eine „Selbstbindung". Ist eine der Bedingungen erfüllt, kann (muss nicht) die Purpose AG auch in das Geschäft eingreifen, Geld zurückziehen, neue Unternehmer einbringen oder im Extremfall die vorhandenen Unternehmer verabschieden und ihre Stimmrechte durch die Purpose-Stiftung einziehen lassen.

Die Investitionen erfolgen über atypische stille Beteiligungen, Anteile ohne Stimmrechte, patriarchische Darlehen und andere Mezzanine-Kapitalinstrumente, die das Eigenkapital der Unternehmen stärken, aber mit keinen direkten Mitspracherechten verbunden sind.

Die Purpose AG begleitet Unternehmen langfristig, Exits sind nicht gewollt.

8.3.6 Praxisbeispiele von Unternehmen

8.3.6.1 Unternehmen Mitte

Das Unternehmen Mitte ist größtes Kaffeehaus der Schweiz, Kultur-Hub, Co-Working-Space und Veranstaltungsort mitten in Basel. Das Unternehmen wurde 1998 gegründet mit der Frage nach passenden Eigentumsformen, welche Sinn und Bedarf ins Zentrum der unternehmerischen Aktivität stellen. 2014 betrug der Umsatz des gesamten Unternehmens 4,6 Millionen CHF. Dafür waren rund 100 Mitarbeiter tätig.

Auf der Grundlage der Purpose-Regeln wird versucht, eine transparente Motivlage zu schaffen: Die Arbeit selbst ist das Motiv, nicht das Geld. Einer der Mitinhaber schreibt: „Dadurch kommt mehr Motivation und Qualität durch die Mitarbeiter in das Unternehmen". Das Prinzip der freien **Motivlage** wird auch auf die Gäste angewendet. Diese können sich ohne zwingend etwas konsumieren zu müssen, frei im Haus aufhalten. Das Motto lautet: Wer nicht muss, der kann.

Um das Gebäude, ein großes altes Bankgebäude im Zentrum von Basel vor Spekulation und damit entstehendem Profitdruck zu schützen, wurde es nach den Purpose-Regeln unverkäuflich gemacht.

Daniel Häni, Mitunternehmer, schreibt: „Die Purpose-Regeln garantieren, dass sich die Menschen im Unternehmen mit voller Kraft für den Sinn und Zweck des Unternehmens engagieren können. Das Unternehmen gehört sich selbst. Die Eigentumsrechte und Pflichten sind nicht fremdplatziert, sondern liegen bei den Unternehmern selbst. Diese aber können sie nicht privatisieren oder verkaufen."

Purpose-Ownership hat sich für das Unternehmen Mitte verdient gemacht: Es gilt als einer der beliebtesten und besten Arbeitgeber im durch Vollbeschäftigung geprägten Basel.

8.3.6.2 Universnatur GmbH

Ebenfalls als Purpose-Unternehmen wird die Universnatur GmbH geführt. Sie betreibt unter verschiedenen Namen (Mogli-Shop, Waldorfshop, Universnatur) einen Versandhandel für nachhaltiges, hoch qualitatives Spielzeug und Schulbedarf. Im Jahr 2015 wurden rund 1 Million Produktkataloge gestreut.

Die Universnatur GmbH ist deswegen als Beispiel interessant, weil Versand, Kundenservice und Einkauf in Kooperation mit einer anderen Firma, der Triaz Group, dem größten nachhaltigen Versandhändler Deutschlands, durchgeführt werden. Die Triaz tritt als Mit-Unternehmer auf. Gemäß der Kopplung von Unternehmerschaft und Eigentümerschaft hält die Triaz Group auch Teile des Purpose-Ownership der Universnatur GmbH. Da die Triaz selbst auch eigentümergeführt ist, ist die Kopplung von Eigentümerschaft und Unternehmerschaft sichergestellt. Im Gesellschaftervertrag sind die Purpose-Regeln verankert. Sie stellen sicher, dass alle Miteigentümer inklusive der Triaz Group nur so lange Miteigentümer sind, wie sie aktiv zum Geschäft der Universnatur GmbH beitragen.

Purpose-Ownership ermöglicht im Fall der Universnatur GmbH ganz neue Formen der Kooperation zwischen Unternehmen. Da das Profit-Motiv nicht mehr maßgebend ist, sondern der Zweck/Purpose im Vordergrund steht fallen Kooperationshürden weg. Es muss nicht mehr gefragt werden: „Wer sollte die Aufgabe am besten erledigen, damit am meisten Gewinn für die Universnatur GmbH erzielt wird?“, es kann vielmehr gefragt werden: „Wer kann die Aufgabe am besten erledigen, damit in Hinblick auf Unternehmenszweck und -sinn das optimale Ergebnis für alle Beteiligten erzielt werden kann?“. Diese Sinnorientierung hilft, nicht mehr nur betriebswirtschaftlich sondern volkswirtschaftlich zu denken und Kooperationen einzugehen. Es ermöglicht den Mitarbeitern der Triaz Group und der Universnatur GmbH sinnmotiviert zu arbeiten und sich mit dem Unternehmen und ihrer Aufgabe zu identifizieren.

8.4 Conclusio: Mitarbeiter als Mitunternehmer

Die Motive, die Unternehmen dazu bewegen, sich in Richtung neuer demokratischer Führungskulturen zu entwickeln, sind vielfältig. Die Gründe, die sie davon abhalten oder es erschweren, Mitarbeiter einzubinden, sind sicherlich ebensovielseitig. Eine der Haupthindernisse liegt jedoch in der Eigentümerstruktur und deren Interessen begründet. Eigentümer können — z. B. wegen kurzfristiger Profitinteressen — entsprechende Entwicklungen blockieren. Die Eigentumsstruktur kann Mitarbeiter soweit demotivieren, dass demokratischere Führungsmodelle nicht angenommen werden (z. B. weil sie für die Vermögensvermehrung von Eigentümern arbeiten, die sie nicht schätzen).

Dieser Beitrag zeigt auf, wie neuartige, treuhänderische Eigentumsstrukturen nachhaltigeres Wirtschaften ermöglichen, Mitarbeiter grundlegend anders ansprechen und damit die Grundlage für wirkliche Mitarbeiterpartizipation auf allen Ebenen gelegt werden kann.

Matthias Grund

»9

Agile Softwareentwicklung als Beispiel für eine neue Organisation von Wissensarbeit

9 Agile Softwareentwicklung als paradigmatisches Beispiel für eine neue Organisation von technischer Wissensarbeit

Matthias Grund (andrena objects ag)

9.1 Einführung

Die Informationstechnologie zählt zu den weit fortgeschrittenen Branchen, was die Demokratisierung der Arbeitsorganisation anbelangt. Softwareentwicklung zielt darauf ab, Produkte zu erschaffen, die sich leicht verändern lassen, häufig auch innerhalb eines einzigen Lebenszyklus. Das macht diese Branche besonders zugänglich für die Prinzipien der **Agilität**, deren Name sich aus dem lateinischen Wort *agilis* für „schnell, beweglich“ ableitet. Agile Softwareentwicklung basiert auf dem **Empowerment** des Entwicklerteams, das als entscheidender Akteur betrachtet wird. Für den englischen Begriff Empowerment gibt es im Deutschen zwei unterschiedliche Übersetzungen: Befähigung und Bevollmächtigung. Das sind genau die beiden Faktoren, die sich in der agilen Entwicklung vereinen.

- Empowerment im Sinne der **Befähigung** drückt sich aus durch die Techniken des Extreme Programming. Sie versetzen das Team handwerklich in die Lage, Software von überzeugender Qualität zu produzieren.
- Die **Bevollmächtigung** steht für den Freiraum zur Selbstorganisation, der dem – interdisziplinär besetzten – Team unternehmensseitig ausdrücklich zuerkannt wird. Die Zielvorstellung lautet, selbstständige, hoch qualifizierte Teams zu haben, die in die Lage sind, die Komplexität der Softwareentwicklung zu beherrschen.

Dennoch führt allein der Wunsch, Komplexität zu meistern, nicht zwangsläufig zu dem, was wir heute als agile Softwareentwicklung kennen. Das illustriert schon die Historie: Der Begriff Software wurde erstmals 1958 von dem Statistiker John W. Tukey definiert, der Software als expliziten Gegensatz zur Hardware, den physi-

kalischen Bestandteilen eines Rechners, ansah[1]. Die Agile Softwareentwicklung als neues Paradigma zur Organisation technischer Wissensarbeit taucht ab Ende der 1990er Jahre auf. Dieser Artikel beleuchtet zunächst die Situation, aus der heraus die agilen Prinzipien und Methoden entstanden sind. Daraus ergibt sich, wie Agilität die Arbeit in der IT-Welt verändert und welche Möglichkeiten es gibt, diesen Wandel zu gestalten, positiv wie negativ. Das letzte Kapitel widmet sich explizit der Frage, inwieweit Agilität demokratische Prinzipien unterstützt.

9.2 Agile Softwareentwicklung – Entstehung und Kontext

9.2.1 Die Vorgeschichte

Agile Softwareentwicklung setzt sich aus zwei Kernelementen zusammen: Erstens aus der Ingenieurskunst des Programmierens, die ausgeprägte handwerkliche Fertigkeiten, entsprechende Techniken und tiefe Fachkenntnis verlangt. Zweitens aus den agilen Methoden zur **Projektsteuerung**, wie Scrum, die selbstorganisierende Teams als entscheidende Einheit in der Softwareentwicklung definieren. Organisatorisch gliedern diese Methoden das Projekt in kurze Intervalle, an deren Ende jeweils lauffähige Teilstücke geliefert und sofort getestet werden. Damit wird die Softwareentwicklung zu einem iterativ-inkrementellen Prozess. Die Agile Softwareentwicklung hat einige Ansätze übernommen und weiterentwickelt, die bereits in dem vorhanden waren, was als Software Engineering bezeichnet wurde – allerdings mit dem entscheidenden Unterschied, dass Software Engineering anfangs keine agilen Komponenten besaß, wie ein kurzer Rückblick in die Geschichte zeigt. Geprägt wurde der Begriff Software Engineering bereits 1968 auf einer von der NATO finanzierten Konferenz in Garmisch-Partenkirchen. Dort versammelten sich die besten Köpfe der noch jungen Disziplin des Computerprogrammierens aus der gesamten (westlichen) Welt. Hintergrund war eine Situation, die mit der Bezeichnung Software-Krise umschrieben wurde. Software-Projekte wurden immer komplexer und galten als schwer vorhersehbar. Viele Projekte scheiterten oder überschritten den vorgesehenen Zeitrahmen und das prognostizierte Budget um ein Vielfaches. Mitte der 1960er Jahre kam es erstmals vor, dass die Kosten für Software über denen für Hardware lagen.

1 Tukey John W. (1958), The Teaching of Concrete Mathematics. The American Mathematical Monthly. Vol. 65, No. 1 (Jan. 1958), S. 2

Diese rein sachlichen Gründe waren indes nicht das Einzige, das die Geldgeber der Konferenz beunruhigte, Männer mittleren Alters mit Bürstenhaarschnitt und Bügelfalte in der Uniform. Ein großer Teil der Software wurde von bärtigen und langhaarigen jungen Männern geschrieben, von denen man abhängig war. Niemand konnte planen oder gar steuern, was sie eigentlich taten.

Aus der Kontroverse zwischen konservativ-militärischen Kreisen auf der einen Seite und den ersten Nerds auf der anderen resultierten teilweise Ergebnisse, die bis heute richtungsweisend sind, etwa die genannte Prägung des Software Engineerings. Es ging dabei nicht nur um technische Aspekte, sondern auch um Projektorganisation. Von demokratischen, selbstorganisatorischen Strukturen in der Projektorganisation war man allerdings noch sehr weit entfernt. Ganz im Gegenteil, man bevorzugte einen Ansatz der Industrialisierung im Taylor'schen Sinn, der möglicherweise durch das Misstrauen dem typischen Nerd gegenüber begünstigt wurde.

Dieser mechanistische Ansatz in der Softwareentwicklung zielte darauf ab, Prozesse en detail festzulegen und damit reproduzierbar zu machen. Das führte zu ausgeprägten bürokratischen Strukturen und starren Vorgehenswesen wie beim Wasserfall- oder V-Modell. Im Kern ging es darum, die kreativ-intellektuellen Arbeitsteile in ausgedehnte Planungs-, Entwurfs- und Designphasen auszulagern und von der eigentlichen Programmierung zu trennen. Hier zeigt sich die deutliche Parallele zu Taylors Ansatz, den intelligenten Part der Arbeit in die Arbeitsvorbereitung zu legen und die Ausführung als die ehe tumbe Umsetzung dessen zu begreifen, das Andere erdacht und geplant hatten. Damit ging eine starke Abwertung der Programmierung selbst einher, die Entwicklerinnen und Entwickler wurden als Kodier-Knechte zum intellektuell unbedeutenden Teil der Produktionskette erklärt. Dieses vielfach gescheiterte Konzept findet sich noch heute im Offshoring-Prinzip, bei dem Software im Inland geplant und in Billiglohnländern entwickelt wird.

Mitte der 1990er setzte ein Produktivkraftsprung bei den Werkzeugen zur Softwareentwicklung ein, etwa mit standardisierten Entwicklungsumgebungen und weitreichender Automatisierung. Er hätte die Produktivität nachhaltig erhöhen können, doch das starre Vorgehen in den Projekten stand dem im Weg. Die bürokratischen Prozessvorgaben wurden von den Entwicklerinnen und Entwicklern immer stärker als Fesseln, denn als unterstützend empfunden. Die Gegenbewegung in Gestalt von *Extreme Programming* und *Scrum* hatte es somit leicht, in der Entwicklergemeinde erste Wurzeln zu schlagen.

9.2.2 Agile beginnt mit den Grassroots-Initiativen der Knowledge Worker

1999 veröffentlichte Kent Beck ein Buch über Extreme Programming[2] und verhalf damit neuen Techniken wie dem paarweisen Programmieren (*pair programming*) und der testgetriebenen Entwicklung zu großer Popularität. Gleichzeitig begannen andere Wissensarbeiter wie Ken Schwaber und Jeff Sutherland, die Art der Projektorganisation neu zu denken. 1995 publizierte Ken Schwaber seinen ersten Konferenzbeitrag zu Scrum[3] und erklärte: „Scrum akzeptiert, dass der Entwicklungsprozess nicht vorherzusehen ist" — eine komplette Absage an die bislang vorherrschende, plangetriebene Entwicklung. Während die Programmierer die neuen Ansätze schnell annahmen, blieb die Management-Ebene gegenüber der Veränderung von unten eher skeptisch.

9.2.3 Der Durchbruch und seine betriebswirtschaftlichen sowie technischen Ziele

Breite Akzeptanz — auch in den Führungsetagen — kam im Verbund mit den neuen Konzepten des *Lean Management* und der *Lean Production* aus Japan. Das neue Produktionsmodell für IT-Arbeit betrachtet die Produktion als systemisch integrierte Wertschöpfungskette mit Fokus auf den Kundennutzen. Im Vordergrund steht nicht mehr ein Plan, der vor Projektbeginn ausgearbeitet und dann peinlich genau einhalten wird, sondern die zentrale Frage, welchen Mehrwert die Kunden von jeder einzelnen Funktionalität haben. Damit einher geht die primäre Konzentration auf die wichtigsten Funktionen. Die iterativ-inkrementelle Produktion macht es den Unternehmen sehr leicht, Rückmeldungen zu bekommen und das Produkt entsprechend anzupassen. Vor allem sinkt die Zeitspanne, bis ein neues Produkt die Marktreife erlangt. Diese — teilweise dramatische — Verkürzung der *time to market* ist für die Unternehmen mehr als nur ein Wettbewerbsvorteil, sie kann über die gesamte Wettbewerbsfähigkeit entscheiden. Mittlerweile werden in praktisch allen Branchen die Innovationszyklen kürzer, viele Innovationen beruhen auf neuen Softwareentwicklungen oder bedürfen zumindest einer angepassten Software, um zu funktionieren. Zieht sich also die Softwareentwicklung in die Länge, droht dem Unternehmen der massive Verlust von Marktanteilen, da es keine

2 Beck, Kent (1999), Extreme Programming explained: Embrace change, Addison Wesley Professional

3 Schwaber, Ken (1995), Scrum development process, in: Proceedings of the 10th Annual ... and Applications (OOPSLA 1995), New York: ACM, S. 117-134

Innovationen bieten kann. Dazu kommt, dass nur Code hoher Qualität die nötige Lesbarkeit und Verständlichkeit mit sich bringt, um leicht anpassbar zu sein oder Erweiterungen zuzulassen. Agilität mit ihren kurzen Lieferzeiten, der ausgeprägten Flexibilität und dem Anspruch an Code-Qualität liefert eine adäquate Antwort auf diese so neue wie große Herausforderung.

! **ACHTUNG**

1. Agilität ist verbunden mit einer **Abkehr von bürokratischen Modellen**
2. Agilität hebt auf der operativen Ebene die **Trennung von Planung und Ausführung** auf
3. Agilität verbessert die *time to market*
4. Agilität hat **materielle Voraussetzungen** in den Entwicklungsumgebungen:
   a) Kurze Rückkopplungsschleifen (sowohl im Engineeringprozess selbst als auch zwischen Engineering und Produktmanagement)
   b) Durchgehende **Automatisierung** technischer Prozesse (insbesondere Testen, Integration des Produkts, Auslieferung des Produkts zum Nutzer)
   c) Inkrementelle Entwicklung eines Produkts
5. Agilität verlangt, wenn ein Produkt nachhaltig agil weiterentwickelt werden soll, ein **hohes Qualitätslevel**: Ausbildung (technisches Empowerment)
6. **Entwicklungsteams** werden zum neuen Subjekt in der Arbeitsorganisation: Zwischen Individuum und Organisation
7. Der Schlüssel: **Empowerment** dieser Entwicklungsteams
   a) Können: Team-Ausbildung für Agiles Software Engineering
   b) Dürfen: Planungs- und Entscheidungskompetenz auf Team-Ebene ansiedeln

9.3 Agile Softwareentwicklung verändert die Welt der Software-Arbeit

9.3.1 Arbeitstechniken

Agile Methoden wie Scrum liefern ein Rahmenwerk für das Vorgehen im Projektmanagement. Scrum macht jedoch keine Aussage dazu, *wie* es das Team schafft, innerhalb eines Zeitintervalls, Sprint genannt, ein lauffähiges Ergebnis zu erzeugen. Aus diesem Grund kommt dem Agile Software Engineering mit seinen Techniken des Extreme Programming so große Bedeutung zu. Exemplarisch seien zwei davon beschrieben: das Pair Programming und die testgetriebene Entwicklung. Beim Pair

Programming bilden die Entwickler Duos, von denen ein Teil Code schreibt und der andere reflektiert, was er sieht. Hintergrund für dieses Vier-Augen-Prinzip ist die Tatsache, dass die Korrektur von Fehlern in der Software umso weniger kostet, je früher in der Produktionskette der Fehler entdeckt wird. Das mag klingen, als ob Pair Programming die Entwicklungskapazität halbiert, die Erfahrung zeigt jedoch, dass die Produktivität beim Pair Programming nicht zwangsläufig sinkt, sondern im Idealfall sogar steigt[4]. Die Gesamtkosten über den kompletten Lebenszyklus eines Softwaresystems hinweg werden mit steigender Qualität sogar dramatisch sinken.

Testgetriebene Entwicklung bedeutet, die Möglichkeit des automatisierten Testens schon beim Formulieren des Codes zu nutzen: Die Entwickler schreiben zuerst einen kleinen Test, den Unittest, und dann den Code, der diesen Test erfüllt. Unittests nehmen nur Sekunden in Anspruch, liefern aber sofort valide Aussagen, ob der Code seinen Zweck erfüllt – oder nicht. Das erspart später zahlreiche der wesentlich teureren und aufwändigeren großen Tests, etwa auf der Integrationsebene.

9.3.2 Fähigkeiten – agiles Arbeiten ist Arbeiten in crossfunktionalen Teams

Neben der fachlichen Qualifikation erfordert die Arbeit in interdisziplinären Teams erhebliche **kommunikative Fähigkeiten** von den Teammitgliedern – gepaart mit einer grundsätzlichen Aufgeschlossenheit für die andere Seite. Das eigene Anliegen sprachlich darzustellen, abzugrenzen und ggf. zu verteidigen ist für viele Entwickler zwar an sich nicht neu, das Ausmaß, in dem Scrum auf dieses Vermögen setzt, dürfte jedoch vom Gewohnten abweichen.

9.4 Team und Individuum

Warum spielt Kommunikation in der agilen Entwicklung so eine fundamentale Rolle? Die Antwort liegt in der Definition des **Teams als neues Subjekt**. Anstelle des Entwicklers als einsames Genie tritt ein Team, das sein Wissen kollektiv erweitert und genauso kollektiv Code erzeugt. Damit ist der Code nicht mehr das Werk und der Besitz eines oder einer Einzelnen, sondern ein Gemeinschaftsgut. Nun war jedoch gerade der Gedanke der *Private Code Ownership* ein Kennzeichen vieler

[4] Heymann, Juergen (2013): Gekommen, um zu bleiben, Entwicklermagazin, Ausgabe 2/2013.

Entwickler, die in den Codezeilen ihre eigene geistige Schöpfung sehen. Da fällt es nicht leicht, zu tolerieren, dass andere in diese fast schon intime Sphäre eindringen und z.B. den eigenen Code verändern.

Von der privaten Sphäre bleibt bei der Agilen Softwareentwicklung ohnehin nicht viel übrig. Scrum setzt auf institutionalisierte Meetings, den *Daily Scrum*, ein tägliches, kurzes Treffen des Entwicklerteams, das *Sprint Planning*, in dem der nächste Sprint geplant wird und den *Review*, den gemeinsamen Rückblick auf den letzten Sprint. Alle diese Meetings verfolgen das gleiche Ziel: Sie sollen **Transparenz** schaffen über den Projektverlauf und -fortschritt.

9.4.1 Die Dialektik der Transparenz

Gerade der Gedanke hinter dem Spint Planning klingt zunächst verlockend: Hier schätzt das Team selbst ab, wie viele der Anforderungen es innerhalb des nächsten Sprints umsetzen kann. Der Fortschritt wird in einem eigenen Schaubild, dem *Burn-Down-Chart*, grafisch dargestellt. Das Ziel ist klar: Realistische Aufwandsabschätzungen sollen das Team davor bewahren, überlastet und mit Vorgaben strapaziert zu werden, die gar nicht erfüllt werden können. Allerdings lässt sich diese Transparenz dazu missbrauchen, das Team schon bei kleinsten Schwankungen der Produktivität unter Druck zu setzen oder verschiedene Teams gegeneinander auszuspielen. Teilweise setzen sich die Teams auch selbst unter Druck und schrauben ihr Arbeitstempo in ungesunde Höhen. Daher sind Unternehmen gefragt, anzuerkennen, dass auch unproduktive Zeiten durchaus ihren Nutzen haben können — etwa, indem sie dazu dienen, den Teamzusammenhalt zu festigen. Die Aufwandsabschätzungen des Teams zu respektieren schafft das nötige Vertrauen, damit diese Vorgehensweise funktionieren kann. Transparenz ist die Basis für **Planungssicherheit** und zur **Minimierung der Risiken** und damit ein sehr wichtiges Gut. Es ist wichtig, dass Organisationen und Teams mit diesem Gut gleichermaßen verantwortungsvoll umgehen.

9.4.2 Dialektik des Team Empowerment

Transparenz als Grundlage gegenseitigen Vertrauens ist ein klarer Gegenentwurf zur Befehls- und Kontrollkultur vieler Unternehmen. Es ist jedoch nicht der einzige Ansatz, bei dem sich Agilität von klassischen Prinzipien der Industrialisierung abhebt. Ein weiterer besteht darin, das Team als eine Einheit zu sehen, die zwar eine klare Zielvorgabe bekommt, für deren Umsetzung aber die alleinige Verantwortung übernimmt. Bei Scrum gibt es keinen Projektleiter, sondern drei voneinander abge-

grenzte Rollen: den *Product Owner*, den *Scrum Master* und das *Team*. Der Product Owner vertritt die fachliche Seite und das Management, er oder sie beschreibt die Anforderungen, priorisiert die Aufgaben und entscheidet, ob eine Aufgabe als erfüllt angesehen wird. Der Scrum Master hat die Aufgabe, den Umstellungsprozess auf agile Methoden zu fördern und sowohl Team als auch Product Owner zu coachen. Das macht den Scrum Master zu einem **Change Agent** im Hinblick auf einen kontinuierlichen Verbesserungsprozess. Für die Zusammensetzung des Teams ist entscheidend, dass alle erforderlichen Kenntnisse darin vertreten sind.

Mit dem Verzicht auf eine klassische, hierarchische Ordnung verändern sich auch die Karrierepfade und -aussichten. Es ist für ein Scrum-Team beispielsweise wenig sinnstiftend, eine bestimmte Gehaltsklasse an einen Titel zu binden, da solche Titel gar nicht vergeben werden. Das mag für manche Expertin oder manchen Experten nach einer Degradierung klingen, stellt sich doch die Frage, wie ein Aufstieg innerhalb eines Scrum-Teams aussieht. Die einfache Antwort lautet: Ein Aufstieg im klassischen Sinn ist nicht das Ziel, es geht auch nicht darum, z.B. sich vom Entwickler zum Scrum-Master zu verändern. Wenn Scrum konsequent gelebt wird, ist dies gar nicht nötig. Scrum steht genau dafür, dem Team unabhängig von Titel oder Status stetig immer mehr Know-how, mehr Können und mehr Selbstverantwortung zu ermöglichen. Die Entschädigung für den Verzicht auf ein individuelles Wissens-Silo liegt in der Option, von allen anderen zu lernen und damit selbst immer besser zu werden, auch auf neuen Gebieten. Ein Scrum-Teammitglied tauscht somit die Aussicht auf einen klangvollen Titel gegen Freiraum und eine Art der Anerkennung, die diesen Titel obsolet macht. Experten werden nach wie vor geschätzt, vielleicht sogar, weil das Programmieren generell einen höheren Stellenwert bekommt, mehr als zuvor. Sie werden jedoch nicht mehr als eine Art Insel betrachtet, sondern als Mitglied eines — nicht zuletzt dank ihrer Kompetenzen— leistungsfähigen Teams.

9.5 Der Zusammenhang zwischen Agilität und Demokratie

Auch in der Agilen Softwareentwicklung sind weiterhin die klassischen Antipole Kapital und Arbeit, Arbeitgeber und Arbeitnehmer existent. Daher ergeben sich durchaus unterschiedliche Optionen bei der Gestaltung agiler Arbeitswelten.

Im negativsten Fall interpretieren Arbeitgeber die Bedeutung des Teams als Merkmal für eine beliebige Austauschbarkeit des Einzelnen. Transparenz wird zum Kontrollmechanismus einer neuen Art der Industrialisierung, die in seelenloser IT-

Arbeit kumuliert und in der jeder Einzelne einem gnadenlosen Druck ausgeliefert ist. Diese Perspektive ist denkbar, wäre aber kurzfristig und würde verhindern, dass das enorme Potenzial zur Produktivität, das in der Agilität liegt, tatsächlich genutzt wird. Agilität ist entstanden, um Kreativität freizusetzen und den Produktivitätsschub zu ermöglichen, der in starren Strukturen nicht realisierbar war. Beides liegt im Interesse beider Gruppen, den Arbeitgebern wie den Entwicklern. Team-Empowerment schafft dem Team erst den Freiraum, das zu tun, was letztlich alle Entwicklerinnen und Entwickler wollen: hochwertige Software entwickeln und das in kurzer Zeit. Davon profitiert das gesamte Unternehmen nachhaltig.

Agile Strukturen sind demnach in dreierlei Hinsicht demokratisch:

- Erstens, weil sie die Mitsprache, Teilhabe und die Mitverantwortung fördern.
- Zweitens, weil sie auf Diversifikation setzen: Das Team ist erfolgreicher als die Einzelnen, weil es die unterschiedliche Fähigkeiten der Teammitglieder vereint, ohne die sich komplexe Software nicht entwickeln lässt.
- Und drittens bildet Agilität genau das ab, was auch die Demokratie kennzeichnet: Einen Zustand, in dem die Interessen zwischen der Gruppe und dem Einzelnen kongruent sind und zu Regeln und Organisationsformen führen, die beiden Seiten Vorteile bringen.

Dabei unterstellen weder Demokratie noch Agilität, dass es keine Differenzen gibt. Trotzdem führen die Kooperation und die **Anerkennung des Kollektivs** zu Ergebnissen, die anders nicht zu erreichen sind. Und die alle etwaigen Nachteile bei Weitem übertreffen.

Teil III:
Experimente, Erfahrungsfelder und Leuchttürme

Dr. Juergen Erbeldinger

»10
Freiwilligkeit und 180 Tage Arbeitszeit

10 Freiwilligkeit und 180 Tage Arbeitszeit – ein radikaler Ansatz

Dr. Juergen Erbeldinger (Partake AG)

Wir wollen mehr Demokratie wagen! Mit diesen Worten beginnt die erste Regierungserklärung Willy Brandts. Zu diesen Worten lächelten die Abgeordneten — noch: Die letzten Worte der Rede: „Wir stehen nicht am Ende unserer Demokratie, wir fangen erst richtig an", waren schon kaum mehr zu verstehen, weil Brandt immer wieder von Zwischenrufen der Opposition unterbrochen wurde. Heute gibt es kaum jemanden mehr, der die Inhalte und Richtigkeit dieser Rede anzweifeln würde.

Der Veränderungsprozess unseres Unternehmens ist in keiner Hinsicht mit der historischen Leistung Brandts zu vergleichen, dennoch gibt es eine Gemeinsamkeit: Immer, wenn man etwas Neues wagt, wird man zunächst belächelt, dann bekämpft und am Ende haben es alle schon immer gewusst.

Der Übergang von einer Phase zur nächsten ist verschwommen. Der ehemalige Vorsitzende des Bundesverbands der Personalmanager (BVPM), Joachim Sauer, meinte auf einer Podiumsdiskussion, das sei alles nur Marketing und in echten Unternehmen gar nicht machbar. Wir meinen, wir sind durchaus echt, aus unserer Sicht war das ein Belächeln. Auf der gleichen Bühne warf uns Sascha Lobo vor, wir würden die Mitarbeiter zur Selbstausbeutung treiben und diejenigen, die es nicht schaffen, würden von uns hinausgemobbt. Das ging bereits in Richtung Kampfansage. Die Tatsache, dass dieser Beitrag an dieser Stelle steht und sich jemand wie Thomas Sattelberger in der Süddeutschen Zeitung zu „Demokratie im Unternehmen" äußert, spricht dafür, dass wir, oder besser: unsere Art zu Arbeiten, — zumindest was die öffentliche Wahrnehmung angeht — im Mainstream angekommen sind.

Kann die Idee der Demokratie überhaupt Grundlage für **wirtschaftliches Handeln** in Unternehmen sein? In einem Staat ist Demokratie die Voraussetzung für viele Rechte und Sicherheiten: Freiheit und Würde des Menschen, Gewaltenteilung, Mehrheitsentscheidungen und Minderheitenschutz. All dies sind große Errungenschaften. Eigentum und Teilhabe sind in einer Demokratie verlässlichen Regeln unterworfen. Es ist gut, dass sich Gewerkschaften und Betriebsräte demokratisch organisieren können und dass sich Unternehmensformen etabliert

haben, die sogar eine basisdemokratische Kultur verwirklichen können (z.B. Genossenschaften, Partnerschaften).

Unternehmen sind jedoch in erster Linie **effizienzorientiert**. Die Neo-Institutionen-Lehre leitet aus dem Effizienzbegriff, zu dem auch die Bestimmung der Produktpalette, Zentralisierung von Entscheidungen und eine mehr oder weniger festgelegte Arbeitsteilung gehören, sogar die Existenz von Unternehmen an sich ab. Unser Unternehmen wird *demokratisch* genannt, weil wir uns u.a. von diesen Prinzipien verabschiedet haben und mehr **Pluralität**, mehr individuelle Entscheidungsrechte und **Selbstorganisation** zulassen. Es stellt sich die Frage, welchen Beitrag diese Art von Demokratie für ein Unternehmen leisten kann und was umgekehrt die Gründung und Errichtung von Unternehmen mit Demokratie zu tun hat.

Um diese Fragen am Ende dieses Beitrags diskutieren zu können, stelle ich zunächst unsere Erfahrungen mit dem Ansatz der Selbstorganisation dar und beleuchte, inwiefern dieser Ansatz mit Demokratie im Unternehmen zu tun hat.

10.1 Das Freiwilligkeitsprinzip

Wie kommen neue Ideen ins Unternehmen? Wie auf neue Märkte? Was macht sie langfristig erfolgreich und lässt sie wachsen? Diese Fragen schienen bei uns ab 2010 im eigenen Unternehmen viel zu wenig im Mittelpunkt zu stehen, ebenso wenig bei Geschäftskunden und Partnern. Stattdessen engten komplexe Strukturen unternehmerisches Handeln ein. In immer mehr Beratungsprojekten schien die nächste Umdrehung der Effizienzschraube die einzige Möglichkeit, um ein Unternehmen wettbewerbs- und damit zukunftsfähig zu halten.

Die Begeisterung für Neues ist zutiefst menschlich, ebenso wie das Bedürfnis, es beim nächsten Mal besser zu machen als zuvor. Dabei lernen wir aus unseren Fehlern, werden klüger Schritt für Schritt. Leider finden sich diese Verhaltensweisen nicht in Unternehmenskulturen, deren Aufmerksamkeit auf das Einhalten von Regeln und die Erhöhung der Effizienz gerichtet sind: Neues gefährdet bewährte Prozesse, Ideen bringen Unruhe, Fehler dürfen nicht passieren.

Eine Kultur, die erfolgreich **Ideen fördert**, braucht daher radikal andere Regeln als bisher, menschliche Maßstäbe, die unternehmerisches Handeln und Teilhabe an Erfolg ermöglichen.

Wir standen vor der Frage, mit welcher radikalen Idee wir unser Unternehmen wach rütteln können. Wir haben uns für das **Freiwilligkeitsprinzip** entschieden. Dass wir unser Unternehmen damit völlig verändern und vom mittelständischen Software- und Beratungshaus zu einem führenden Company Builder für komplexe Geschäftsmodelle werden würden, war zunächst nicht geplant und so nicht absehbar.

Am 10.11.2012 haben alle Mitarbeiterinnen und Mitarbeiter der Partake AG (damals noch E&E information consultants AG) eine Mail bekommen (siehe Kasten), in der stand, von nun an könne jede Mitarbeiterin[1] vollkommen frei entscheiden, an was, mit wem und auch wo sie arbeiten möchte. Außerdem haben wir die Arbeitszeit auf 180 Tage pro Jahr (im Durchschnitt der letzten 12 Monate), die im Kernprozess nachgewiesen werden müssen, reduziert. Was der Kernprozess ist, wird an späterer Stelle erläutert (siehe Abbildung 10.1 und Kapitel 10.4). Ein normales Arbeitsjahr hat nach Abzug von Feiertagen, Krankheit und Fehlzeiten sowie 25 Tagen Urlaub rund 220 Arbeitstage. Jede Mitarbeiterin der Partake hatte somit von da an 40 Tage pro Jahr zusätzlich zur freien Verfügung.

Die Hopie-Mail

Liebe E&E'lerinnen und E&E'ler,
ich hoffe, ihr alle seid aktiv in den Veränderungsprozess eingebunden. Seit gut drei Wochen ist unsere Maxime, dass wir uns in schnellen, kleinen Schritten verändern. Wir haben schon TNT (TryNewTechnologies) und Private Puffer (PrivatBuffer) eingeführt. Wir haben den QRA über Bord geworfen und die Tätigkeitserfassung auf das absolute Minimum (fakturierte Projekte) reduziert. Nun möchte ich den nächsten Schritt gehen und euch mit dem Freiwilligkeitsprinzip, der *Hopie*, dem *Stamm* (Tribe) und dem *Kollektiv* (Practice) vertraut machen. Wir wollen diese Konzepte ab sofort in den Test geben und bis spätestens 1.2.2013 fest verankern.
Zunächst aber ein Formalismus: Ich werde von „die Mitarbeiterin" und „die Hopie" usw. sprechen. Damit breche ich bewusst mit der Konvention, zur Vereinfachung in der männlichen Form zu schreiben. So, jetzt aber zum Freiwilligkeitsprinzip:
Jede Mitarbeiterin entscheidet frei darüber, mit wem sie an welchen Themen arbeiten möchte. Die einzige Einschränkung im Sinne einer Kohäsion ist: In der Rückschau sollte sich zeigen, dass bezogen auf eine Person oder eine Gruppe von Personen eine Aufteilung von 10:20:70 erreicht wird. Um das etwas plastischer zu machen: 10 % der Arbeitszeit sollte auf den ersten beiden Bühnen (*Stages*) des Prozesses verbracht werden. Die ersten beiden Bühnen sind *Idee*

[1] Um diesen Text lesbar zu halten, verwenden wir von nun an die feminine Form, es sind damit aber immer Menschen jeder geschlechtlichen Identität gemeint.

und *Konzept*. 20 % sollten auf den mittleren Bühnen — das sind *Prototyp* und *Learning Launch* (leider habe ich noch kein gutes deutsches Wort dafür gefunden) — und 70 % auf den hinteren Bühnen — *Pilot* und *Standardleistung* — verbracht werden. 10 % entsprechen bei einer Ganztagesbeschäftigung in etwa einem Halbtag eurer Zeit pro Woche. Diese Werte wollen wir im Durchschnitt erreichen. Wir werden gemeinsam ausprobieren, ob wir hier den Durchschnitt über 4, 8, 12 oder 24 oder 52 Wochen bilden müssen, um zu guten Regeln zu kommen. Das wird sich finden.

Nochmals langsam zum Mitdenken und Verinnerlichen: Jede Mitarbeiterin entscheidet völlig frei, mit wem sie an was arbeiten will!

Wie entstehen in einer solchen Welt nun Teams, Bereiche, Abteilung und Funktionen? Sehr einfach. Ein Beispiel solltet ihr schon kennen. Falls nicht, hadert mit euren Führungskräften, dass sie nix erzählen oder fasst euch an die Nase, dass ihr nix fragt.

Zunächst zum angesprochenen Beispiel, das ihr bestimmt schon kennt: Eine Mitarbeiterin hat eine Idee und geht nun in die Rolle der **Treiberin** (*Drift*). Sie fragt eine Kollegin, ob sie an der Idee mitarbeiten will und schon haben wir ein Team. Das Team besteht aus der Treiberin und einer **Gefährtin** (*Fellow*). Damit kein wildes Hin und Her entsteht, verpflichtet sich die Gefährtin während der nächsten Phase, die Treiberin nicht zu verlassen. Gemeinsam planen alle Mitglieder des Teams die Zeiten, die sie an einer Idee oder einem Konzept oder einem Prototyp arbeiten wollen. Wir erwarten, dass die Bindungsdauer anfangs im Bereich von einer Woche (Iterationen auf der Konzeptbühne) und dann im Bereich eines Monats (Iterationen auf der Prototypenbühne) liegen wird und dann auf den folgenden Bühnen auf ¼ bzw. ½ Jahr ansteigt.

Wie entstehen Organisationseinheiten, die eine längere Bindungsfrist haben? Dieser Vorgang ist neu. Deswegen möchte ich ihn euch vorstellen. Dazu folgende Geschichte:

> Es war einmal eine Treiberin, die hatte ihre Idee schon auf der Konzept- und Prototypenbühne gespielt und auch schon einigen Applaus auf der Learn-to-launch-Bühne geerntet. Sie spürte, dass sie da was Gutes geschaffen hatte und dass sie am Markt Erfolg haben würde. Sie entschloss sich, eine Hopie zu werden. Wie jedoch wurde man zur Hopie? Die Stammesrituale sahen vor, dass sie mindestens zwei Gefolgsfrauen (*liegewoman / liegeman*) finden musste, die mit ihr auf die Reise gehen würden. Die Gefolgsfrauen verpflichten sich, ihr für mindestens drei Monate die Treue zu halten und nur im Ausnahmefall diesen Vertrag zu kündigen. Die Treiberin sprach mit diversen Gefährtinnen und Libertinen[2], zeigte Ihre Präsentationen und warb für ihr Projekt. Endlich war es so weit: Am 1. Februar 2013 präsentierte sie

[2] Engl. für „Freischaffende“

> sich und ihre Gruppe im Unternehmen und am Markt. Sie würde von nun an Beratungsleistungen rund um die sagenumwobene Technologie ESCRIBA beim Kunden erbringen ... Schnell wurde am Markt und im Unternehmen bekannt, was da passierte und so etablierte sich ein neuer Stamm (*Tribe*) ...

So weit unsere Geschichte. Das Wort Hopie ist abgeleitet von einem amerikanischen Pueblo-Indianerstamm. Bei uns bezeichnen wir mit dem Begriff Hopie eine Mitarbeiterin, die als Gastgeberin und Anführerin einer Gruppe oder eines Stammes auftritt. Die Gruppe und der Stamm sind stabilere Einheiten als das Team und bestehen aus der Hopie und mindestens zwei Gefolgsleuten. Analog zum Team organisiert sich der Stamm eigenständig. Sprecht mich oder Kolleginnen, die an den Intensivtagen teilnehmen, an. Wir wollen und können euch die Geschichte zu Ende erzählen, erläutern was eine Libertine ist, Fragen beantworten und eure Einwände hören und berücksichtigen. Wir werden parallel zu dieser Mail im Wiki eine Seite aufsetzen und permanent erweitern. Aber Achtung: Echte Informationen bekommt ihr nur im Dialog mit uns.
Frage nicht, was andere für dich tun können, frage was du tun kannst! Die oben stehende Geschichte soll Wirklichkeit werden. Bringt euch aktiv in den Prozess ein. Stellt euch Fragen: An was wollt ihr arbeiten? Worauf habt ihr wirklich Lust? Welche Ideen möchtet ihr einbringen, an welchen Themen mitarbeiten? Welche Kolleginnen braucht ihr, um an euren Themen zu arbeiten? Wollt ihr Hopie werden? Mit welchen Gefährten und Gefolgsleuten wollt ihr losziehen? Wir suchen intern und extern nach den Mitarbeiterinnen, die diesen Weg gehen möchten.
Insbesondere suchen wir nach der Mitarbeiterin, die den Beratungsleistungen rund um ESCRIBA ein Gesicht und eine Struktur gibt. Unserer Vorstellung dabei ist folgenden:

- Es gelingt ihr, Kunden und Mitarbeiter von unseren Lösungen zu begeistern und dauerhaft zu binden.
- Sie verantwortet die Auslastungen ihrer Gefolgsleute und den korrespondierenden Umsatz. Die Hopie hat Personal- und Preisverantwortung[3].
- Sie sorgt dafür, dass ihre Gefolgsleute stets über die Qualifikation und das Rüstzeug verfügen, damit sie bei uns, beim Kunden und am Markt überzeugen können.
- Sie prägt die Kultur ihres Stammes und sorgt für Regeln und Rituale, damit sich ihr Leistungsangebot in der Tiefe und Breite weiterentwickelt und wächst. Sie eliminiert überflüssige und ineffiziente Leistungsangebote.

Das ist NEU: Nicht nur der ESCRIBA-Stamm soll entstehen.

---

[3] Diese beinhaltet die Verantwortung für den Verkaufspreis und die Kosten-/Budgetverantwortung.

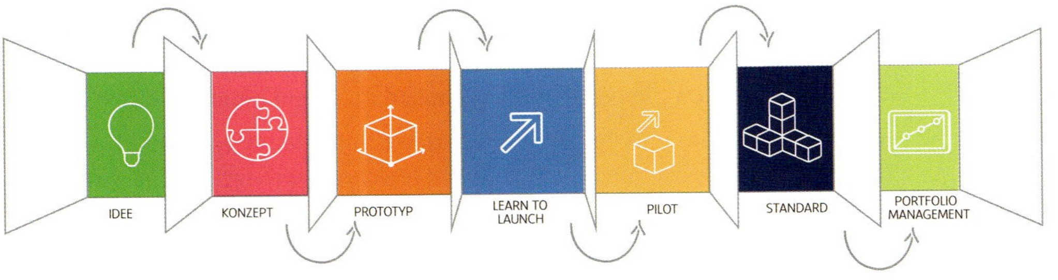

Abb. 10.1: Schaubild der Kernprozesse.

Da der Besetzungsprozess neu ist, ernennen wir niemanden mehr, sondern setzen konsequent auf Selbstorganisation. Gerne stehe ich — und hier kann ich für alle Kollegen, die hier an der Intensivwoche teilnehmen, sprechen — jeder Mitarbeiterin gerne zur Seite. Sprecht mit uns, wenn ihr euch mit dem Gedanken tragt, eine Idee auf den Weg zu bringen oder Hopie zu werden. Neben der ESCRIBA-Gruppe hoffen wir auf weitere solcher Gruppen, z. B. solche, die sich mit Ethno-Marketing, Akademieleistungen, Angeboten für Schulen, design-thinking-getriebenen Leistungsangeboten und was immer ihr möchtet, beschäftigen.
Ich freue mich auf die Gespräche mit Euch.
Herzlich, Jürgen

Wir beabsichtigten mit dieser Mail weder mehr Demokratie einzuführen noch sonstige hehre Ziele zu erreichen, wir wollten schlicht den Veränderungsprozess beschleunigen und Wettbewerbsvorteile erreichen, indem wir mehr Eigeninitiative ermöglichten, aber auch ganz klar **individuelles unternehmerisches Handeln** auf allen Ebenen forderten.

Als mittelständische Beratung und mittelgroßes Softwarehaus — das waren 2012 unsere Geschäftsbereiche — standen wir vor den typischen Herausforderungen einer zunehmend globalisierten und digitalisierten Welt:

- **Portfolio**
  Unser Leistungsangebot war zunehmend zum Marktstandard geworden und dadurch einem immer stärkeren Preiswettbewerb ausgesetzt. Gleichzeitig kamen am Markt neue Themen auf, die wir so noch nicht anbieten konnten.

- **Mitarbeitermarkt**
  Der Zugang zu guten Mitarbeitern zu bezahlbaren Konditionen war immer schwieriger geworden. Für viele Bewerber waren wir und unsere Produkte nicht mehr jung und attraktiv genug, gemessen vor allem an der boomenden Start-up-Szene in Berlin, unserem einzigen Standort. Auch die Abgrenzung zu arrivierten Spielern wie McK, BCG, PWC oder SAP fiel uns schwer. Sollten wir immer mehr bezahlen, mehr Nebenleistungen, mehr Work-Life-Balance, mehr Internationalität anbieten?
- **Absorptive Capacity und Execution**
  Als Unternehmen waren wir rund 14 Jahre alt. Die jungen Wilden, die wir mal gewesen waren, hatten graue Schläfen bekommen und hinreichend Pfründe erworben, die es zu verteidigen galt. Als Unternehmen waren wir kaum mehr in der Lage, innovative Impulse von außen aufzunehmen und in attraktive Produkte und Leistungen für unsere Kunden zu verarbeiten. Es fehlte uns an Absorptive Capacity.

Sie sehen also, es ging nicht darum, mehr Demokratie zu wagen, sondern wieder innovativer zu werden. In den meisten Branchen ist das gleichbedeutend mit **Wettbewerbsfähigkeit**. Aus heutiger Perspektive mussten wir die Zukunft zurückgewinnen. Dies waren die Gründe, die uns bewogen haben, das Freiwilligkeitsprinzip in Kraft zu setzen.

Sicherlich hat uns inspiriert, dass wir uns in der Zeit davor intensiv mit agilen Methoden wie Scrum und Kanban und kreativen Methodensets wie Design Thinking auseinandergesetzt hatten. Wir wollten diese Methoden jetzt auch ausprobieren. Abbildung 10.2 zeigt die Design-Thinking-Regeln, mit denen wir arbeiten. Vor allem „Do! Don't talk." und „Dare to be wild" standen in großen Lettern an der Wand und mussten mit Leben gefüllt werden. Wie groß die Veränderung sein würde, die wir damit anstießen, war uns nicht bewusst.

Fail early and often.

Leave your titles at the door. There are no good ideas.

Do! Don't talk. Stay focused.

Build on ideas of others.

Avoid criticism. The quantity is it.

Dare to be wild!

Let's have fun. Be visual.

Abb. 10.2: Design-Thinking-Regeln.

10.2 Die Transformation

Wir hatten die Mail bewusst am 10.11. und nicht einen Tag später geschrieben, damit sie nicht Gefahr lief, für einen Faschingsscherz gehalten zu werden. Dennoch: Die ersten 14 Tage nach der Mail passierte nichts, einfach nichts. Dann kam die erste Mitarbeiterin und fragte, ob die Mail ernst gemeint sei. Als wir dies bestätigten, teilte sie uns mit, dass sie nun ein eigenes Team für interne Kommunikation und Marketing aufsetzen wolle. Sie komme mit ihrem Vorgesetzten nicht zurecht und wolle nun ihren Job selbst in die Hand nehmen. Diese Besetzung hatten wir bis dahin immer abgelehnt, weil a) die Stelle schon besetzt war und wir b) dachten, dass sie als Teilzeitkraft nicht in der Lage sei, den erforderlichen Einsatz zu bringen. Wie dumm diese Haltung und Position gewesen war, konnten wir in den folgenden 18 Monaten beobachten.

Das zweite Projekt, das an uns herangetragen wurde, war der Vorschlag, Tische und Hocker zu bauen. Okay!? Als drittes Projekt wurde der Export von Weißwein nach China vorgeschlagen. Wir haben mit den Zähnen geknirscht, diese Vorhaben aber zugelassen und unterstützt. Zur Erinnerung: Die E&E AG war zu diesem Zeitpunkt Beratungsunternehmen und Softwarehaus. Natürlich ging es darum auszuloten, ob wir am Freiwilligkeitsprinzip festhielten oder ob wir unsere Mail zurücknehmen, respektive etwas anders leben würden. Am 06.12.2012 nagelten wir meine

Ernennungsurkunde zum CEO auf die Gästetoilette, um klar zu machen, dass es uns mit diesem neuen Weg weiterhin ernst ist.

Diese ersten Themen und Diskussionen waren unter dem Motto „Wir werden belächelt." zu betrachten, im Folgenden wurden die eingeleiteten Veränderungen dann bekämpft. Für einen Teil des Unternehmens, nämlich den Softwarebereich, wurde ein Gegenentwurf zur neuen Organisationsform der Selbstorganisation gemacht. Wenig verblüffend ging dieser Gegenvorschlag von den ehemaligen Führungskräften aus. Überraschend war, dass von diesem Kreis die Initiative ausging, einen **Betriebsrat** zu gründen. Gleichzeitig löste sich ein anderer Bereich, die Beratung, einfach auf. Auf Mitarbeiterinnenversammlungen wurden wir von einigen Mitarbeiterinnen – aus der zweiten **Führungsebene** der alten Struktur – diffamiert und beschimpft. Wir hatten offensichtlich einen sehr empfindlichen Punkt getroffen.

Freiwilligkeit und Teilhabe bedeutet, **Verantwortung** übernehmen zu müssen. In festen Strukturen ist es sehr leicht, mehr Freiheit und Verantwortung zu fordern. Sobald man diese bekommt, fühlt sich das ganz anders an: Den Umgang mit Freiheit und Verantwortung muss man erst lernen. Der Schnitt, den wir gemacht haben, kam für viele Mitarbeiterinnen ohne Vorwarnung und wurde deshalb als radikal empfunden.

Im Rückblick ist gut erkennbar, dass es viele Kolleginnen gab, die sich in dem alten System mit seinen Hierarchien und informellen Machtstrukturen gut und bequem eingerichtet hatten. Für das, was wir anstrebten, waren das jedoch die falschen Mitarbeiterinnen. So naheliegend das scheint, so ehrlich müssen wir zugeben, dass uns das zuvor nicht klar war. Wir hatten das nicht gesehen: Auch wir waren Teil und zwar ein zentraler des Systems.

In diese Phase fielen auch die ersten Rechtsstreitigkeiten. Uns wurden Klagen angedroht, wenn wir als Unternehmen und Arbeitgeber unserer Pflicht nicht nachkämen, einzelnen Beschäftigten eine angemessene Tätigkeit zuzuteilen. Das deutsche **Arbeitsrecht** sieht Organisationsformen, wie wir sie leben, nicht vor. Das Gesetz geht davon aus, dass der Arbeitgeber – wie der Name besagt – dafür sorgt, dass genügend Arbeit da ist und diese, bitte schön, dann auch richtig verteilt. Was immer *richtig* in diesem Kontext heißen mag.

Das Arbeitsrecht und auch das **Betriebsverfassungsgesetz** setzen voraus, dass alle Menschen gleich gut arbeiten und gleich gut zueinander kompatibel sind, und dass Verhalten keine Rolle spielt. Nur so ist erklärbar, dass Verhalten, Person und Leistung keine Kündigungsgründe sind. Selbstorganisation sowie Freiwilligkeit und Verantwortungsübernahme sind in diesen Gesetzwerken nicht vorgesehen und offensichtlich nur störend.

Für uns als Unternehmen hatte sich zuweilen die Frage gestellt, wie mit einer Mitarbeiterin umzugehen ist, die keiner im Team haben möchte, die selbst keine Idee in den Kernprozess einsteuert, die sich selbst aber für eine Leistungsträgerin hält. Die Antwort ist klar und dürfte in vielen Privatunternehmen ähnlich sein: Man kündigt, natürlich aus Gründen, die in der Person, der Leistung und dem Verhalten begründet liegen. Offiziell begründet man dies natürlich anders, einigt sich mit der Gegenpartei auf eine Abfindung und schreibt der nun ehemaligen Mitarbeiterin ein exzellentes Zeugnis. Ein schon an Absurdität grenzendes, aber durchaus verbreitetes Vorgehen, das zeigt, wie groß der **Reformbedarf** im Bereich Arbeitsrecht und Betriebsverfassung ist. Die betriebliche Realität wird hier nicht abgebildet und geregelt. Heute gehört es zu unserem Selbstverständnis als Institutionsverweigerer, dass wir versuchen, aus solchen Regeln auszubrechen und auch nicht mehr versuchen, das zu kaschieren. Belächelt werden wir dafür nicht.

10.3 Das Experiment

+ Feedback

Im ersten Jahr nach Inkrafttreten des Freiwilligkeitsprinzips haben wir viele sehr gute Mitarbeiterinnen verloren oder besser formuliert: Wir haben sie mit einem weinenden und einem lachenden Auge ziehen lassen. Wir haben gelernt, dass wir als obere Führungskräfte niemals ein so direktes Feedback hätten geben können, wie Kollegen, die deutlich machen: „Ich will nicht mit dir arbeiten“ oder: „Wir als Team wollen nicht mit dir arbeiten“. Ähnlich prägend ist die Erfahrung, wenn man eine Idee vorstellt, für die man ein Team benötigt, aber keine Kollegin bereit ist, einen Teil ihrer kostbaren Zeit in das Projekt zu investieren. Wer solche Erfahrungen macht, verändert sich oder verlässt das Unternehmen.

Viele Kolleginnen, die gegangen sind, begründeten dies damit, dass sie mit der Arbeitsumgebung nicht zurechtkämen. In den z. T. sehr offen geführten Kündigungsgesprächen haben wir gelernt, dass Strukturen, Ziele, Hierarchien, Positionen, Titel, Regeln und Prozesse für viele eben doch enorm wichtig sind.

Wir glauben nicht, mit dem Modell der Selbstorganisation den Stein der Weisen gefunden zu haben. Wir sehen uns vielmehr als Experiment: Wir versuchen herauszufinden, was zu uns als Unternehmen passt. Genauso erwarten wir aber auch von den Partakerinnen, also unseren Mitarbeiterinnen, dass diese versuchen herauszufinden, welche Arbeitsumgebung und welche Arbeitsorganisation zu ihnen passt. Es ist ein gegenseitiges Geben und Nehmen und ein fortwährendes Experimentieren.

Mit dem weinenden Auge haben wir sehr bedauert, Kolleginnen und auch Freundinnen zu verlieren, die fachlich sehr gut waren und mit denen wir über Jahre, teilweise Jahrzehnte hinweg etwas aufgebaut und gemeinsam gelebt haben, das nun offensichtlich zu Ende ging. Das lachende Auge stellte fest, dass genau diese Kollegen und Freunde es waren, die grundlegende Veränderungen und Experimentieren bislang verhindert hatten.

Kann man das eine auch ohne das andere haben? Wahrscheinlich schon: Das agile Management liefert tatsächlich viele Ansatzpunkte, um **Stabilität** und **Struktur** mit **Absorptionsfähigkeit** und **Anpassungsgeschwindigkeit** zu verbinden. Allerdings waren wir als Unternehmen zu jenem Zeitpunkt noch nicht weit genug, das zu sehen und zu verankern.

Diese Zeit der Auseinandersetzung war für uns als Unternehmen und unseren **Transformationsprozess** enorm wichtig. Neben vielen anderen, die wir als Schlüsselfiguren angesehen hatten, verließen ein Vorstandsmitglied und die leitenden Führungskräfte der Bereiche Beratung, Vertrieb und Softwareentwicklung das Unternehmen. Damit machten wir eine interessante Erfahrung: Es ging auch ohne, manchmal besser, manchmal schlechter, vor allem aber anders. Durch den Weggang der ehemaligen Führungsebene ist uns sicher Know-how verloren gegangen, zugleich aber auch Raum entstanden, neue Menschen und neues Know-how an Bord zu holen und Neues aufzubauen. Die Frage war, *was* das Neue sein könnte und *wer* die richtigen Menschen dafür sind. Wir mussten uns intensiv mit der Frage auseinander setzen, was wir als Unternehmen leisten und warum wir dies tun. Wir haben inzwischen eine gute Antwort auf diese existenzielle Frage gefunden. Bevor wir darauf eingehen, tauchen wir erst noch etwas tiefer ein in die Art, wie wir arbeiten.

10.4 Freiwilligkeit und Verantwortung

Im Jahre eins nach Freiwilligkeit (1 n. F.) begann für uns eine sehr intensive Phase des Experimentierens und Ausprobierens. Wir haben uns um ganz neue und ganz andere Aufträge bemüht und diese zu unserer eigenen Verblüffung manchmal auch gewonnen. Umgekehrt haben wir in den bisherigen Märkten nicht mehr gepunktet oder mussten Aufträge ablehnen, da die neuen und auch bisherigen Mitarbeiterinnen kein Interesse hatten, an diesen Themen oder für diese Kundin zu arbeiten.

Es gehört zu den interessantesten Erfahrungen im Kontext des Freiwilligkeitsprinzips, einer potenziellen Kundin, die ein Projekt anfragt, mit der Begründung abzusagen, dass man im Unternehmen niemanden gefunden habe, der an diesem

Thema und in diesem Kontext arbeiten möchte. Als Eigentümerin aber auch als Vertrieblerin und Beraterin alter Schule stellt man sich vor dem Gespräch die Frage, was man hier eigentlich macht. Nach dem Gespräch stellt man sich diese Frage nicht mehr. Die Kundinnen mit denen wir gesprochen haben, haben sich für unserer Offenheit und Direktheit bedankt. Tatsächlich sind aus den Gesprächen häufig neue, aber stark veränderte Aufträge entstanden. Das ehrliche Nein war der Einstieg in eine andere Zusammenarbeit.

Wer profitiert von einem solchen Umfeld, wer nicht? Wir haben sehr viele und sehr unterschiedliche Kolleginnen eingestellt und diesen Menschen die Möglichkeit geboten, an unserer Welt teilzuhaben. Die Bandbreite reichte von Thriller- und Sachbuch-Autorinnen über Journalistinnen und Filmemacherinnen, ehemaligen Konzernvorständen und Top-Beraterinnen aus den großen Häusern bis hin zu Freelancerinnen aus dem SAP-Customizing-Umfeld. Einstellungsvoraussetzung war lediglich, dass man eine Idee hatte und dass eines der Teams das Gefühl hatte, die Kollegin können wir gebrauchen.

Es sei angemerkt, dass es bei uns keinen klassischen Einstellungsprozess gibt. Im Zuge der Einführung des Freiwilligkeitsprinzips ist unsere Personalabteilung verloren gegangen und seitdem hat sich keine neue etabliert. Es gibt keine echte Nachfrage nach dieser Leistung und bisher will keiner eine derartige Struktur aufsetzen. Tatsächlich hat sich aber ein Betriebsrat gebildet, mit dem wir sehr produktiv zusammenarbeiten. Ein beachtenswertes Phänomen.

Die Design-Thinking-Prinzipien, die uns in dieser Phase geleitet haben, waren: „Fail early and often" und „The quantity is it". In dieser Zeit wurde die Liste der gescheiterten Projekte und Vorhaben immer länger, gleichzeitig wuchs aber die Erfahrung im Umgang mit dem Kernprozess (siehe Abbildung 10.1) und das organisatorische Wissen nahm überproportional zu.

Der zentrale Erfahrungswert aus dieser Zeit ist das Revival des alten Management-Dreiklangs „Do the right things, do the things right and get the things done" – jetzt aber in seiner agilen Form. **Scrum** und **Personal-Kanban** erleben bei uns seitdem einen absoluten Hype.

Durch das Ausprobieren und Experimentieren haben die Teams gelernt, Organisation und Strukturen zu schätzen, z. T. sind sogar wieder hierarchische Strukturen entstanden. Vor allem aber haben die Teams gelernt, was es bedeutet, Verantwortung zu übernehmen. Ich habe die Freiheit zu entscheiden, an was ich arbeite, mit wem ich arbeite und wo ich arbeite, aber wenn ich mich für etwas entscheide, dann übernehme ich auch die Verantwortung für dieses Thema, für meine Ge-

folgsleute und den Einsatz der Ressourcen zu diesem Thema. Durch die freiwillige Entscheidung für etwas mache ich mir dieses Etwas gleichzeitig zu Eigen.

Diese Identifikation ist der zentrale Motor, den wir entdeckt haben: Bei Partake muss ich mich immer wieder neu für ein Thema und ein Team entscheiden. Wenn ich mich entscheide, dann teilt das Team seine knappen Ressourcen mit mir. Ich stehe dann in der unmittelbaren Verantwortung, im Gegenzug auch mich als Person und meine Leistung einzubringen. Diese Direktheit und Unmittelbarkeit ist es, was uns wechselseitig stark verpflichtet.

Interessanterweise hat dieser Motor auch zur Beendigung des Wildwuchses an Themen und Typen geführt. Mit der Übernahme von Verantwortung begann eine starke Selektion bezogen auf die Themen, die wir angehen, aber auch bezogen auf die Menschen, die bei uns arbeiten und teilhaben.

Für unsere Themen muss man brennen und diese **Unmittelbarkeit** und Verantwortungsübernahme muss man wollen. Es ist keine Frage des Alters und der Erfahrung, sondern tatsächlich der Persönlichkeit, wie gut man sich in diesem System zurechtfindet und ob man sich wohl fühlt.

Wir haben gelernt, dass wir mit unserer Art zu arbeiten und zu managen vor allem echte Unternehmerinnen, Gründerinnen und solche, die es werden wollen, anziehen. Manager und Executer (Umsetzerinnen), denen es letztlich inhaltlich egal ist, *was* sie managen oder durchsetzen, scheitern bei uns in der Regel. Wer bei uns ist, muss echte Verantwortung wollen und eine eigene Haltung zu den Themen entwickeln, die wir angehen.

Verzichtet man auf diese so oft als unverzichtbar bezeichneten Umsetzer-Typen, wie sorgt man dann dafür, dass Projekte nicht versanden und zügig vorangehen? Auch hier ist der Schlüssel in unserer Organisationsform selbst zu finden.

10.5 Angebot und Nachfrage

Das Prinzip „Du darfst buchen“ ist die Kohäsionskraft zum Freiwilligkeitsprinzip. Alle können frei entscheiden, aber — und das ist die Kohäsion — jede Partakerin muss 180 Tage im Kernprozess nachweisen *und* diese Tage sollten sich im Verhältnis 10:20:70 auf die ersten beiden, die mittleren beiden und die letzten beiden Phasen des Kernprozesses verteilen.

Werden diese Vorgaben nicht eingehalten, unterstützen wir die betroffene Mitarbeiterin aktiv darin, diese Anforderung zu erfüllen, oder aber wir trennen uns, sofern dies nicht dauerhaft gelingt. Vereinfacht gilt: Du entscheidest freiwillig, *wie* du arbeitest, aber du bist auch selbst verantwortlich, dass du ausreichend Beschäftigung hast und deine Arbeit zu einem vermarktbaren Ergebnis führt. 70 % der Leistung einer Partakerin sollen in letzten beiden Phasen des Kernprozesses verbucht werden. Spätestens hier wird deutlich, wie wenig unser Modell durch die tradierte Auffassung von Arbeitgeber und Arbeitnehmer beschrieben werden kann.

Wie kann ich mich als Partakerin entlasten? Wie kann ich Tage im Kernprozess nachweisen? Letztlich sollen alle Projekte, Vorhaben und Tätigkeiten bei Partake durch den Kernprozess laufen, bzw. sich in oder an diesem Prozess verorten. Wer ein Vorhaben oder Projekt im Prozess vorantreibt, heißt Treiberin oder Hopie. Die Treiberin verfügt über Kapazität. Als Partakerin biete ich meine Arbeitsleistung der Treiberin und ihren Gefolgsleuten an und diese entscheiden, ob ich mitarbeiten darf. Der Satz „Da darfst buchen" bedeutet, dass ein Team oder eine Treiberin zugestimmt hat, dass ich gegen das Budget, das dieses Team hält, buche.

Der **Kernprozess** ist ansonsten ein klassischer Stage-Gate-Prozess, wie er heute von vielen Innovation Labs und Company Buildern eingesetzt wird. Der Prozess besteht aus einer Abfolge von Zeiträumen (time boxes), die *Bühne* oder auch *Phase* (stages) genannt werden, und innerhalb derer sich das Team auf eine bestimmte Tätigkeit fokussiert. Der Partake-Prozess hat die Phasen

- Idee,
- Konzept,
- Prototyp,
- Markttest (Learn to Launch),
- Pilot (Skalierung) und
- Standard / Portfolio.

Für jede Phase gibt es ein festes Budget an Zeit, Kapazität und Geld. Am Ende der Phase muss das Team seinen Arbeitsstand präsentieren, um in die nächste eintreten zu dürfen oder auf der gleichen Bühne eine Wiederholungsschleife (Iteration) zu durchlaufen.

Die Hopie bekommt immer nur Budget und Kapazität für eine Bühne, genauer: für einen Durchlauf auf einer Bühne. Dieses Prinzip ersetzt den klassischen Executer, bzw. macht alle im Team zu Executern. Wenn die selbst gesteckten Ziele nicht abgearbeitet werden, steht schlicht kein Budget mehr zur Verfügung, über das man sich entlasten kann, d.h. dass man die geleisteten Tage für sich nicht nachweisen kann.

Das Team kann die bereitgestellte Kapazität nutzen, um sich selbst zu entlasten, also Leistung im Kernprozess nachzuweisen, oder es kann die Kapazität nutzen, um Leistung zuzukaufen. Am Prozess haben sich Teams in sogenannten *Practices* angesiedelt, die sich auf die Leistungen einer oder mehrerer Phasen spezialisiert haben. Vor allem von diesen Practices werden Leistungen zugekauft. Wenn man sich einer Practice anschließt, verkauft man Leistungen an die Teams im Prozess und kann sich so entlasten.

Wir sprechen davon, dass diese Practices *am* Prozess arbeiten – in Abgrenzung zu den Teams, die *im* Prozess sind. Practices können interne (Tribes) und externe Teams oder ganze Unternehmen sein. Am Prozess haben wir aktuell Anwälte, Wirtschaftsprüfer, Big-Data-Spezialisten, Teams für Marketing, Public Affairs, Software Engineering, Design und Prototyping, IT, Tools & Rooms sowie Finanzierung und Controlling. Dazu kommt noch die Practice *Beratung*, die Projekte über alle Phasen begleitet. Wir haben auch Partakerinnen, die zu keiner dieser Strukturen gehören, sondern als *Libertine* – sozusagen als freies Radikal – ihre Leistungen anbieten und damit absolut erfolgreich sind.

Die Practices haben vieles mit den üblichen funktionalen Abteilungen in herkömmlichen Unternehmen gemeinsam. Zentraler Unterschied ist, dass alle Practices nachfragegetrieben aus einem Bedarf heraus entstehen und viele Partakerinnen gleichzeitig *im* und *am* Prozess arbeiten. Eine Diskussion, was der Wertschöpfungsbeitrag dieser Einheiten ist, findet nicht statt. Die Frage ist implizit dadurch beantwortet, dass die Budgetinhaberin die Leistung nachfragt und bezahlt. Preise und Wertschöpfung entstehen bei uns an einem echten Markt. Ein interessanter Aspekt ist, dass es einige Practices gibt, die mehrfach besetzt sind, es andere Leistungen intern gar nicht gibt. Am und im Prozess herrschen Pluralität und Wettbewerb.

10.6 Investition versus Voting by Feet

Wir haben erläutert, dass eine Partakerin sich dadurch entlasten kann, dass sie ein Team oder eine Hopie findet, die Budget hat und einverstanden ist, dass gegen dieses Budget gebucht wird. Wie aber wird man Hopie und bekommt ein Budget?

Wer in den Stage-Gate-Prozess eintreten will, benötigt mindestens eine Gefolgsfrau (Liegewoman) und muss ein Ideenpapier vorlegen. Danach hat das Team vier Wochen Zeit, 16 Tage Kapazität und ein kleines Budget, um ein Konzept zu erstellen. In dem Konzept beschreibt das Team, was es in den einzelnen Phasen genau machen will, wer daran mitarbeiten wird, welche Kosten verursacht und welche

Ergebnisse erreicht werden sollen und vor allem auf welchen Hypothesen das Vorhaben aufsetzt und wie diese Hypothesen getestet werden sollen. Die Phasen können unterschiedlich lang sein, es muss aber spätestens alle vier Wochen präsentiert und — im Sinne des Prozesses — ein Tor (Gate) durchschritten werden.

Bei der Präsentation müssen doppelt so viele Personen (Partaker und Dritte) als im Team arbeiten, mindestens aber acht Personen, anwesend sein. Das Team braucht 100 % der Stimmen der Anwesenden, um das Tor zu passieren und es darf keinen Liquiditätsvorbehalt von Seiten der Geldgeber geben. Geldgeber sind bei uns die Eigentümer der Partake, bzw. zukünftig des Partake-Equity-Fonds, und andere externe Geldgeber, die wir zunehmend einbinden.

Interessanterweise besteht die Herausforderung nicht in der 100 % Zustimmung — die eigentliche Hürde besteht darin, Mitarbeiterinnen zu finden, die sich verpflichten, an dem Vorhaben mitzuarbeiten. Jede Partakerin soll im gleitenden Zwölf-Monats-Durchschnitt auf 180 Tage kommen, an denen sie Leistungen im oder am Prozess erbringt. Diese soll mit 10 % der Leistungen auf den ersten beiden Bühnen, mit 20 % auf den mittleren und mit 70 % auf den beiden letzten Bühnen verbucht werden. Leistet eine Partakerin 20 Tage für ein Vorhaben, das sich auf der Konzeptbühne befindet und das Vorhaben läuft dann durch die einzelnen Tore bis zur Portfolio-, d. h. der letzten Bühne, dann werden diese Tage zunächst zwar auf der ersten Bühne erfasst, aber final den hinteren, marktnahen Bühnen zugerechnet. Scheitert das Vorhaben jedoch, dann werden die Tage der Phase zugerechnet, in der das Projekt gescheitert ist.

Schafft es das Projekt z. B. nicht über die Konzeptbühne hinaus, dann werden die 20 Tage unserer Partakerin eben dieser Bühne zugerechnet. Da hier jedoch im Jahresdurchschnitt nur 18 Tage — 10% von 180 Tagen — anfallen sollten, kann diese Kollegin nun nicht mehr (oder nur in ihrer Freizeit, siehe 40 Tage) auf den vorderen Bühnen arbeiten, bzw. muss darauf achten, dass sie nur für die Projekte arbeitet, die es mindestens in die mittleren Bühnen schaffen. Allerdings hat sie in den mittleren Bühnen auch nur 36 Tage. Besser wäre es, Projekte auszuwählen, die es auf die marktnahen Bühnen schaffen. Auf diesen Bühnen muss sie auf 126 Tage kommen, was durchaus eine große Herausforderung darstellt.

Der hier dargestellte Mechanismus führt dazu, dass jede Partakerin sehr genau prüft, an welchem Projekt sie teilhaben möchte, für welche Teams und Hopies sie arbeitet, sei es als Gefolgsfrau im Prozess, sei es als Mitarbeiterin einer Practice oder sei es in der Rolle einer Libertine.

Man könnte diesen Vorgang als *Voting by Feet* bezeichnen, wir sehen hier eher eine Investitionsentscheidung: Als Partakerin investiere ich meine Arbeitszeit in unterschiedliche Vorhaben und sollte nicht mehr als 18 Tage auf den vorderen und 36 Tage auf den mittleren Bühnen verlieren. Als Partakerin muss ich immer wieder einschätzen, ob es ein Team rund um eine Hopie schafft, den Prozess zu durchlaufen oder ob das Projekt vorher scheitern wird. Diese Einschätzung führt dazu, dass wir Vorhaben von der ersten Sekunde an einer Prüfung unterziehen. An diesem Punkt findet somit bereits die Selektion statt.

Umgekehrt treffen auch die Hopies eine Investitionsentscheidung: sie prüfen ihrerseits sehr genau, für wen und was sie ihre Zeit, ihre Kapazitäten und das Budget einsetzen. Ein interessanter Effekt ist, dass viele Teams im Prozess anfangs gar nicht auf den eigenen Projekten buchen, sondern ihr Budget verwenden, um Leistung von Practices oder einzelnen Kolleginnen zuzukaufen. Da jede Partakerin 40 Tage Zeit zur freien Verfügung hat, kann sie sich dieses Verhalten erlauben. Auch hier findet eine starke Selektion statt. An welchen Themen will ich arbeiten? Welche Leistungen nehme ich dafür in Anspruch? Wen brauche ich dafür in meinem Team? Durch den hohen Ich-Bezug und das damit verbundene Involvement kommt es bei uns zu ganz anderen direkten und indirekten Auswahlentscheidungen als in herkömmlichen Strukturen. Wie unterschiedlich das System Partake von den Mitarbeiterinnen erlebt wird, zeigen die folgenden Kurzinterviews (O-Töne).

O-Ton: Andreas Mack

„Hast Du Lust, dieses Projekt mit mir zu machen?" Das ist eine Frage, die in den meisten Unternehmen in Deutschland und auf der Welt gar nicht erst gestellt wird. Meist ist der Umfang der Aufgaben bereits in einem Stellenprofil festgehalten. Der Match von Aufgabe und Person erfolgt im Abgleich mit den Kompetenzen, die in einer Stelle angelegt sind. Konkrete Projekte werden von einer Führungskraft besetzt, die Aufgaben werden auf einzelne Funktionsträger herunter gebrochen und abgearbeitet. Taylorismus lässt grüßen.

„Ja, ich will!" Das ist eine persönliche Entscheidung, bei einem Projekt mitzumachen. Daraus erwächst Verantwortung, ein Projekt mitzutragen. Daraus erwachsen auch Chancen, ein Projekt mitzugestalten. Mit dieser Haltung verändern sich die Rollen in einem Projekt. An guten Tagen legen wir dadurch Motivationen frei, die ein Projekt erst erfolgreich machen. Denn wir suchen Neues, Innovatives, ja sogar Revolutionäres. Geld motiviert dabei nicht (zumindest nicht langfristig). Freiheit, etwas zu gestalten, motiviert nicht jeden. Aber diejenigen, die diese Freiheit suchen, suchen wir.

An nicht so guten Tagen fordern die Teams schon mal mehr Steuerung und Kontrolle ein, wollen zurück zu starken Hierarchien und klaren Ansagen, wie genau etwas zu lösen ist, wollen, dass andere ihnen Entscheidungen abneh-

men. Das kann z.B. eine Reaktion auf Feedback eines Auftraggebers sein, der vielleicht radikale Arbeitsergebnisse in einem eher konservativen Unternehmen passend machen muss. Hier verstehen wir als Manager unsere Rollen anders. Anstatt Vorgaben top-down durchzusetzen, versuchen wir, die Kolleginnen zu befähigen, eigene Entscheidungen in Verantwortung zu treffen. Dazu bekommen sie jede Hilfe, Unterstützung und Anleitung. Natürlich teilen wir auch Wissen und Erfahrungen auf diese Weise. Aber auch hier gilt: die Erfahrung eines *alten* Managers muss nicht zwangsläufig zur besten Lösung führen. Wenn jede Stimme in einem Team gleichberechtigt ist, haben neue Ideen und neue Ansätze größere Chancen. Und wer etwas verändern will, muss erst mal zuhören, wie ein Problem auch ganz anders gelöst werden könnte. Die Bereitschaft, solche neuen Ideen oder Vorschläge auszuprobieren, ist bei Partake besonders groß. Gleichzeitig ist der Rahmen, in dem ein neuer Ansatz ausprobiert wird, stark kontrolliert. Einerseits durch die Bereitstellung von Ressourcen, auf die jede Kollegin einen Anspruch hat, wenn sie andere überzeugen kann, bei ihrer Idee mitzumachen. Andererseits durch eine soziale Kontrolle, die aus dem Team erwächst: „Traue ich dir zu, das erfolgreich zu lösen?" Dann investiere ich meine Zeit und meine Leidenschaft. So beschäftigen wir uns bei Partake inzwischen nicht mehr mit Projekten, für die sich niemand begeistern kann. Wir arbeiten stattdessen mehr an Fragen, die uns als Personen bewegen und die eine gesellschaftliche Relevanz haben. Wir diskutieren mehr über Erkenntnisgewinn und persönliche Entwicklung als über Kennziffern unserer Auftraggeber. Partake versteht sich dabei als Treiber der Veränderung. Wenn wir nicht beginnen, anders zu arbeiten, Neues auszuprobieren, von wem könnten wir es dann erwarten?

O-Ton: Sebastian Schmidt

Was ist an der Arbeit bei Partake anders?

Alles fließt. Wir sind deutlich schneller beim Anpassen von Zielen, sobald wir erkennen, dass diese nicht zum erwarteten Erfolg führen. Es gibt keine verbrieften Rollen der handelnden Personen bei der Leistungserbringung. Man kann sich nicht auf die Position zurückziehen, per Jobbeschreibung über Prozesse oder Strukturen zu entscheiden. Alles wird neu verhandelt, sollte die fachliche Fragestellung es erforderlich machen. Wir streben immer nach dem großen Wurf. Mindestens jedoch nach Projekten, bei denen wir mit Herzblut dabei sind und die die Welt wenigstens ein bisschen verändern. Kostenbewusstsein ist bei uns wichtig, Finanz-Controlling erstickt jedoch keinesfalls notwendige Investitionsentscheidungen, die mit visionärem Weitblick getroffen werden. Das Arbeitsumfeld, die Büros, die Workshop-Facilities öffnen Kopf und Herz für das Engagement in der inhaltlichen Sache.

Wie werden bei uns Entscheidungen getroffen?

Entscheidungen werden oft in Diskussionen mit dem Team getroffen. Ist das wirklich sinnvoll? Wie könnte es besser gehen? Welche Perspektive haben wir nicht bedacht? Dies betrifft nicht nur operative Fragen, sondern auch strategische Themen wie Personaleinstellungen oder neue Geschäftsfelder. Manchmal passieren Entscheidungen aber auch durch natürliche Selektion: Relevantere Themen drängen sich vor, für das ursprüngliche Thema findet sich keine Person mehr, die dieses mit Engagement vorantreibt, es stirbt langsam ab.

Leben wir das Prinzip der Selbstorganisation?

Mehr als in den allermeisten Unternehmen. Nicht genug, um davon zu sprechen, dass wir dieses Prinzip in Reinform umsetzen. Da Selbstorganisation im beruflichen Umfeld keine gelernte Herangehensweise ist, durchleben wir immer wieder Trial-and-Error-Phasen. Selbstorganisation bedeutet ja nicht, ohne Führung umher zu mäandern, sondern bezieht sich auf das Herausbilden von passenden Führungsverantwortungen in den jeweiligen Situationen. Die Führungsverantwortung ist damit nicht mehr an eine Person, den Chef, gebunden, sondern geht auf die für die spezifische Situation geeignete Person über. Das klappt mal besser und oft auch nicht gut.

Was sind Deine persönlichen Erfahrungen?

„Do. Don't talk." macht Spaß und bringt das Unternehmen, die Kundinnen und einen selbst weiter. Kommunikation im Team ist das A und O, um Selbstorganisation umzusetzen. Hier müssen wir noch disziplinierter und strukturierter werden. „Feed each other" – also das sich gegenseitige Voranbringen in fachlicher und persönlicher Hinsicht – muss immer wieder neu geübt werden. So etwas lässt sich keinesfalls verordnen.
Nicht durch Anweisungen, jedoch empathisch und über stichhaltige Argumentation, Teams zu managen, fordert einen täglich aufs Neue. Es belohnt aber auch durch den engen Zusammenhalt der so entstehenden Arbeitsgemeinschaften. Man fühlt sich als eingeschworene Gemeinschaft.

O-Ton: Eleonora Azzaoui

Was ist an der Arbeit bei Partake anders?

Weniger Strukturen erlauben freieres und selbstbestimmteres Arbeiten. Die Prinzipien Freiwilligkeit und Selbstorganisation steuern die Zusammenarbeit. Die Möglichkeit sich freiwillig und selbstbestimmt in Projekte einzubringen ist auch mit mehr Verantwortung verbunden: Ich nehme ernst (ernster), wo-

ran ich mich freiwillig beteilige. Darüber hinaus besteht die Möglichkeit, auch eigene Projekte zu initiieren (vorausgesetzt, es findet sich ein Team, das mitarbeiten möchte). Anders sind auch die Räume, in denen wir arbeiten: Sie erlauben uns kreatives Arbeiten, vor allem mit unseren Kundinnen.

Wie werden bei uns Entscheidungen getroffen?

Strategische Unternehmensentscheidungen werden von den erfahrenen Kollegen getroffen. Das schafft den Rahmen, in dem Projekte dann durchgeführt werden. Innerhalb dieses Rahmens entscheiden Mitarbeiterinnen, an was und mit wem sie arbeiten möchten. Bei uns wird viel miteinander gesprochen, also auch in Diskussionsrunden oder auch informell (z. B. bei einem Kaffee) werden Entscheidungen getroffen. Generell werden Entscheidungen zu Projekten theoretisch durch das Durchlaufen des Kernprozesses getroffen. Theoretisch deswegen weil wir immer noch in der Lernphase sind und nicht alle Projekt-Entscheidungen mit Hilfe des Kernprozesses getroffen werden.

Leben wir das Prinzip der Selbstorganisation?

Größtenteils leben wir das Prinzip Selbstorganisation. Das betrifft die Teamkonstellation zu unterschiedlichen Projekten. Natürlich werden zu Beginn eines Projektes Ziele festgelegt. Wie diese Ziele jedoch erreicht werden, bleibt jedem selber überlassen. Rat und Unterstützung kann man sich jederzeit von Kolleginnen holen.

Was sind Deine persönlichen Erfahrungen?

Partake befindet sich in einer Transformationsphase. Ich finde es spannend, das mitzuerleben. Dabei habe ich erkannt, dass wir diese Transformationsphase wohl nie abschließen werden. Und das ist gut so. Der Anspruch fertig zu sein würde aus meiner Sicht dazu führen, sich nicht mehr weiterzuentwickeln. Aus der Unfertigkeit entsteht viel Kraft, um Themen voranzutreiben. Genau diese Kraft sollten wir nutzen, um uns inhaltlich zu fokussieren und weitere Expertise aufbauen. Wie viele Unternehmen haben auch wir hin und wieder das Flaschenhalsproblem und verfügen noch nicht über einen ausreichend großen Pool an internen und externen Ressourcen. Gerade etablieren sich wieder ein paar Prozesse, was ich persönlich begrüße. Ich möchte keine starren Prozesse für alle Geschäftsbereiche, doch für Orga-Themen wie Reisebuchung, IT-Leistungen oder Hospitality sind sie nützlich.

O-Ton: Hans Martin Weiss

Als langjähriger Industriemanager genieße ich das neue informelle Führen im Partake-Team. Ich muss nicht mehr dauernd den Power-Chef spielen, meine Informationslage ist in allen Dimensionen besser als früher und ich kann meine Erfahrung an ein neugieriges Team weitergeben. Im Ergebnis reduzieren sich viele der inhärenten Risiken der Geschäftsführung sofort und signifikant. Es werden Kräfte und Kapazitäten frei, die für die offensive Bewältigung des Wandels bereitstehen, anstatt für die defensive Erhaltung des Status Quo.

O-Ton: Marcus Rieke

Was ist an der Arbeit bei Partake anders?

Es gibt sehr viel weniger vorgegebene Strukturen, Prozesse, etc., d.h. es erfordert von jedem ein sehr viel höheres Maß an Eigeninitiative als in hergebrachten Strukturen mit expliziten Hierarchien. Mitstreiterinnen und Kolleginnen werden einem nicht zugeteilt, man muss sie für sich und sein Projekt gewinnen, d.h. selbst als Treiberin eines Projekts wie eine Unternehmerin am Markt agieren, die um knappe Ressourcen konkurriert. Problematisch wird es, wenn die Treiberin des Projekts in ihrer Eigeninitiative nachlässt oder auf Grund ihrer Persönlichkeit nicht selbst führen mag oder kann, sondern auf Führung und Anweisung von oben baut oder wartet.

Wie werden bei uns Entscheidungen getroffen?

In der Theorie durch das Durchlaufen des Kernprozesses und des Feedbacks, welches man an jeder Iteration eines Projekts erhält: Erweist sich ein Standpunkt als falsch oder funktioniert nicht, dann geht man einen Schritt zurück und testet eine andere Hypothese, eine andere Lösungsmöglichkeit, d.h. wir entscheiden schnell, entwickeln Prototypen und testen, ob und wie sie funktionieren. Anders gesagt: weniger Besprechen und Planen, mehr Machen und Testen.

Leben wir das Prinzip der Selbstorganisation?

Ja, das tun wir. Und in vielen Fällen funktioniert das auch sehr gut. Es gibt allerdings Engpässe, die das mitunter frustrierend machen: Zu wenig freie Kolleginnen, die man für sein Projekt gewinnen könnte und zu wenig Verfügbarkeit von Entscheidern. Insofern ist der Alltag z.T. noch davon bestimmt, dass einige allein vor sich hinarbeiten, den Kernprozess höchstens für sich allein durchlaufen, weil nicht ausreichend Kolleginnen an Bord sind, die man für sein Projekt gewinnen könnte. Je weniger unternehmerisch die Persönlichkeit des

Einzelnen ausgeprägt ist, desto eher kann das zu Frust, Steckenbleiben und Alleingelassen führen.

Was sind deine persönlichen Erfahrungen?

Für die Persönlichkeiten und Anzahl der Kolleginnen, wie ich sie täglich erlebe, wäre a) etwas mehr Top-down-Führung durch die Entscheider sowie b) explizite Rahmenbedingungen für eigene Entscheidungen hilfreich. Momentan gibt es noch zu viel Steckenbleiben, Angst/Sorge vor eigenen Entscheidungen und Warten auf Absegnung durch die Entscheider. Ein erster guter Schritt ist das Scrum-Board. Ein weiterer wichtiger Schritt wären regelmäßige verlässliche Meetingroutinen, in denen sich die/der Treiber eines Projekts Entscheidungen abholen kann, die sie/er nicht selber treffen kann/mag. Und es braucht explizite Rahmenbedingen und Budgets (zeitlich und monetär) binnen derer man selbst entscheiden kann/darf.

10.7 Demokratie und Marktwirtschaft

Im Vorfeld einer Abstimmung — bevor ein Team aufgesetzt und ein Thema angegangen wird — findet sehr viel **informelle Kommunikation** statt. Wer arbeitet gerade an was, wer hat noch freie Zeiten, wer muss noch buchen, wer hat wie in den letzten Projekten performt usw. In dieser Phase erreichen wir eine enorm hohe Informationsdichte im Unternehmen. Es findet so etwas wie ein Nominierungs-Wahlkampf statt.

Ähnlich ist die Situation vor einer Gate-Präsentation. Es wird geklärt, wer kommt, wer noch Fragen hat, auf was man in der Präsentation eingehen soll und wie die Liquiditätssituation sowie die Verfügbarkeit von Ressourcen ist. Auch hier nimmt die Informationsdichte enorm zu.

Die Frage, ob Informationsbeschaffung eine Hol- oder Bring-Schuld ist, stellt sich dabei nie: Wer 100 % Zustimmung braucht, informiert gerne und wer auf der Suche nach Investitionsgelegenheiten — nach Arbeit — ist, informiert sich. Die Beteiligung/Partizipation ist bei uns im Unternehmen extrem hoch. Gleichzeitig ist die Wahlbeteiligung, die Teilnahme an Pitches und Präsentationen, oft verblüffend gering — eine Beobachtung, die im Kontext Institutionsverweigerung nicht unüblich ist.

Ein wichtiger Aspekt ist, dass wir durch das Verhalten der Partakerinnen permanent einen Rückkanal haben, wie einzelne Vorhaben, Teams und Personen gesehen und

in Bezug auf ihre Erfolgswahrscheinlichkeit bewertet werden. Dieser Rückkanal ist tatsächlich so etwas wie ein *Liquid Feedback*. Für uns als Investorinnen und Gründerinnen ist dieser Rückkopplungskanal gleichzeitig das Lebenselixier: Nur so können wir Neues schneller und besser beurteilen als andere.

Der Rückkanal führt auch bei uns dazu, dass wir als Eigentümerinnen und Hopies versuchen, einzugreifen und gegenzusteuern. Aus der positiven Erfahrung heraus vertrauen wir aber zunehmend auf das freie Spiel der Kräfte. Wir haben gelernt, dass die impliziten Entscheidungen, die in Summe durch das Verhalten der einzelnen Partakerinnen getroffen werden, in Bezug auf die Allokation von Ressourcen hoch effizient sind. Der Mechanismus, den wir hier beobachten können, ist am ehesten vergleichbar mit dem Prinzip der *Invisible Hand*, das schon Adam Smith beschrieben hat.

Damit sind wir beim Modell der freien Marktwirtschaft. Wir vergleichen das Partake-System eher mit dem Modell der **sozialen Marktwirtschaft**, als mit dem System der Demokratie. Das marktwirtschaftliche Element des Wettbewerbs und der freien Preise erschließt sich bei der Betrachtung unseres Systems unmittelbar – das soziale Element sehen wir darin, dass wir feste Arbeitsverträge mit festen Entgelten haben und wir jeder Mitarbeiterin neben dem Urlaub zusätzlich 40 voll bezahlte Tage bezogen auf ein Jahr einräumen, die man nicht im oder am Prozess nachweisen muss. Das ist so etwas wie eine Absicherung, aber bestimmt keine soziale Hängematte, in der man sich ausruhen kann.

Das Partake-System hat viele Elemente, die man als demokratisch bezeichnen kann, auch wenn diese nicht mit dem Ziel geschaffen und verankert wurden, eine Herrschaft des Staatsvolks zu errichten. Neben diesem gestalterischen Anspruch fehlen aus unserer Sicht aber natürlich konstituierende Merkmale und zentrale Prinzipien, die ein modernes, demokratisches Systems ausmachen. Gewaltenteilung, Mehrheitsprinzip und Minderheitenschutz finden sich in unserem System nur sehr eingeschränkt wieder. Geht in einem Unternehmen die Macht vom Volke aus oder hat die Eigentümerin letztlich die Gestaltungsfreiheit?

Aus der Perspektive der **Neo-Institutionen-Theorie** sind Unternehmen Einheiten, die sich deshalb bilden, weil sie aufgrund ihrer Strukturen effizienter als der Markt sind und die dann wieder verschwinden, wenn sie eben nicht mehr effizienter als der Markt sind. Aus dieser Perspektive macht eine Demokratisierung von Unternehmen nur dann Sinn, wenn damit Effizienzgewinne verbunden sind. Für uns als mittelständisches Unternehmen, das vor der Herausforderung stand, Stabilität, vielleicht sogar Wachstum mit Innovationskraft zu verbinden, hat sich die Verbreiterung der Entscheidungsbasis als effizient und effektiv erwiesen.

Die radikalen Personalveränderungen, die sich aus der Strukturveränderung ergeben haben, scheinen dies zu befördern. Dies war jedoch überhaupt nicht von vornherein abzusehen. Im Gegenteil, die erdrutschartigen Austritte aus der alten E&E AG raubten uns mehr als einmal den Atem und fast auch den Mut. Die Unterschiedlichkeit der Menschen, die sich gleichzeitig für eine Zusammenarbeit zu interessieren begannen, war faszinierend, aber auch verwirrend.

Wir halten es mittlerweile für den entscheidenden Vorteil, dass bei Partake Menschen zusammen arbeiten, die sich bewusst für unsere Art des Arbeitens entschieden haben. Daher möchte ich abschließend auf diesen für Partake so wichtigen Punkt eingehen: Wer sind die Partakerinnen und warum haben sie sich bewusst von den herkömmlichen Unternehmensstrukturen und den herrschenden (Arbeits-) Verhältnissen abgewendet? Sind sie eine Minderheit, Außenseiter oder Vorreiter? Auch dies stelle ich im Verhältnis zu unserem Bild von der Demokratie dar.

10.8 Mehr Neues wagen

Ich berichtete eingangs, dass es bei der Einführung des Freiwilligkeitsprinzips darum ging, Wettbewerbsvorteile zu erlangen, einen besseren Zugang zu Arbeitsmärkten zu bekommen und schneller interne und externe Einflüsse aufnehmen und verarbeiten zu können.

Durch die Einführung und vor allem aber durch das Festhalten daran — selbst wenn vieles nicht auf Anhieb so klappte, wie wir das wollten — haben wir uns auf einen **Transformationspfad** begeben, der weit über das hinausführte, was ursprünglich im Fokus stand. Wir sehen uns heute als ein dauerhaftes Experiment, mit dem wir ständig ausloten wie Zusammenarbeit heute und in Zukunft eigentlich funktionieren kann, welche Strukturen und Institutionen sich als effizient und wünschenswert erweisen und welche Strukturen wir zerschlagen und über Bord werfen müssen.

Unsere Kernkompetenz, die wir durch Experimentieren entwickelt haben und die wir ständig weiter ausbauen, ist es, Neues zu testen und dies schneller und besser in die Welt und an den Markt bringen können.

Diese Kernkompetenz lockt Menschen an, die Neues schaffen wollen und solche, die an Neuem teilhaben wollen. Neues zu erschaffen ist oft damit verbunden, bestehende Strukturen zu zerschlagen und zwar nicht durch Gewalt, sondern durch erfolgreiches ökonomisches Handeln. Es ist kein Zufall, dass bei Partake und den Geschäftsmodellen, mit denen wir uns beschäftigen, **Disruption** eine große Rolle spielt.

Der Ausspruch „Was ist der Überfall auf eine Bank, gegen die Gründung einer solchen?“, der oftmals Rothschild zugeschrieben wird, lässt sich heute aus einem ganz anderen Kontext heraus verstehen: das Entwickeln von neuen Geschäftsmodellen und das Attackieren von bestehenden Strukturen durch das Gründen neuer Unternehmen kann und sollte auch als politische Willensbekundung verstanden werden. Die weltweit wachsende Gründerszene ist auch, wenn nicht sogar hauptsächlich, Folge einer immer größer und stärker werden Verdrossenheit und Unzufriedenheit mit den bestehenden Institutionen.

Ethan Zuckermann, Director des Civic Media Centers am MIT und überzeugter Internetaktivist, verweist sehr treffend auf das scheinbare Paradox, dass die Öffentlichkeit weit mehr darüber gestaunt hat, dass es den Versuch gab, die Oberhäupter der FIFA zur Rechenschaft zu ziehen, als darüber, wie korrupt die FIFA ist[4]. Es gibt eine zunehmende Anzahl von Menschen, die nicht mehr für eine Institution wie die Deutsche Bank arbeiten möchten, weder als Mitarbeiter noch in sonst einer Form, weil sie dieser Institution grundlegend misstrauen. In seiner Darstellung zitiert Zuckermann auch Christopher Hayes. In „Twilight of the Elites“[5] unterscheidet dieser zwischen Menschen, die glauben, man müsse Institutionen stärken, da diese die globalen Probleme lösen und solchen, die genau diese Strukturen zerschlagen wollen — den **Institutionsverweigerern**. Seiner Meinung nach werden die politischen Kämpfe zukünftig zwischen diesen beiden Gruppen ausgetragen. Wenig verblüffend ist, dass Institutionsverweigerer häufig Nichtwähler sind. Interessant ist, dass die Institutionsverweigerer den Großteil der Gründer stellen.

Durch den radikalen Ansatz der Selbstorganisation, den wir bei Partake gewählt haben, ziehen wir genau solche Menschen an und bieten diesen eine Plattform, auf der sie mit uns experimentieren können. Wir bieten Teilhabe an unserem **Experiment** und suchen selbst die Teilhabe an dieser grundlegenden, **gesellschaftlichen Transformation**. Wir investieren in komplexe Geschäftsmodelle, die einen Beitrag zur Transformation der Gesellschaft und zum **Aufbrechen von Marktstrukturen** leisten. Hierin liegt unser *Meaning*, der Sinn und Zweck der Partake und es beschreibt auch die Differenz zu den Corporate Ventures und Innovation Labs der großen Konzerne und Beratungsgesellschaften: Uns geht es nicht nur um den ökonomischen Erfolg, sondern auch um den gesellschaftlichen Umbau und einen veränderten Umgang mit unserer Umwelt. Für diesen Ansatz werden wir von vielen noch belächelt.

---

4 Vgl. Zuckermann in der Süddeutschen Zeitung vom 21. Juli 2015.

5 Christopher Hayes, Elitendämmerung, 2012

Mads Kamp

»11

Democracy in Organizations – for leaders, members and employees?

11 Democracy in Organizations – for leaders, members and employees?

Mads Kamp (William Demant Holding A/S)

The notion of a democratic form of governance in connection with our work is, I think, one that immediately appeals to many humans. It signals the possibility of influence and the notion that I, as a member of whatever this democratic system covers, have value. It also signals a certain element of protection of my rights as a human being and perhaps even suggests that I will be taken care of ... somehow.

But with my decade-long corporate background I cannot help feeling that democracy and organizations have little relevance to one another. The opportunity to write this article is a chance to face that knee-jerk reaction and to dig a level or two deeper to see what might be there.

It is not my intention to be exhaustive in my discussion nor to discuss the topic in general, but rather to put forward the viewpoints and opinions that the topic presents to an organizational practitioner such as myself.

Therefore I would like to present you with three points of view in a nutshell:

- Democracy as a form of governance makes sense in societies – not in organizations.
- We need to know why we want to introduce elements of democratic processes in organizations and by which means.
- Finally, for this initiative to be successful, not only is the development of competences and skills immensely important – both for leaders and for employees – but the real hurdle is that it requires a new mind-set for working together in organizations.

But before I start speculating on what applying democracy in organizations might be good for, I would like to spend a few words toward understanding some of the different aspects of democracy (in organizations).

I would like to address the question of why being a member of a democratic society is not the same as being an employee in an organization, followed by what the suggestions for these elements could be, and what the reasons for applying elements of democratic processes in organizations could be.

11.1 Citizens versus employees

There are a number of reasons why being a citizen of a democratic nation and being an employee of a company cannot be compared, and therefore why democracy, as it exists in a society, cannot be simply transferred to organizations, but will have to be deconstructed and then rebuilt in order to benefit organizations.

11.1.1 Being in or being out

If you are a citizen in a society (understood as a nation state), you cannot be thrown out. You can be thrown in jail, have your rights revoked (such as your driver's license, or maybe even your passport) but at the end of the day, as bad or useless as you may be, you're still included in the society. So societies' ability to be democratic depends on their citizen's ability and willingness to behave democratically and thus to accept the rules of democracy.

Additionally, having citizens that can read, write and interact with their fellow citizens in a constructive way is significant for the strength of any democratic system: They have to be competent citizens — because if they are competent then the democracy (and thereby the nation) will be stronger.

On the other hand, in order to become an employee of an organization you must first pass a selection process that is subjective. Then, once hired, clear rules are in place for how you or the employer may end the employment. As an employee, you have agreed to work to bring value to the members of the organization, namely those who are responsible for its existence, whether shareholders of a commercial corporation, constituents of a non-commercial organization, or private citizens at the service of a public sector organization.

Organizations run the risk of perishing if they do not have the right combination of competences necessary for them to survive and reach their purposes. The notion of competence here is both that which any individual member brings to an organization in the form of skills and their application, as well as the accumulation of these individual competences and their organization, toward the purpose of the organization.

Thus the purpose of the organization overrides the democratic intention of including the members of the organization. This has an effect as to which decisions can be meaningfully carried out in a democratic fashion within the organization. Therefore, the extent to which democratic mechanisms in the organization are legitimate is contestable.

11.1.2 Who's purpose?

The relationship between a society and its citizens is analogous not to that between a corporation and its employees, but rather to that between a corporation and its stockholders. This is because employees have not joined together to establish (or maintain) the corporation according to whatever purpose it may have. The same would be the case with i.e. a labor union, since the purpose of a labor union is linked with its members, who pay for it though their membership fees — and not through the employees working for the union.

In an organization there are three parties: the board of directors (the "elected government"), the stockholders (the "citizens") and the employees. In a democratic society, there are only two: the elected government and the citizens. Thus it would be wrong for us as employees to consider our employing organizations as equal to the society and the board of directors as equal to the elected government, whose purpose is to serve the citizens. This is not the case for the board of directors, who must serve the purpose of the stockholders (or members, in the case of the labor union).

11.1.3 Value

Most organizations require — more or less outspokenly — that employees continue to add value to the organization. It may be that it is agreed (or dictated) that the future value is less than the past value, but nevertheless, there must be a value. If not, the end of employment in that organization is in sight.

Societies, on the other hand, have to live with all its members, regardless of the value they contribute to the whole. Thus they cannot get rid of the members of society that does contribute in one way or another.

The need for competent members in a society is also one of the reasons why it makes sense to have mandatory schooling for all citizens of a society — not just so that they may be of value to a democracy, but also so that they may be competent members of it and participate in it.

11.2 What does democracy do in organizations?

Given the three levels of difference in democratic societies and the conditions under which these should exist in organizations, I would like to look at where the benefits of applying elements of democratic processes could come from.

One source is the development of society and technology towards a world where information is abundant and readily available to all, including information that guides decisions big and small in most organizations. The opaqueness of decision-making processes in organization is decreasing, thus making room for another way of running organizations. And this way must be one that takes seriously the fact that the things and processes that we have fought so hard to keep secret for many years, may have reached a point where it does not make sense to do so anymore and we thus need to consider how to prepare ourselves and our organizations for this uncontrollable flow of information.

Another source is the fact that the true inclusion of employees in decision-making processes is largely is neglected in leadership training throughout the world. Employees are seen as a simplistic means of reaching the organization's purpose — this is due both to the low competence level of managers in practicing leadership differently and in the low competence level of employees in participating differently. There is little need for competence in elements of democratic processes in an organization that is run Taylor-style.

The point of view that must change here is that, in order to stay in control, we as leaders should not leave too much influence to our employees and should not involve them too much, so as not to disappoint them when the "necessary" decisions, which we assume beforehand they will disagree to, have to be made.

But just as a constructive use of elements of democratic processes requires a change of perspective for the leaders, it also requires a change of perspective for the employees. This mutual development of viewpoints may actually be the greatest challenge in applying elements of democratic processes in an organization, as we have a long history of antagonism between owners/leaders and employees. When this stand-off changes it is almost always due to external pressure and almost never due to internal needs of organizations. And let's remember that both parties may actually believe that they have more to lose than to gain by letting the other get closer through elements of democratic processes.

Following this I would like to suggest a few — the list is by no means exhaustive — elements of democratic processes that I believe could have positive effect in the right organizational settings:

11.3 How the organization's leaders are selected and what the demands on them are

Selecting new leaders for an organization has been — and is — one of the main controlling elements in an organization. It is often a very closed and secretive process, in which a leader resigns and the rest of the organization merely knows that a process is going on .... From personal experience I know that when a manager leaves an organization, the employees of that manager have both opinions and information on the strengths and weaknesses of that manager which never come to the management's knowledge during the traditional selection process thus increasing the risk of repeating the selection errors of the past.

Just as secretive as the selection process itself are the expectations set out for the new manager, expectations which normally stay between managers. In societies politicians try to outbid each other with promises of what will happen after they have been elected. I wonder if it would be possible to have an ongoing clarification of expectations between managers and their employees in order for both parties to interact more to solve the challenges of an organization. In my experience, however, the fear of creating expectations that may not be fulfilled most often leads to vague generalizations on what will happen in the future, thus causing employees to be hesitant in committing to closer interaction with the management.

Both broader involvement in selection and clearer, bolder communication on expectations could be areas for increased transparency. This could be done, for instance, by having a process to collect information from the leaving managers' employees as part of the basis for even better performance in the future with a new manager.

11.4 Mechanisms for free speech and the sharing of opposite opinions

With the emergence of social media in, outside and around corporations, there are means both for employees to show their collective opinion on a given subject and for management to stay in touch with what is cooking in the corporation.

I believe that we will see visionary management in private corporations and maybe NGO-type organizations embrace the opportunity that technology provides to move closer to and stay more in touch with the process of opinion-building in

organizations in order to enhance the efficiency of their own management of the organization.

This will also strengthen the trend we already see today, that the interface of communication/information between organizations and their surroundings is becoming harder and harder to define clearly, and thus the organization's dependency on interpreting the full scope of the evolution of meaning and opinion becomes more important.

The moment of truth of course is when free speech suddenly leads to (massive) disagreement between the management and the "voice of the crowd." Here the skill and maturity level of both the management and the employees may be tested in order for disagreement not to spiral into unsolvable conflict.

11.5 Leaders and employees "coming of age"

There is a single word in Danish, "*myndig*" (which actually originates from the German "mündig") which means that a person has reached the age where he or she can fully act on his or her own behalf. This happens at age eighteen. The same word also has the meaning (all throughout life) that you, as a person, are both willing and able to take responsibility and accountability for your actions. This is more on a philosophical or existential level than on a legal and rationally definable level. Here we need to understand the full meaning of this word and not just its basic definition, even though the direct translation to English is "coming of age."

In our society you become *myndig* just by being eighteen years old. In my opinion you become *myndig* in an organization when:

- You are capable of receiving all the available information on any given case and still be able and willing to act upon it to benefit the organization's purpose (and not yours personally, or your department's and so on).
- You are capable of being given full transparency regarding decisions made in the organization and of accepting that these have been made with the same maturity as you would yourself — even if you do not understand or would have preferred it differently.
- You are capable of accepting that decisions will be made by others in the organization that may affect you negatively and you are still be able to distinguish whether these decisions are made to affect you personally or whether they just happened to affect you, since that decision was better for the whole.

- You are committed to contribute with the knowledge that you have to advance the purpose of the whole organization and are willing to let others contribute with theirs even if it means that you step back and learn if they know better.

See this as the mindset that we as leaders and employees should have in order for the organizations that we work for to begin to reap the possible benefits of what elements of democratic process could give our organizations.

I would understand if the above were to be read as a brutal, heartless reality that would be so cold that none of us would be able to maintain the engagement we all would like to feel for our work.

And maybe this is the key: that what we really would like as individuals is for our work to fulfill all of our individual needs, especially the emotional ones, and for each of us to be seen as a valuable individual, whereas the purpose and nature of democratic processes exactly is to sum up individuals' needs, hoping that the result arrived at is the one that is the least uncomfortable for as many individuals as possible, but often also ensuring that the majority would want the result to be different — each in a different way.

Anyhow, let me propose a few reasons why it could be interesting to look at introducing elements of democratic processes in organizations as effects of the above three democratic processes. They are:

- **Wellbeing** — to increase the likelihood that the organization can achieve its purpose without organizational losses in the form of sickness, stress and increased attrition caused by dodgy or unclear decisions, lack of involvement, unnecessary uncertainty and a history of bad mutual experiences.
- **Better decisions** — to decrease the distance between the specialists and the generalists (or should I say: the employees and the managers) — by educating both in the need to understand both the importance of detail and the need to synthetize and generalize.
- **Ethics and honesty** — to give complete transparency on vital decisions, thus reducing the risk that unethical or even illegal decisions will be made by organizations: "You can fool all some of the time, and you can fool some all of the time ..."

As Winston Churchill once said, "democracy is the worst form of government except for all the others that have been tried." This is why this form of imperfect governance — be it in nations or organizations, fully or as elements — is the most demanding. We all require considerable development to master its use in organizations. In nations, at least, the alternatives are not desirable.

Helmut Lind

»12
Demokratie beginnt in mir: Stärkenorientierte Unternehmenskultur

12 Demokratie beginnt in mir: Stärkenorientierte Unternehmenskultur bei der Sparda-Bank München eG

Helmut Lind (Vorstandsvorsitzender der Sparda-Bank München eG)

12.1 Die genossenschaftliche Idee – Demokratie und Werteorientierung als Grundprinzip

Die Sparda-Bank München ist eine Genossenschaftsbank und steht seit ihrer Gründung in der Tradition der genossenschaftlichen Werte wie Wahrhaftigkeit und Verlässlichkeit, Vertrauen, Achtsamkeit und Besonnenheit. Das demokratische Prinzip ist untrennbar mit dem Gründungsauftrag der ersten **Genossenschaften** verbunden. Diese entstanden im deutschsprachigen Raum Mitte des 19. Jahrhunderts. Vor dem Hintergrund von industrieller Revolution, sozialem Umbruch und der Massenverelendung ganzer Bevölkerungsschichten war das Handeln der Gründerväter geprägt von einer Haltung der Mitmenschlichkeit und der Nächstenliebe. Im Vordergrund stand das Ziel, den Einzelnen zu ertüchtigen und ihm die Möglichkeit einer vollen Lebensentfaltung zu geben. Werte und Normen in diesem Sinne umfassen das Gedankengut des Liberalismus, den Glauben an den Wert des Einzelnen und eine besondere Wertschätzung der Demokratie. Auch heute noch, mehr als 150 Jahre später, bedeutet gelebte Demokratie für uns als Genossenschaft vor allem eines: den Mut, gesellschaftlichen Mangel zu beheben und sich für einen Wandel der Gesellschaft einzusetzen. Dafür engagieren wir uns in zahlreichen Projekten. Unsere Vision und unser Ziel ist eine Gesellschaft, in der die Menschen — aufbauend auf ihren Talenten — ihre Berufung leben können und dadurch engagiert, erfolgreich und zufrieden sind. Dieses bislang viel zu wenig genutzte Potenzial ist für Wirtschaft, Kultur und Entwicklung in unserem Land und in der Welt von unschätzbarer Bedeutung. Wir engagieren uns zudem für die Gemeinwohl-Ökonomie[1] als alternatives Wirtschaftssystem. Bereits zwei Mal haben wir eine Ge-

[1] Siehe https://www.ecogood.org/ und http://gwoe-bayern.org/

meinwohlbilanz veröffentlicht, die unsere sozialen Aktivitäten und die ökologische Nachhaltigkeit der Bank aufzeigt. Die Veröffentlichung der dritten Bilanz ist für 2015 geplant.

Der Begriff Werte scheint gerade eine Renaissance zu erleben. Viele Unternehmen, insbesondere Banken, bemühen sich, aufgrund veränderter wirtschaftlicher Rahmenbedingungen und einer zunehmend kritischen öffentlichen Meinung, einen Werte- bzw. Kulturwandel herbeizuführen. Dabei geht es gar nicht um Werte, die wir neu erfinden müssen. Es gibt sie schon — in den Verfassungen beispielsweise sind sie bereits verankert. In Zukunft wird es verstärkt darum gehen, diese Werte in den Unternehmen auch zu leben.

Werteorientierung darf jedoch kein Trend sein, kein neues Managementkonzept, welches sich aus mangelndem Wachstum heraus rechtfertigt. Die Weltwirtschaft ist in ein Stadium getreten, in dem bahnbrechende Erfindungen und nachhaltiges Wachstum nicht mehr — wie bisher — mit Maschinen, Rohstoffen, Energie, Hardware-Technologien, chemischen Prozessen, mit weiteren staatlichen Schulden oder mit billigem Geld der Notenbanken erreicht werden können. Alle diese Entwicklungen führen letztendlich dazu, dass der Mensch — notwendigerweise — in den Mittelpunkt rückt.

Hier beginnt das Umdenken, denn im 21. Jahrhundert geht es um weit mehr als nur ein neues Konzept, welches den menschlichen Faktor entdeckt hat: Es geht darum, Wirtschaft neu zu denken und ein völlig neues Bewusstsein in die Wirtschaft hineinzutragen. Denn die Zeit ist reif — für ein neues Menschenbild **und** ein neues Bewusstsein.

Im 21. Jahrhundert wird es immer mehr darum gehen, ein Bewusstsein für Potenziale im Unternehmen zu entwickeln.

Dieser Ansatz erscheint grundsätzlich nicht neu — das Anliegen des Managements, Potenziale zu finden, zu fördern und ans Unternehmen zu binden, wird in einem Umfeld post-tayloristischer Arbeitsanforderungen zur Überlebensfrage.

Dennoch ist der Weg, den wir in der Sparda-Bank München beschreiten, ein anderer. Stärkenorientierung beruht für uns auf einer ganzheitlichen, nicht(ab) wertenden Haltung, einem Bewusstsein, dass es keine Outperformer und keine Underperformer im Unternehmen gibt, sondern nur einzigartige Menschen, die verschiedene Talente besitzen.

Stärkenorientierung bedeutet für uns, diese Potenziale zu erkennen, wertzuschätzen und ihnen ein Umfeld zu ermöglichen, in dem sie sich entfalten können — und dabei zugleich eine hohe Schnittmenge zu den Aufgaben des Unternehmens zu finden.

Diese Sichtweise hat Konsequenzen, für Führungskräfte und Mitarbeiter gleichermaßen. Sie führt zu mehr Selbstreflexion und Selbstverantwortung. Und sie funktioniert nur, wenn sie gleichzeitig mit einem Bewusstseinswandel über alle Hierarchieebenen hinweg verbunden ist. Eine konsequente Stärkenorientierung erfordert letztendlich die Gestaltung einer Unternehmenskultur, in der Vertrauen, Wertschätzung und Bewusstheit sich entwickeln können, da der Mensch im Vordergrund steht — eine Unternehmenskultur der Achtsamkeit.

Eine stärkenorientierte Sichtweise ermöglicht es jedem Einzelnen, sich in seiner Persönlichkeit zu entwickeln. Und sie schafft Rahmenbedingungen, damit sich Motivation und Mitarbeiterzufriedenheit — im Rahmen der Selbstverantwortung jedes Mitarbeiters — entwickeln können. Wir sind überzeugt, dass der zukünftige Erfolg von Unternehmen in der Vielfalt der Potenziale der Mitarbeiter liegt, die es optimal einzusetzen gilt.

12.2 Die Einführung des Stärkenkonzeptes in der Sparda-Bank München

2008 haben wir damit begonnen, die Stärkenorientierung als neues Konzept in der Sparda-Bank München einzuführen. Seither wurde die Grundform ständig weiterentwickelt, mit verschiedenen Funktionsbereichen verzahnt und somit nach und nach in die Unternehmenskultur unseres Hauses integriert.

Das Stärkenkonzept der Sparda-Bank München knüpft an die ressourcenorientierte Sichtweise der Positiven Psychologie an. Seit Mitte der 1990er Jahre legen die Neurowissenschaften Forschungsergebnisse vor, die Glück und Unglück als zwei unterschiedliche Systeme darstellen. Aufgrund dieser Erkenntnisse begründete Martin E.P. Seligmann die **Positive Psychologie** als neuen Zweig der akademischen Psychologie. Sie beschreibt eine Bewegung innerhalb der Psychologie, die sich auf die positiven Eigenschaften der Menschen konzentriert, statt sich mit ihren Fehlern und Schwächen zu beschäftigen. Obwohl das Thema Psychosoziale

Gesundheit als eines der Kernthemen des sechsten Kondratieff-Zyklus[2] schon vor einigen Jahren prognostiziert wurde, scheint das Bewusstsein, dass Stärkenorientierung einen enormen Produktionsvorteil darstellt, in den meisten Unternehmen noch nicht angekommen zu sein, da Personalentwicklungskonzepte i. d. R. auf die Beseitigung von Defiziten ausgerichtet sind. Dabei kommt die konsequente Anwendung dieses Konzepts Mitarbeitern und Unternehmen gleichermaßen zugute:

In einer Studie des amerikanischen Gallup-Instituts[3] wurden mehr als 1,7 Millionen Mitarbeiter in 101 Unternehmen in 63 Ländern gefragt, ob sie an ihrem Arbeitsplatz die Gelegenheit haben, „das zu tun, was sie am besten können". Weltweit haben nur 20 % der Befragten diese Frage mit „Ja" beantwortet. Für Deutschland liegt dieser Wert sogar noch darunter, d. h., hier wird ein enormes Potenzial der Mitarbeiter nicht in Anspruch genommen. Laut Gallup arbeiten Unternehmen, in denen Mitarbeiter ihre Stärken einsetzen können, effizienter, weisen eine geringere Fluktuation auf und verfügen über zufriedenere Kunden.

Als Grundlage für die Anwendung der Positiven Psychologie nutzen wir das *Clifton-StrengthsFinder*-Instrument des Gallup-Instituts, und zwar in Einzelgesprächen wie auch auf Teamebene. Aus 34 Talent-Motiven erhalten die Teilnehmer anhand eines internetbasierten Fragebogens ein detailliertes Profil ihrer fünf wichtigsten Talente.

Mit der Einführung des Konzepts wurde von der Abteilung Unternehmensentwicklung allen organisatorischen Einheiten der Bank die Durchführung und Moderation eines Stärkenworkshops angeboten. Auch heute finden noch in regelmäßigen Abständen Workshops für neue Mitarbeiter statt. Dazu erhält jeder Teilnehmer kostenlos das Buch „Entdecken Sie Ihre Stärken jetzt!" mit dem Zugang zu einem Internet-Test, den er bis zum Workshoptermin absolviert.

Im Workshop selbst stehen konsequent die Talente jedes Einzelnen im Mittelpunkt. Da unsere Sozialisation uns eher zur Fokussierung und Behebung unserer Defizite veranlasst, ist diese Perspektive für viele Mitarbeiter zunächst eine neue Erfahrung. Im Workshop bekommen die Mitarbeiter eine allgemeine Einführung zum Thema Stärken- und Talentorientierung und erfahren, warum der Bank das Thema am Herzen liegt. In Zweiergruppen tauschen sich die Mitarbeiter intensiv über ihre

---

2 Die Kondratieff-Zyklen (neuere Transkription: Kondratjew-Zyklen) beschreiben die vom sowjetischen Wirtschaftswissenschaftler Nikolai Kondratjew entwickelte Theorie zur zyklischen Wirtschaftsentwicklung: die „Theorie der Langen Wellen", auch „Die Langen Wellen der Konjunktur". Diese 40-60 Jahre dauernden Langen Wellen bestehen aus einer länger andauernden Aufstiegsphase und einer etwas kürzeren Abstiegsphase.

3 Buckingham, Clifton (2014).

Stärken aus. Im Anschluss stellt jeder seinen Teamkollegen vor, wobei auch das Fremdbild („Wie sehen mich die anderen?"), einbezogen wird. Gemeinsam wird für jedes Team ein individueller Stärkenbaum (oder eine andere Visualisierung) erstellt, der die Stärken jedes Teammitglieds visualisiert. In fast allen Geschäftsstellen und Abteilungen finden sich Stärkenbäume oder andere, von den Teams selbst entwickelte Stärkenmotive. Sogar die Vorstandsmitglieder haben ihre individuellen Stärkenprofile offengelegt.

Abb. 12.1: „Stärkenbaum" der Abteilung Unternehmensentwicklung.

Anschließend wird das Teamprofil reflektiert, diskutiert und interpretiert. Unter Umständen kann diese Transparenz zu der Diskussion führen, wie diese Stärken besser genutzt werden können, d.h., es werden Aufgaben- und Kompetenzverteilungen überdacht und mitunter Stellenwechsel innerhalb der jeweiligen organisatorischen Einheit vorgenommen. Die Teilnahme erfolgt freiwillig, die Mitarbeiter bringen zwei Stunden ihrer Freizeit für diese Workshops ein. Das Einbringen von Freizeit für betriebliche Veranstaltungen gab es bis dato nicht. Insofern war die Resonanz erst recht ein riesiger Erfolg. Die Ergebnisse und die Stimmung haben uns überwältigt, da immer mehr Teams auf die Unternehmensentwicklung zugekommen sind und eine regelrechte Sogwirkung entstanden ist. Die Beschäftigung mit den eigenen Talenten macht Spaß, motiviert und fördert das Selbstbewusstsein. Die Mitarbeiter fühlen sich beachtet, wertgeschätzt und angenommen.

Die konsequente Freiwilligkeit der Teilnahme stellt auch sicher, dass ein Grundinteresse vorhanden ist. Bis heute haben nahezu alle Mitarbeiter aus allen Geschäftsbereichen der Bank und über alle Hierarchieebenen hinweg ihr Stärkenprofil im Rahmen eines Workshops kennengelernt.

Die große Resonanz zeigt auch, dass ein Grundvertrauen der Mitarbeiter in die wertschätzende Kultur ihres Unternehmens besteht. In einem Unternehmen, in dem sich die Mitarbeiter nicht sicher sein können, dass das Offenlegen ihrer Talente ausschließlich positive Effekte hat, werden vermutlich auf rein freiwilliger Basis solche Quoten nicht erreicht werden.

Das Stärkenprofil eignet sich auch als hervorragendes Instrument zur Teamentwicklung, denn die Mitarbeiter lernen sich dadurch untereinander besser kennen. Es lenkt die Sicht auf alle Potenziale im Team und regt im Teamkontext zu ganz neuen Sichtweisen an. Unterschiede zwischen den Mitarbeitern werden dann ausschließlich positiv interpretiert. Die Erkenntnisse reichen von: „Genau das bist du!“, bis hin zu: „So habe ich dich bisher noch gar nicht gesehen!“.

Die Talente der Kollegen und Kolleginnen fungieren dabei häufig als Spiegel, insbesondere, wenn sie unterschiedlich sind. Solange bestimmte Eigenschaften des anderen als Schwächen interpretiert werden, dienen sie als Projektionsfläche für eigene Unzulänglichkeiten und können Konflikte im Team schüren. Die Erkenntnis, dass der Kollege möglicherweise mein Ergänzer ist, da er Talente besitzt, die ich nicht habe, ermöglicht neue Formen von Kommunikation und Kooperation im Team. Ein eigenes Workshopformat — „Stärkenorientiert kommunizieren“ — setzt sich mit der Unterschiedlichkeit der Kommunikationsstile, die für bestimmte Stärken typisch sind, innerhalb eines Teams auseinander.

BEISPIEL: Unterschiedliche Stärken und Talente

In einem Team arbeiten zwei sehr unterschiedliche Mitarbeiterinnen. Die eine ist sehr ordentlich, genau und diszipliniert, die andere eher spontan und kreativ. Entsprechend haben beide unterschiedliche Vorlieben, was die Gestaltung ihres Arbeitsplatzes betrifft. Hier ergeben sich nicht automatisch Synergieeffekte, denn häufig sind uns Menschen, die eine andere Arbeitsweise als wir selbst haben und sich anders verhalten, eher suspekt, manchmal empfinden wir sie sogar als ein echtes Ärgernis!
Zwischen den beiden können durchaus Konflikte entstehen, da die Arbeitsweise der einen – sehr ordentlicher, aufgeräumter Schreibtisch versus kreatives Umfeld – zu Unstimmigkeiten führen kann. Erst wenn beiden bewusst ist, dass hinter den unterschiedlichen Arbeitsweisen Talente stecken, die sich optimal ergänzen, wird Kooperation möglich. Während die eine Mitarbeiterin eine hervorragende Lieferantin kreativer Einfälle und Ideen ist, ist die andere möglicherweise ein echtes Talent, wenn es darum geht, in kürzester Zeit archivierte Informationen wiederzufinden, eine Aufgabe mit Ausdauer zu Ende zu bringen oder auch perfekte Protokolle zu erstellen.
Wenn beide Mitarbeiterinnen erkennen, dass die Fähigkeit der anderen eine hervorragende Ergänzung und Unterstützung der eigenen Fähigkeiten darstellt (da keiner alles kann und auch nicht können muss), dann ist echte Teamarbeit möglich.

Aus den Stärkenworkshops resultiert häufig auch ein Organisationsentwicklungsprozess. Es ist durchaus möglich, dass Aufgaben im Team stärkenorientiert neu verteilt werden. Ein Beispiel für den Ablauf eines solchen Prozesses wird in Kapitel 12.3 ausführlich beschrieben.

12.2.1 Stärkenorientierung im Auswahlverfahren

Die stärkenorientierte Sichtweise ist ein wesentlicher und unverzichtbarer Bestandteil unserer Unternehmenskultur geworden, da sie die Denkhaltungen und das Selbstverständnis unserer Mitarbeiter prägt. Der Auswahlprozess neuer Mitarbeiter stellt somit für uns ein wichtiges Instrument der Kulturgestaltung dar.

Indem wir externe Bewerber ermuntern, sich bereits vor dem Vorstellungsgespräch mit sich selbst, also den eigenen Stärken, Talenten und Werten (und nicht nur mit dem beruflichen Werdegang!) auseinanderzusetzen, stellen wir sicher, dass wir auch in Zukunft Mitarbeiter haben werden, die sich selbst reflektieren und ihre

Werte beschreiben können — und somit gut in unsere bewusste, wertschätzende Unternehmenskultur der Achtsamkeit passen.

Auch wenn die Stärken nur ein kleiner Baustein und keinesfalls ausschlaggebendes Kriterium für die Besetzung einer Stelle sind, ergibt sich eine zusätzliche Perspektive. Der Bewerber selbst erhält — sofern er offen dafür ist — ganz neue Erkenntnisse und Einsichten über sich selbst. Vor allem von Bewerbern, für die wir uns letztendlich nicht entschieden haben, kommen häufig positive Feedbacks zu unserem Auswahlverfahren. Von unseren internen Bewerbern haben nahezu 100 % den Stärkentest im Internet absolviert, kennen also ihre Gallup-Talente und setzen sich vor dem Bewerbungsgespräch intensiv damit auseinander.

Neue Mitarbeiter werden schon in den Einführungsveranstaltungen informiert bzw. erhalten das Buch, um den Test zu machen, damit sie in ihr neues Team entsprechend integriert werden können. In regelmäßigen Abständen werden Stärkenworkshops für neue Mitarbeiter angeboten.

Auch die Auswahl von Mitarbeitern oder die Besetzung von Teams geschieht unter Berücksichtigung der Stärken der Mitarbeiter. Teams mit homogenen Stärkenprofilen sind zwar häufiger harmonisch, können aber auch — je nach Aufgabengebiet — unproduktiver als heterogen besetzte Teams sein. Durch den Stärkentest unserer erfolgreichsten Führungskräfte und Vertriebsmitarbeiter konnten wir Regelmäßigkeiten in den Stärkenprofilen herausarbeiten. Diese bilden nun eine gute Grundlage, um Auswahlentscheidungen und Teamzusammensetzungen zu fundieren. Die Stärkenorientierung wird auch konsequent in dem jährlich stattfindenden Mitarbeitergespräch zum **persönlichen Erfolgsbeitrag** (= PEB) umgesetzt. Hier geht es um die Frage, welche Stärken und Talente der Mitarbeiter einbringen kann, um einen Beitrag zur Umsetzung unserer Strategie zu leisten. Ein Ergebnis unserer **stärkenorientierten Unternehmenskultur** ist auch, dass Mitarbeiter deutlicher erkennen, dass sie für bestimmte Aufgaben nicht geeignet sind (bei uns im unteren zweistelligen Bereich). Damit wird für die Beteiligten offensichtlich, warum der Mitarbeiter trotz aller Anstrengungen unter den gesetzten Anforderungen blieb und unglücklich war. Diese Erkenntnis ist der Anlass, um gemeinsam mit der Führungskraft und der Unternehmensentwicklung nach alternativen Einsatzmöglichkeiten Ausschau zu halten. Natürlich werden im Allgemeinen keine neuen Stellen geschaffen, allerdings setzt der offene und unterstützende Umgang mit dem Veränderungswunsch bei allen Beteiligten Energien frei. I. d. R. ergeben sich dann Möglichkeiten (z. B. Wechsel von einer Geschäftsstelle in eine interne Abteilung), sodass Mitarbeiter ihre Stärken in den Aufgaben auch tatsächlich zum Einsatz bringen können.

Das Besondere an dieser Arbeitsplatzkultur ist, dass Mitarbeiter, welche sich aufgrund ihrer Neigungen für ein anderes Aufgabengebiet entscheiden, als Kollegen gelten, die sich konsequent mit ihrem Stärkenprofil und dessen Einsatzmöglichkeiten auseinandergesetzt haben. Durch die Stärkenorientierung gehen wir viel offener mit der Frage um, inwiefern in einer entsprechenden Aufgabe die individuellen Stärken zum Einsatz kommen können. Dabei wird vorausgesetzt, dass Leistungsdefizite i.d.R. nicht auf mangelndes Wollen zurückzuführen sind, sondern darauf, dass der Mitarbeiter möglicherweise ganz andere Talente hat, die es zu wecken gilt. Bei einem Stellenwechsel stehen daher nicht die Defizite, sondern die positiven Aspekte im Fokus („Ich kann meine Talente woanders viel besser nutzen"). Es sind diese Wertschätzung und die Anerkennung der Einzigartigkeit eines Menschen, die intrinsische Motivation und ein Gefühl der Sinnhaftigkeit für die Arbeit ermöglichen.

! **WICHTIG**

Der Gallup Strengthsfinder alleine trifft keine Aussagen darüber, welches Talentprofil zu welcher Stellenausschreibung passt. Er sollte daher auch nicht als Auswahlkriterium eingesetzt werden. Es geht nicht um gute und weniger gute Talente, sondern um die Loslösung von alten, mechanistischen Weltbildern, in denen eine Stellenausschreibung rational und nach rein aufgabenbezogenen Kriterien erfolgte. Fachliche und persönliche Voraussetzungen können verschieden sein. Talente sind jedoch immer gleich gut! Entscheidend ist, dass dem Mitarbeiter bewusst ist, welches seine Talente sind und in welchem Umfeld er diese am besten einsetzen kann. Dazu braucht es unbedingt den wertschätzenden, stärkenorientierten Dialog und eine Führungskultur, in der die Führungskräfte die Talente, die Motivation und das Wissen mitbringen, ihre Mitarbeiter auf diesem Weg zu begleiten.

12.2.2 Das Förderkonzept STark!

Eine wesentliche Maßnahme im Rahmen des Konzepts der Stärkenorientierung war die Einführung unseres Förderkonzeptes STark! 2009. Da „stark" von „Stärke" kommt, ist auch STark! eine konsequente Anwendung unserer ressourcenorientierten Sichtweise. STark! ist in diesem Kontext die Abkürzung von **Stärken und Talente ausbauen, realisieren, konkretisieren**. Im Rahmen dieses Konzeptes bietet die Sparda-Bank München jedem interessierten Mitarbeiter die Möglichkeit, die eigenen Stärken und Talente auszubauen, zu realisieren und zu konkretisieren, und zwar unabhängig von der Position im Unternehmen. 2009 erhielten alle Mitarbeiter erstmalig die Möglichkeit, an einer von vier Seminarreihen zu unterschiedlichen Themen teilzunehmen: Authentizität und Selbsterkenntnis; Problemlösetechniken

und Kreativität; Informieren und Kommunizieren sowie Beraten und Verkaufen. Aufgrund der großen Nachfrage haben wir STark! 2011 erneut angeboten, diesmal mit einem erweiterten Seminarangebot. Es wurde z.B. ein Orientierungsworkshop Führung ausgeschrieben. Mitarbeiter, die sich die Frage stellen, ob sie Führungspotenzial besitzen, sollten die Möglichkeit erhalten, sich eine unabhängige Expertenmeinung einzuholen. Mitarbeitern mit Ehepartner konnten – gerne auch gemeinsam – an einer Seminarreihe teilnehmen, in der Erziehungsfragen reflektiert und geklärt wurden. Bei Achtsamkeit und Wahrnehmung stand das Aufnehmen mit allen fünf Sinnen im Vordergrund.

2014 wurde das Angebot dahingehend erweitert, dass nicht nur externe Trainer ihre Expertise anbieten, sondern auch Mitarbeiter und deren Partner die Möglichkeit haben, ihre Leidenschaft für ein Thema (z.B. Tanzkurse, Entspannungskurse etc.) den Kollegen als Dienstleistung zu offerieren.

Dies trägt in zweierlei Hinsicht zur Stärkenorientierung bei: Zum einen wird den anbietenden Mitarbeitern ermöglicht, ihr in der Freizeit stattfindendes Hobby auch im Arbeitsumfeld zur Umsetzung zu bringen. Zum anderen kommen die anderen Mitarbeiter in den Genuss, mit der Unterstützung von Kollegen weiter an ihren Stärken zu arbeiten. Zusätzlich soll erreicht werden, dass Stärken und Talente, die bisher ausschließlich privat eingesetzt wurden, auch im beruflichen Kontext eine hohe Gewichtung bekommen. Üben Mitarbeiter ihre Dienstleistung im Rahmen von STark! aus, werden sie von der Bank dafür entsprechend vergütet.

Bei allen Seminaren galt der Grundsatz, dass die Bank die Kosten übernimmt, die Teilnahme jedoch freiwillig und in der Freizeit erfolgt. Dadurch ist gewährleistet, dass die Mitarbeiter nur solche Angebote wahrnehmen, die ihnen auch Spaß bereiten und dazu beitragen, ihre Stärken und Talente zu erkennen, auszubauen, zu realisieren und zu konkretisieren.

12.2.3 Führungskräftetrainings

Ein weiteres Kernstück bei der Umsetzung des Stärkenkonzeptes sind Führungskräftetrainings. Hier ist zum einen das zweitägige Seminar „Stärkenorientiert Führen" zu nennen, das Führungskräfte mit den Möglichkeiten und Grenzen der Umsetzung einer Stärkenorientierung im Arbeitsalltag vertraut macht. Diese Trainings werden intern von der Abteilung Unternehmensentwicklung durchgeführt. Da sie unseres Erachtens kulturprägend sind, wollen wir diese nicht extern vergeben.

Anders stellt es sich bei Seminaren dar, die Ralph Wilms[4] begleitet. Während das erste Seminar den Titel „Kraft des Denkens“ trug, firmierte das zweite Seminar unter dem Namen „Authentisch Führen“. Eine weitere Veranstaltung „Bewusstseinsmanagement — Navigieren im Auge des Taifuns“ folgte. Dabei geht zum einen darum, einen komplett anderen Blick auf sich selbst zu bekommen. Der innere Denker mit seinen oftmals be- und einschränkenden Gedanken wird entlarvt, der Blick wird auf die eigenen Talente und Stärken gerichtet. Ziel ist, aus dem Herzen heraus zu agieren. In diesem Sinne wurden die Teilnehmer in Meditationstechniken eingeführt, mit energetischen Methoden (z. B. *Emotional Freedom Techniques*) vertraut gemacht oder es wurde kinesiologisch gearbeitet. Der *Talking stick*, der mit diesen Seminaren Einzug in unser Haus fand, war ursprünglich ein wichtiges Symbol der Kommunikation bei den Versammlungen nordamerikanischer Indianerstämme. In der Sparda-Bank München hat er eine besondere Bedeutung erlangt — „eine Runde Talking stick“ durchführen heißt, sich mit Respekt und Offenheit ein Feedback zu geben. Diese neue Qualität und Dimension von Kommunikation trägt seitdem auch das Miteinander im täglichen Arbeitskontext. Das Konzept setzten wir konsequent fort, indem wir die Seminare und Maßnahmen auch auf stellvertretende Führungskräfte und später allen Mitarbeitern geöffnet haben, es wurde sogar auf Angehörige von Mitarbeitern ausgedehnt. Kinder und weitere Angehörige von Mitarbeitern (Enkel, Nichten, Neffen) haben die Möglichkeit, an Talenteschmiede-Seminaren der NaturTalent Stiftung vergünstigt teilzunehmen, um auf Basis der eigenen Talente Berufswahlentscheidungen zu treffen. Die NaturTalent Stiftung ist eine gemeinnützige GmbH und eine 100-prozentige Tochter der Sparda-Bank München. Im Kern geht es darum, Schülern der vorletzten Klassen, insbesondere in Realschulen und Gymnasien, talentorientierte Berufswahlempfehlungen zu unterbreiten.

12.3 Die Energiebilanzworkshops – eine Praxismethode zur stärkenorientierten Organisationsentwicklung

Nachdem das Stärkenkonzept flächendeckend in der Bank eingeführt war, ging es in einem nächsten Schritt darum, eine möglichst große Schnittmenge zwischen den Aufgaben des Unternehmens und den Talenten der Mitarbeiter zu finden. Aus den Anforderungen der Praxis ist unsere Methode der Energiebilanz entstanden. Ausgangspunkt sind die konkreten Aufgaben und Tätigkeiten, die jeder Mitarbei-

4 Siehe www.mindchange.ch.

ter regelmäßig an seinem Arbeitsplatz verrichtet. Jeder Mensch kennt Tätigkeiten, die ihm entsprechen, ihm also Energie bringen, aber auch solche, die ihm Energie rauben.

Im Energiebilanzworkshop werden alle Aufgaben, die die Teammitglieder verrichten, mit einer entsprechenden Bewertung (positiv, neutral, negativ) versehen und aufgelistet. Nun kommt ein kreativer Teamprozess in Gang: Abhängig von den Gestaltungsspielräumen im Team können Tätigkeiten je nach individuellen Schwerpunkten getauscht werden. Über Tätigkeiten, die keiner so recht mag und die aber trotzdem gemacht werden müssen, entscheidet das Team gemeinsam. Dabei zeigt sich: Je mehr Einfluss die Mitarbeiter auf die Gestaltung ihrer Aufgaben haben, umso größer ist die Bereitschaft von Kompromissen. Führungskräfte, die diesen Prozess gerne mit ihrem Team durchlaufen möchten, können wählen, ob sie die Energiebilanz selbst moderieren oder von der Unternehmensentwicklung moderieren lassen. Seit Einführung dieser Methode 2010 werden sowohl in Geschäftsstellen als auch in internen Abteilungen regelmäßig Energiebilanzen erstellt – mit großem Erfolg, da es immer wieder Möglichkeiten der Optimierung der Aufgabenverteilungen im Team gibt.

Die **Energiebilanz** ist eine dynamische Methode, sie impliziert Veränderung – und sie funktioniert in unserem Haus deswegen so gut, weil sie auf bestimmten Prämissen aufbaut, die allen Mitarbeitern bekannt sind und daher Vertrauen schaffen:

- Jeder Mitarbeiter ist einzigartig und wichtig.
- Jeder Mitarbeiter verfügt über ganz bestimmte Stärken. Motivation und Erfolg entstehen nur, wenn der Richtige am richtigen Platz ist.
- Strukturen und Aufgaben sind veränderbar und sollen sich dem Potenzial der Mitarbeiter anpassen – und nicht umgekehrt.

TIPP

Folgende Voraussetzungen sind wesentlich für die erfolgreiche Durchführung der Methode:

- Ein offener, wertschätzender Umgang im Team.
- Die Führungskraft ist immer auch Teilnehmer und legt ihre Energiespender und Energiefresser offen.
- Die Ehrlichkeit der Mitarbeiter wird wertgeschätzt und darf keine negativen Konsequenzen haben.
- Es sollten keine ungelösten Teamkonflikte vorliegen, ansonsten sollten diese erst geklärt werden. Die Energiebilanz kann auch Teil eines Teamentwicklungsprozesses sein.

- Die vom Team gemeinsam getroffenen Vereinbarungen sollten auch konsequent umgesetzt werden. Es empfiehlt sich, nach einigen Wochen nochmals gemeinsam die Ergebnisse zu besprechen.

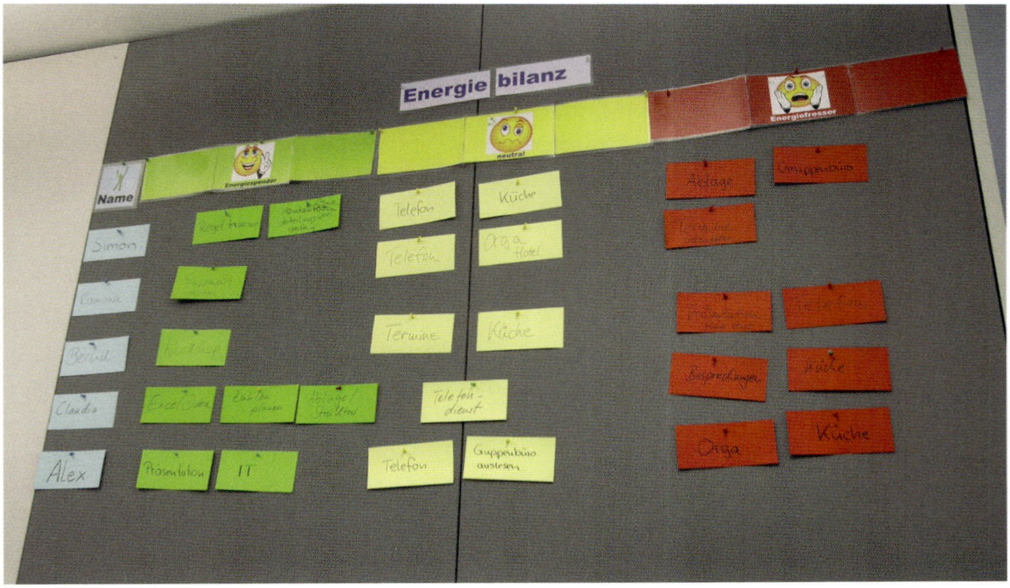

Abb. 12.2: Muster einer Energiebilanz.

Unsere Erfahrungen mit der Stärkenorientierung und den selbst entwickelten Instrumenten haben dazu geführt, dass wir eine weitere 100-Prozent-Tochter der Sparda-Bank München gegründet haben, die NaturTalent Beratung GmbH (www.naturtalent-beratung.de).

In diesem Rahmen bieten wir Organisationen und Firmen unsere Dienstleistungen rund um das Thema Stärkenorientierung an. Zu unseren Kunden gehört beispielsweise BMW mit einem großen Projekt zum Thema stärkenorientierte Ausbildung. Die beiden Töchter NaturTalent Stiftung und NaturTalent Beratung sind ebenfalls in den Räumen der Sparda-Bank München beheimatet und stehen unter derselben Leitung wie die Abteilung Unternehmensentwicklung.

12.4 Aufbruch in ein neues Bewusstsein

Man könnte natürlich einwenden, dass unser Weg in der Sparda-Bank München eG einen Sonderweg darstellt, ein Stück genossenschaftliche Sozialromantik und eine heile Welt, welche mit der Realität in den meisten Unternehmen nicht viel zu tun hat und daher auch nicht umsetzbar ist.

Doch wir sind der Überzeugung, dass es im Kern um etwas anderes geht. Es sind nicht die Unternehmensstrukturen oder das unternehmerische Umfeld, welche das größte Hindernis bei der Schaffung eines neuen Bewusstseins darstellen. Die größten Hindernisse sind wir – insbesondere die Führungskräfte im Top-Management – häufig selbst.

Es sind die alten Muster aus Angst, Kontrolle und Egoismus, die echten Wandel häufig so schwierig machen bzw. gar nicht erst beginnen lassen. Wir haben diese Prozesse selbst durchlaufen bzw. durchlaufen sie immer wieder in neuen Varianten – nicht immer ein leichter, aber ein lohnender Weg.

Demokratie bedeutet **Mut**. Beides, Demokratie und Mut, beginnt immer bei uns selbst und niemals bei den Anderen. Unsere eigene Erfahrung lehrt uns, dass das leichter klingt als es ist. Der Prozess der Auseinandersetzung mit sich selbst ist ein Prozess des Loslassens von Kontrolle und des Zulassens von Vertrauen, ein Prozess, der von Angst, Zweifeln und Zynismus begleitet sein kann und häufig um folgende Fragestellungen kreist: Habe ich es noch im Griff? Was ist, wenn ich mehr Demokratie wage? Was, wenn ich nicht mehr wichtig bin?

Ängste gelten in unserer Gesellschaft immer noch als Schwäche und sind vor allem im Management häufig tabubesetzt. Echte Demokratie beinhaltet auch den Mut, sich mit dem eigenen Schatten auseinanderzusetzen. Dann erst kann eine Kultur der Selbstverantwortung und des Vertrauens in die eigenen Fähigkeiten und die der kollektiven Intelligenz entstehen.

Wir sind der Meinung, dass die derzeitigen und kommenden Herausforderungen ohne kollektive **Intelligenz** nicht mehr lösbar sind. Die Zukunft von Unternehmen liegt in den Instrumenten und Möglichkeiten, die Mitarbeiter einzubeziehen. Das ist ein Veränderungsprozess, den die Mitarbeiter sich wünschen, der aber auch noch neu und ungewohnt sein kann und daher eine vertrauensvolle Führungskultur benötigt.

So ist beispielsweise unser **Leitbild** aus der kollektiven Intelligenz aller Mitarbeiter heraus entstanden, nicht aus dem Management. Wir führen Workshops mit allen

Mitarbeitern auf Augenhöhe. Wir setzen auf direkte Mitarbeiterbeteiligung und Open-Space-Veranstaltungen. Wir bieten unseren Mitarbeitern Meditationen an, da wir Diskussionen nicht nur auf der Verstandesebene, sondern von Herz zu Herz führen wollen. Wir lassen Wissen aus einem neuen Raum entstehen. Dabei helfen uns Intuition und Meditation. Und Demut, denn auch wir wissen, dass dieser Prozess nie endet und wir von der Andersartigkeit anderer Unternehmenskulturen sehr viel lernen können. Wir sind überzeugt, dass die Zukunft dem Miteinander gehört, nicht dem Gegeneinander.

Der Soziologe Hartmut Rosa sieht in der **Resonanz** einen Faktor, der Menschen glücklich macht. In Resonanz komme ich mit meinem Gegenüber, wenn ich ihn da abhole, wo er steht. Hartmut Rosa sagt: „Immer mehr Menschen erfahren in ihrer Arbeit keine Resonanz mehr und haben das Gefühl, sich zu verausgaben, ohne dass etwas zurück kommt." Rosa fordert eine Veränderung unserer Weltbeziehungen insgesamt. Für ihn sind Menschen dann glücklich, wenn sie in einer resonanten Austauschbeziehung mit der Welt stehen.

Der Stressreport 2012 der Bundesregierung[5] belegt, dass sich jeder zweite Arbeitnehmer am Arbeitsplatz zunehmend gestresst fühlt, 20 % fühlen sich gar überfordert. Es ist anzunehmen, dass hierbei neben veränderten Arbeitsbedingungen fehlende Resonanz am Arbeitsplatz eine Rolle spielt.

Wir möchten, dass unsere Mitarbeiter ihre Beziehungen als resonant erleben, indem wir ihnen möglichst viele dieser Erfahrungen ermöglichen: Diese Bank, dieses Unternehmen ist mehr als einfach nur ein Job: Hier finde ich ein Stück Familie, ein Stück Entwicklung der eigenen Persönlichkeit und echte, authentische Beziehungen anstelle von Small Talk. Wenn ich mich darauf einlasse, erkenne ich immer mehr, was mich ausmacht und bin gerne bereit, zwischen Beziehung und Stärkenmanagement zu akzeptieren, was ich kann und was ich nicht kann. Und dafür nehme ich gerne — im Respekt der Andersartigkeit — den Kollegen mit ins Boot, weil der da besser ist. Ich möchte mich entwickeln und Teil dieses Unternehmens, Teil dieser Wertegemeinschaft sein und Evolution mitgestalten.

Wir müssen den alten Weg nicht weitergehen, wir haben Alternativen. Und wir können selbst entscheiden, wie Wirtschaften anders gehen kann. Wir können das Gemeinwohl an die Stelle von Konkurrenzdenken und Profitgier setzen. Und wir können unsere Mitarbeiter dabei unterstützen, ein gelungenes Leben zu führen

[5] Siehe https://www.bmas.de/SharedDocs/Downloads/DE/PDF-Publikationen/Publikation-Stressreport-kurzfassung.pdf;jsessionid=38F91577E167CF9D80DAA68538182196?__blob=publicationFile.

und ihre Talente zu leben. Es geht darum, ihn zu wagen, den Aufbruch in ein neues Bewusstsein.

Literatur

Buckingham, M.; Clifton, Donald O. (2014): Entdecken Sie Ihre Stärken jetzt: Das Gallup-Prinzip für individuelle Entwicklung und erfolgreiche Führung. Frankfurt: Campus Verlag.

Nefiodow, Leo A. (2007): Der sechste Kondratieff. Sankt Augustin: Rhein-Sieg-Verlag.

Rosa, Hartmut (2012): Weltbeziehungen im Zeitalter der Beschleunigung. Berlin: Suhrkamp.

Seligman, Martin (2012): Flourish: Wie Menschen aufblühen. München: Kösel Verlag.

Daten und Fakten zur Sparda-Bank München eG[6]

Die Sparda-Bank München eG, 1930 gegründet, ist heute die größte Genossenschaftsbank in Bayern mit aktuell über 270.000 Mitgliedern, 48 Geschäftsstellen in Oberbayern und einer Bilanzsumme von rund 6,4 Milliarden Euro. Als einzige Bank in Deutschland engagiert sie sich für die Gemeinwohl-Ökonomie, die für ein wertebasiertes Wirtschaften plädiert und das werteorientierte Handeln des Unternehmens in der Gemeinwohl-Bilanz misst.

Die Sparda-Bank München unterstützt und begleitet seit langem Projekte, die die Stärken von Menschen fördern. Sie ist Inhaberin der NaturTalent Stiftung gGmbH und der NaturTalent Beratung GmbH. Im Kern geht es darum, Menschen dabei zu unterstützen, ihre Talente, die sie von Natur aus in sich tragen, zu erkennen und zu nutzen.

Das Audit *berufundfamilie* zertifiziert die Sparda-Bank München als familienfreundlichen Arbeitgeber. Sie ist 2015 zum achten Mal der bestplatzierte Finanzdienstleister im Wettbewerb „Deutschlands Beste Arbeitgeber“ in der Größenkategorie 501-2.000 Mitarbeiter.

---

6 Weitere Informationen unter: www.sparda-m.de/gemeinwohl-oekonomie.php und www.sparda-m.de.

Zusätzlich hat die Sparda-Bank München 2015 den Sonderpreis „Humanpotential-fördernde Personalmanagement" für ihren ganzheitlichen Ansatz der Förderung und Weiterentwicklung der Potenziale der Mitarbeiter erhalten.

Beim neuen Wettbewerb „Bayerns Beste Arbeitgeber 2015" belegte die Sparda-Bank München Platz 3 in der Kategorie 501-1.000 Mitarbeiter und ist auch hier bester Finanzdienstleister.

Bernd Oestereich

»13
Praktiken und Prinzipien der Selbstorganisation

13 Praktiken und Prinzipien der Selbstorganisation: Führungsarbeit statt Führungskräfte[1]

Bernd Oestereich (next U GmbH)

Aus der Sicht von Kundinnen betrachtet sieht das Unternehmen oose Innovative Informatik nicht anders aus, als die meisten anderen Unternehmen auch, intern funktioniert es jedoch völlig anders. Am auffälligsten ist der weitgehende Verzicht auf Chefs im klassischen Sinne. Stattdessen üben sich die Kolleginnen darin, Führung und Verantwortung **kooperativ und kollaborativ** zu teilen.

Wie diese Führung organisiert ist, erklärt dieser Beitrag.

13.1 Partizipation versus Selbstführung

Neue Kollegen brauchen eine Weile, um sich ein- und zurechtzufinden, bekannte und eingeübte Verhaltensmuster und Rituale funktionieren bei oose nicht. In traditionellen **Linienorganisationen** beteiligen Führungskräfte ihre Mitarbeiterinnen zwar an Entscheidungen, die Verantwortung für die Entscheidung und damit auch das Ermessen, wie weitgehend und in welcher Form Partizipation stattfindet, obliegt jedoch der Führungskraft. Eine solche Form der **Beteiligung** ist somit willkürlich gestaltet und funktioniert vor allem dann, wenn die Mitarbeiter die Entscheidungen treffen oder befürworten, die auch für die Führungskraft tragfähig sind.

Für viele Kolleginnen ist es eine neue Erfahrung, nicht von einem Verantwortlichen an Entscheidungen beteiligt zu werden, sondern diese wirklich selbst zu treffen und zu verantworten. Ein kleiner, aber höchst relevanter Unterschied besteht jedoch zwischen Unternehmen mit **partizipativ** führenden Führungskräften und einer selbstgeführten Organisation.

[1] Um kein Geschlecht zu benachteiligen, sind im folgenden Beitrag die Personenbezeichnungen halbwegs gleichmäßig verteilt. Das nicht genannte, andere Geschlecht ist jeweils mit eingeschlossen.

13.2 Kreise statt Abteilungen

Bei oose bilden die daran interessierten Kolleginnen einen Führungskreis und teilen die Führungsaufgaben und die Verantwortung miteinander. Die Kollegen entscheiden eigenständig darüber, wer in welchen Rollen und Kreisen welche Interessen vertritt, wer welche Schnittstellen zu anderen wahrnimmt usw.

Für die Kommunikation der Kreise untereinander, wählen und entsenden diese einseitig oder gegenseitig Repräsentantinnen oder benennen Ansprechpartner. An Stelle einer hierarchischen Linienorganisation existiert so ein eher kollegial geführtes, dynamisches Netzwerk.

Abteilungen im klassischen Sinne, in denen jede Mitarbeiterin lediglich einer Abteilung angehört, gibt es nicht. Je nach individueller Präferenz arbeiten Kollegen in verschiedenen Kreisen mit. Darüber hinaus ist auch die Führungsstruktur dynamisch. Die Kollegen entwickeln sie miteinander und schrittweise kontinuierlich weiter, legen z.B. Kreise zusammen, kreieren neue, schaffen sie wieder ab und verändern die Schnittstellen von Kreisen.

Derzeit existieren bei oose Kreise für die verschiedenen inhaltlichen Geschäftsbereiche wie z.B. Softwarearchitektur, Geschäftsprozesse oder Systems-Engineering. Diese Kreise haben typischerweise 2-8 Mitglieder, die ihren jeweiligen Zuständigkeitsbereich umfassend verantworten und in diesem über *alles* entscheiden: von der strategischen Ausrichtung, dem Leistungsangebot, den Preisen, dem jeweiligen Geschäftsmodell bis hin zu Lieferanten, Kooperationen und der Neueinstellung von Kolleginnen. Ebenso sind unterstützende und verwaltende Aufgaben und Dienstleistungen wie das Veranstaltungsmanagement, die technische Infrastruktur, das Marketing oder die formale Geschäftsführung in Kreisen organisiert.

Es kann durchaus sein, dass ein Kollege Mitglied im Führungskreis eines Geschäftsbereiches ist, einen nennenswerten Teil seiner operativen Arbeit jedoch für einen anderen Geschäftsbereich leistet. In einem Bereich gestaltet und führt er somit maßgeblich mit, im anderen macht er fleißig Umsatz und vertraut der Führungsarbeit der dortigen Kollegen.

Die Kreise können zur verbesserten Koordination Oberkreise bilden, z.B. existiert oberhalb der Führungskreise für die Geschäftsbereiche ein zentraler Strategiekreis (der aktuell Q4-Kreis heißt). Sie können auch Unterkreise bilden, wenn sich dadurch Zuständigkeiten effizienter und unabhängiger wahrnehmen lassen oder Bereiche wachsen und Kreise zu groß werden.

Nicht jede Mitarbeiterin möchte immer oder überall führen. Da Führung den kleineren Teil des Gesamtaufwands darstellt, ist das auch nicht notwendig. Geschätzte 20 % der Arbeit bei oose entfallen auf Führungs- und Kulturarbeit, dieser Anteil wiederum ist situativ verteilt, ungleich über Personen und Zeiträume.

Weil die Führungsstruktur stetig im Fluss ist — zwar nicht täglich, aber über Wochen und Monate entstehen immer wieder kleine und größere Änderungen — ist **Transparenz** sowie ein einfacher und verständlicher Zugang wichtig. An zentraler Stelle im Büro hängt eine strukturierte Pinnwand, an der jeder Kreis durch eine Karte repräsentiert wird, die die jeweiligen Mitglieder durch Namenskürzel aufführt. Weitere Informationen finden sich im internen **Wiki** und im internen Blog, wo die Konstitution der Kreise konkretisiert wird und alle wichtigen Entscheidungen und Ergebnisse transparent abgelegt und dokumentiert sind.

Abb. 13.1: Visualisiertes Kreismodell

13.3 Führung von Außen nach Innen

Das Grundprinzip **Führungsarbeit statt Führungskräfte** besagt, dass Führung Teil der Arbeit eines jeden Mitarbeiters ist und maßgeblich von den Mitarbeiterinnen, Rollen, Strukturen und Prozessen getragen wird.

Führung funktioniert von außen (Peripherie) nach innen (Zentrum) und geht von denen aus, die den direkten Kontakt mit Kunden und dem Marktgeschehen haben. Zentrale Rollen und Aufgaben wie Geschäftsführung, Produktentwicklung, Büro- und technische Infrastruktur sind zentrale interne Dienstleister für die Peripherie.

Formal existiert ein geschäftsführender Vorstand. Dieser nimmt seine Verantwortung dadurch wahr, dass geeignete Rahmenbedingungen für eine kollegial-selbstgeführte Organisation schafft. Dies ist als Prinzip in der Satzung verankert. Der Vorstand führt also nicht (mehr oder weniger als andere), er sorgt für Führung.

In Linienorganisationen wird die Macht von oben nach unten ausgeübt und Zentralabteilungen geben den direkt wertschöpfenden Mitarbeiterinnen vor, mit welchen Arbeitsmitteln sie zu arbeiten haben, welche Prozesse und Formalien sie einzuhalten haben, welche Berichts- und Entscheidungswege zu benutzen sind usw. In der Kreisorganisation verläuft die Macht von außen nach innen: Die in der direkten Wertschöpfung stehenden Mitarbeiter delegieren bestimmte Aspekte ihrer Arbeit an eine Zentralabteilung, d. h. sie kaufen dort Leistungen ein, die sie selbst nicht erbringen wollen oder können.

Die Kolleginnen bestimmen z. B. selbst, wie viele neue Mitarbeiter sie für ihren Produktbereich einstellen wollen, wen genau und zu welchen Konditionen usw. Die Lohnbuchhaltung möchten sie nicht selbst übernehmen, weil sie die dafür notwendige Qualifikation gar nicht selbst aufbauen wollen. Hier greifen die Kollegen gerne auf eine zentrale Instanz zurück. In diesem Sinne ist auch die formale Geschäftsführung des Unternehmens eine zentrale Dienstleistung, deren Rolleninhaber – die Vorstandsmitglieder – bei oose von den Kolleginnen auf Zeit gewählt werden.

Zusätzlich zu den transparent führenden Kreisen existieren vertraulich arbeitende Kollegengruppen von 3–4 Personen, die einen wichtigen Teil der Personalentwicklung und der kollegialen Beratung übernehmen. Neben Kreisen für operative und verwaltende/unterstützende Aufgaben existieren Kreise bzw. Rollen auf der Meta-Ebene und somit zur übergreifenden und organisationsweiten Selbstbeobachtung, Reflexion und Selbstmoderation.

13.4 Entscheidungs- und Willensbildungsprozesse

Mit demokratischen Willensbildungsprozessen werden häufig ermüdende und nicht enden wollende Diskussionen assoziiert, an deren Ende ein kraft- und nutz-

loses Ergebnis oder ein fauler Kompromiss steht. Wer möchte solchen Prozessen beiwohnen? Wird nicht eher insgeheim eine charismatische Führungspersönlichkeit gewünscht, die uns mit emotional resonanzfähigen Visionen inspiriert, uns Geschichten vom weiten Meer und neuen Ufern erzählt und uns sagt, wo es lang geht? Leider gibt es viel zu wenig Menschen in unseren Organisationen, die diesem Anspruch an Führung gerecht werden können. Erschwerend kommt hinzu, dass das mittlere und untere Management in Linienorganisationen häufig in die Schizophrenie getrieben wird, indem sie von oben mit offen sichtlich absurden quantitativen Vorgaben (beschönigend Zielvereinbarungen genannt) geführt werden, während die Ihnen unterstellten Mitarbeiterinnen erwarten, ihnen offen, authentisch, beteiligend, coachend und auf Augenhöhe mit dem realistisch Machbaren zu begegnen. Wie handhaben oder vermeiden selbstgeführte Unternehmen diese Überforderung? Sie setzen auf **Eigenverantwortung** und sie arbeiten **soziokratisch** statt demokratisch!

13.5 Eigenverantwortung statt Grenzen, Vorgaben und Zentralisierung

Alle Entscheidungen, die dezentral, von der einzelnen, direkt involvierten Person getroffen werden können, sollen in einer selbstgeführten Organisation auch von dieser getroffen werden — weil es so einfach und so effizient ist. So simpel dies scheint, so sehr stehen wir uns dabei selbst im Weg. Wir sind sozialisiert mit der Angst, dass derartige lokale Entscheidungen riskant sind: der Einzelne überblicke die Gesamtzusammenhänge nicht, es entstünden unabsehbare Wechselwirkungen und das Wohl des Ganzen leide oder sei zumindest gefährdet.

Vermutlich besteht genau darin die relevante Herausforderung. Wir sollten allerdings anerkennen, dass **Zentralisierung** nicht die Lösung ist, sondern Teil des Problems. Gerade die traditionelle Linienorganisation ist es, die in diesem Punkt komplett versagt und Schäden verursacht — zumindest wenn sie sich in einem dynamischen und komplexen Umfeld befindet.

Zentrale Entscheider und Entscheidungsgremien beziehen ihre Existenzberechtigung noch immer aus dem Mythos, dass alle entscheidungsrelevanten Informationen bei ihnen verdichtet und zentral zusammen laufen, was erst eine objektive Entscheidung bei übergreifenden Fragen erlaubt. Diese Begründung für das Prinzip „oben wird gedacht, unten wird gemacht" hält einer Praxisüberprüfung jedoch nicht Stand. In der Realität werden Informationen auf ihrem Weg nach oben ver-

fälscht, gefiltert, egoistisch selektiert, verzerrt, verbogen und beschönigt, so dass keine sinnvollen oder belastbaren Erkenntnisse gewonnen werden können. Die Flut von Daten, insbesondere wenn sie algorithmisch verdichtet ist, verhindert den letzten Rest an Erkenntnis und Evidenz und erlaubt den Beteiligten, sich hinter ihnen zu verstecken und keine echten Entscheidungen mehr treffen zu müssen. Erschwerend kommen die persönlichen Ängsten, blinden Flecke, Eigeninteressen und Machtspiele der vermeintlich objektiven zentralen Entscheider hinzu.

Die Alternative lautet: Im Prinzip macht jeder was er will — soweit es zum Zweck des Unternehmens und zu den Kreisen passt, in denen man mitarbeitet. Dies liegt aber wiederum im Ermessen jeden Einzelnen. Wer etwas ändern oder etwas Neues kreieren möchte, eine Dienstleistung, ein Produkt, eine Arbeitsform, der tut es einfach, allerdings nicht heroisch im Alleingang, sondern durch Information, Abstimmung oder Einbeziehung von Kolleginnen: Das nennen wir Konsultation. Die Zentralisierung von Information und Wissen ersetzen wir durch Konsultation und Abstimmung mit den dafür spezifisch als relevant erachteten Personen.

Ziel ist, dass jeder Mitarbeiter arbeiten kann wie er/sie möchte, sich dabei dem Gesamtwohl verpflichtet und dies transparent und nachvollziehbar gestaltet. Dafür braucht die Organisation den stetigen kollegialen Austausch untereinander, um Vertrauen, Wissen, Können, Ideen, Fragen und Einwände zu gewinnen — Rückmeldungen zum Nutzen der individuellen Handlungen, um gemeinsam daraus zu lernen. Lernen soll nicht die Zentrale, sondern alle gemeinsam als Organisation.

Gerade weil es in selbstgeführten Organisationen keinerlei Grenzen für eigenverantwortliche Entscheidungen gibt, v. a. keine finanziellen Limits, Budgets oder Zielvorgaben, zeigt sich in der Praxis, dass Mitarbeiterinnen eher zu vorsichtig als zu offensiv agieren. Arbeitsvolumen und -auslastung, Arbeitsinhalte, Arbeitsort, Reisemodalitäten, Gehalt, Jobtitel, Arbeitsplatzgestaltung, ethische Grenzen bei Aufträgen und Kunden und die persönliche und berufliche Weiterentwicklung, wie z. B. Fortbildungen, werden ganz selbstverständlich und von den Kolleginnen eigenverantwortlich bestimmt. Ebenso selbstverständlich berücksichtigen die Kollegen dabei die Erfordernisse des Marktes, der Kundinnen, der eigenen Organisation und der Kollegen, um verantwortungsvoll handeln zu können — zumeist verantwortungsvoller, besser informiert und intelligenter als eine zentrale Instanz dies jemals könnte. Diejenigen, die direktem Kontakt mit dem Kundinnen stehen, haben den größten Einfluss und damit die Verantwortung, unerwartete Situationen und Überraschungen nutzbringend zu handhaben. Dabei spielt es keine Rolle, ob es sich um eine Reklamation oder eine neue, lukrative Geschäftsmöglichkeit handelt.

13.6 Konsent statt Konsens

Konsent ist kein Tippfehler, sondern eine bewusste Begriffswahl. Zum Glück ist Sprache ja ein sich entwickelndes Gut. Im Englischen lassen sich *consent* und *consensus* unterscheiden, ins Deutsche werden die Begriffe aber üblicherweise beide mit Konsens übersetzt und der Unterschied dadurch aufgehoben. Möglicherweise wäre „demokratischer Konsens“ versus „soziokratischer Konsens“ eine fürs Deutsche passende Unterscheidung. Die Übersetzerin und Soziokratie-Aktivistin Isabell Dierkes entschied sich hingegen, ein neues Wort zu kreieren: Konsent. Die Unterscheidung „Konsens“ (= demokratisch) versus „Konsent“ (= soziokratisch) ist wesentlich einfacher und prägnanter.

Tatsächlich unterscheidet sich der soziokratische Konsent vom demokratischen Konsens nicht nur in der Art, wie er zustande kommt, sondern auch in seiner Qualität. Das Grundprinzip des soziokratischen Konsents lässt sich am einfachsten im Unterschied zum demokratischen Konsens erklären.

In regulären demokratischen Entscheidungen lautet die Frage stets: Wer ist dafür? Die Parteien versuchen dementsprechend die Zustimmungsrate zu einer Entscheidung zu maximieren. Je nach Verfassung sind bestimmte relative oder absolute Mehrheiten erforderlich. Auf Minderheitsbedürfnisse wird gewöhnlich wenig Rücksicht genommen. Bei knappen oder fehlenden Mehrheiten ist es in der Praxis üblich, weitere Stimmen zu gewinnen, indem man Kompensationsgeschäfte anbietet oder Nachteile bei anderen anstehenden Entscheidungen androht. Die Ergebnisqualität eines derartigen Willensbildungsverfahrens beobachten wir täglich in der Politik.

Bei soziokratischen Entscheidungen hingegen lautet die Frage: Welche Einwände gibt es? Wer oder wie viele Personen den Einwand hervorbringen, ist dabei weniger wichtig als der Inhalt des Einwandes: Das Argument zählt, nicht die Stimme. Anschließend versuchen alle Beteiligten gemeinsam, die Einwände zu minimieren, die Lösung zu variieren oder möglicherweise nach ganz neuen Lösungen zu suchen, bis am Ende weniger oder gar keine Einwände übrig bleiben.

Tabelle 14.1: Unterschied zwischen Konsens und Konsent

Konsens	Konsent
Wer ist dafür?	Welche Einwände gibt es?
Maximierung der Zustimmung	Minimierung der Einwände
Wenig Rücksicht auf Minderheitsbedürfnisse	Integration von Minderheitsbedürfnissen

Ein wichtiger Unterschied zwischen einer demokratischen und einer soziokratischen Entscheidung besteht darin, dass bei der soziokratischen Wahl die Beteiligten sehr viel stärker in die inhaltliche (Weiter-) Entwicklung der Entscheidungen eingebunden sind und nicht nur als Stimmvieh dienen.

Wer einen Einwand äußert, ist aufgefordert daran mitzuwirken, diesen Einwand aufzulösen. Er wird mit der Frage konfrontiert: Wie kann die Lösung so verändert werden, dass dein Einwand entfällt oder schwächer wird? Oder wie müsste die Lösung aussehen, damit du keinen schwerwiegenden Einwand mehr hast? Es geht also stets darum, mögliche Einwände in die Lösung zu integrieren. Es wird nicht nur entschieden, sondern eben auch an der Qualität der Lösung gearbeitet.

Die eigentliche Entscheidung basiert auf Vetofreiheit, d. h. solange auch nur eine Person ein Veto einlegt, wird die Entscheidung nicht akzeptiert. Mit anderen Worten: Die **Soziokratie** strebt nach einwandfreien Entscheidungen.

Es gibt verschiedene Grade von Einwänden, das Veto ist dabei der stärkste und hat den Charakter einer Notbremse. Typischer sind „Ich habe einen wichtigen Einwand, aber ich möchte die Entscheidung nicht blockieren" oder „Ich habe einen relevanten Einwand, aber trotzdem ist diese Entscheidung besser, als bei der aktuellen Situation zu bleiben."

Die Alternative zu einer Entscheidung ist immer die Ist-Situation. Es geht somit weniger darum, ob oder wie gut eine Entscheidung an sich ist, sondern wie sie im Vergleich zur Ist-Situation bewertet wird. Bei demokratischen Entscheidungen ist dies zwar auch so, das Bewusstsein darüber ist bei soziokratischen Entscheidungen jedoch i. d. R. präsenter, weil jeder Einzelne mit seinem Veto allein die Beibehaltung des Ist-Zustands erzwingen könnte.

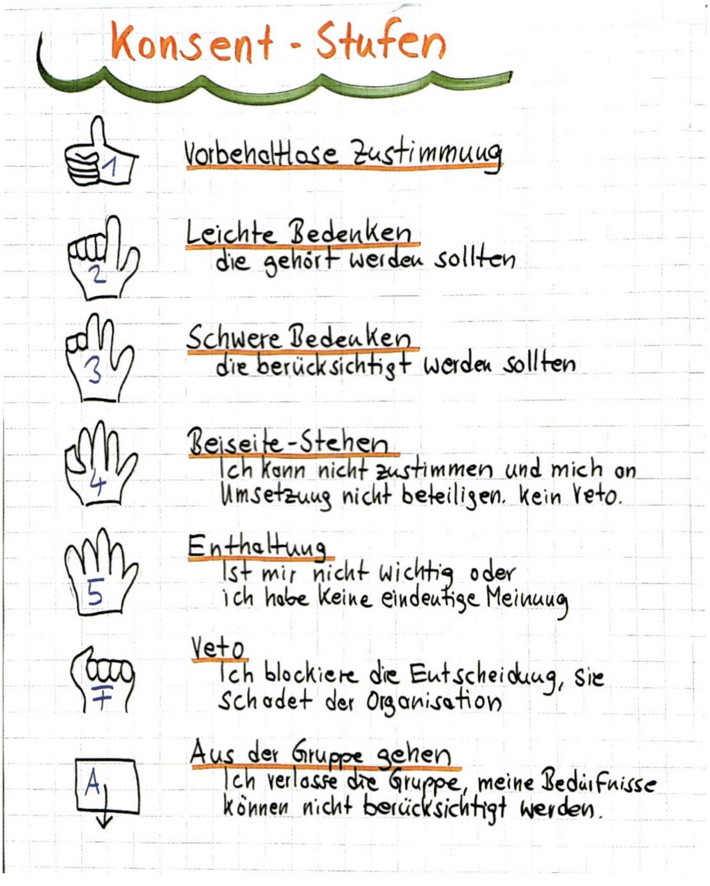

Abb. 13.2: Die in der Soziokratie üblichen Konsent-Stufen[2].

Darüber hinaus kann mit verschiedenen, relativ einfachen Moderationstechniken gewährleistet werden, dass nicht einzelne, ewig nörgelnde oder querulante Personen mit ihren Beiträgen oder Einwänden den **Prozess** dominieren oder an den Pranger geraten und dass nicht jede Beteiligte zu jedem anderen Beitrag nutzlose Anschlussbeiträge reproduziert, nur um dazu auch etwas gesagt zu haben.

2 Diese werden bei oose in abgewandelter Form praktiziert.

Konsent-Moderation will zwar gelernt sein, ist aber keine Raketenwissenschaft und funktioniert mit etwas Übung sehr effizient. Unterm Strich, mit allen Transaktions- und Opportunitätskosten, ist ein Konsent fast immer schneller und unaufwändiger, als ein bürokratischer Entscheidungsprozess in pyramidenförmigen Linienorganisationen.

Neben dem Konsent existieren bei oose weitere Entscheidungsverfahren, u. a.

- der konsultative Einzelentscheid, bei dem eine Person für eine Einzelentscheidung handlungsbevollmächtigt wird und
- ein nebenläufiges Entscheidungsverfahren über das Company Backlog, das im Folgenden vorgestellt wird.

Andere selbstgeführte Organisationen praktizieren zusätzlich oder alternativ das systemische Konsensieren (eine strukturierte Form der Widerstandsabfrage), asynchrone konfrontative Einzelentscheide (mit Einwandfristen) oder verwenden andere Namen (z. B. Einwandintegrationsverfahren).

13.7 Company Backlog

Das Company Backlog ist ein visuell-organisatorische Hilfsmittel, um übergreifende Entscheidungen und Projekte transparent zu organisieren. Die Organisation oder auch eine Organisationseinheit sammelt an einer solchen Wand (Abbildung 13.3) ihre Ideen, Vorhaben und Entscheidungsbedarfe, priorisiert sie gemeinsam und beobachtet deren Entwicklungsschritte.

Abb. 13.3: Wöchentlich gepflegtes Company Backlog.

Bei oose treffen sich die Kollegen z. B. jeden Freitag für ca. 30 Minuten in einem Workshop-Raum, in dem die mobile Pinnwand mit dem Company Backlog zentral positioniert wird. Wir nehmen neue Beiträge auf, aktualisieren Prioritäten und den Status der Beiträge. Ideen verfallen nach vier Wochen, wenn niemand darin aktiv ist. Die aktiven Beiträge werden unterschiedlich ja nach aktuellem Status klassifiziert. Bevor Ideen umgesetzt werden, müssen sie *startklar* sein, nachdem sie *fertig* sind, wird ihre Wirkung geprüft. Für die Zustände *startklar* und *fertig* müssen bestimmte Kriterien erfüllt sein.

Das Company Backlog enthält nur solche Elemente, die von übergreifender Bedeutung sind. Alles was einzelne Kreise oder Personen für sich entscheiden können, kommt nicht in das Company Backlog.

Durch die ritualisierte Aktualisierung bietet das Company Backlog jedem Organisationsmitglied eine niedrigschwellige Möglichkeit, Entscheidungen zu initiieren und transparent und verfolgbar zu machen. Das Backlog bei oose hat drei verschiedene Spalten

- eine für reine Entscheidungen, die keine weiteren besonderen Arbeiten erfordern,
- eine für Entscheidungen, die als Projekt zu gestalten sind (Umsetzungen) und
- eine für Experimente, also zeitlich, inhaltlich, räumlich oder organisatorisch begrenzte Entscheidungen, über deren Generalisierung nach Abschluss des Experimentes entschieden wird.

13.8 Kommunikationspraktiken für die Führungs- und Kulturarbeit

Eine selbstgeführte Organisation lebt von ihren vielfältigen und stetig variierenden Kommunikationspraktiken. Transparenz, Nachvollziehbarkeit und Prozesssicherheit sind deshalb wichtige Bedürfnisse, die durch bewusst gestaltete Kommunikationsformate unterstützt werden müssen. Die gemeinsame, wöchentliche Aktualisierung des Company Backlogs, die Transparenz über die Kreisstruktur mittels Pinnwand, Wiki und Blog wurden bereits erwähnt.

Darüber hinaus haben sich folgende Praktiken bewährt:

- **Regelmäßige Unternehmens-Open-Spaces**
  oose veranstaltet z.B. etwa dreimal jährlich für je drei oder mehr Tage einen Unternehmens-Open-Space, an dem alle Mitarbeiterinnen teilnehmen.
- **Diskussionsmarktplätze**
  Dies sind ein- oder zweiwöchig stattfindende etwa einstündige Plenumsveranstaltungen, in denen jeder Kollege die Möglichkeit hat, Meinungen abzufragen, Ideen vorzustellen, Diskussionen zu führen, Fragen zu stellen oder in anderer Weise die Aufmerksamkeit der Organisation zu nutzen – allerdings nicht für Entscheidungen und nur für initial maximal 8 Minuten. Nach den 8 Minuten entscheiden die Anwesenden per Handzeichen (Daumen hoch, seitwärts oder runter) alle zwei Minuten über eine Verlängerung. Sobald mehr Daumen runter als hoch zeigen, kommt der nächste Beitrag. Die gewährte Dauer ist also auch ein Indikator für das Interesse und die Relevanz eines Beitrages.

- **Regelmäßige Retrospektiven**
- **Poster-Sessions**
- **Monatliche ZDF** (Zahlen-Daten-Fakten-Präsentation) u. v. m.

Viele der praktizierten Formate ändern sich nach einigen Monaten wieder oder werden ersetzt, weil sich Anforderungen und Bedürfnisse ändern, neue Ideen entstehen oder schlicht, um etwas Abwechslung zu erleben. Andere bleiben über Jahre stabil und werden zu Ritualen.

13.9 Subjektive Beurteilung und Fazit

Das **soziokratische Kreismodell** und das Basisprinzip **Führungsarbeit statt Führungskräfte** wurde bei oose 2012 auf Initiative von mir als dem damaligen Inhaber gemeinsam mit der bis dahin tätigen Geschäftsführung eingeführt. Dabei wurden zum einen alle bis dahin vorhandenen Führungspositionen abgeschafft, bis auf eine auf das formal Notwendige reduzierte Geschäftsführung. Zum anderen wurde ein initiales Kreismodell proklamiert. Dieser Schritt wurde von den Inhabern und der (Rest-) Geschäftsführung verantwortet und ohne nennenswerte Mitsprachemöglichkeit der Mitarbeiterinnen vollzogen.

Die abrupte Umstellung von Fremd- auf Selbstorganisation bewirkte zunächst Unzufriedenheit und Unsicherheit bei allen Beteiligten:

- Die bisherigen Führungskräfte standen plötzlich auf der grünen Wiese, mussten sich grundlegend neu orientieren und neue Aufgaben suchen, entweder innerhalb der Organisation oder sie verließen sie.
- Die verbliebenden Führungskräfte und die Initiatoren der Umstellung mussten sich darin üben, nicht mehr einzugreifen, nicht mehr zu führen und nicht mehr zu entscheiden — und das schon unmittelbar nach der radikalen Entscheidung zur Umstellung selbst.
- Die Mitarbeiterschaft, die bislang ihre Interessen und Bedürfnisse an Führungskräfte adressieren konnte, hatte plötzlich keine Adressaten und keine Projektionsfläche mehr. Die Bedürfnisse und Interessen waren jedoch weiterhin da und sorgen für Unzufriedenheit, solange niemand sie aufgriff: „Man müsste mal …", „Das geht doch so nicht …", „Wer kümmert sich um …", „Wäre es nicht besser, …" usw.

Auch wenn die Zuständigkeiten über das Kreismodell definiert waren, wurden die Bedürfnisse noch lange nicht befriedigt, denn die Kreise und neuen Rollenträger mussten sich erst darin finden, sich konstituieren und orientieren, ihr Selbstverständnis ausprägen und sie gerieten zusätzlich in neue, gruppendynamische Entwicklungen. Daraus ergaben sich zunächst weitere, neue Bedürfnisse und Interessen, z. B. die initiale Kreisstruktur zu verändern und weiter zu entwickeln.

Nicht alle Bedürfnisse wurden durch die Kreisstruktur von Beginn an angemessen abgedeckt, so dass es neuer Initiativen und Ideen zu ihrer Gestaltung bedurfte. Erst wenn der Leidensdruck groß genug ist und Kolleginnen initiativ werden und beginnen, zu führen, zu entscheiden und zu handeln, wächst emergent die Selbstorganisation und Selbstführung.

Zwei große Risiken bestehen dabei:

- Die Selbstorganisation kommt durch die Fortsetzung von Fremdbestimmung durch die bisherigen Führungskräfte gar nicht erst in Gang.
- Die Unzufriedenheit führt nicht dazu, dass Kollegen mit eigener Führung beginnen, sondern sie verlassen das Unternehmen.

Bei oose kam das neue Führungsmodell allmählich ins Laufen, gewann an Funktions- und Leistungsfähigkeit und steigerte die Zufriedenheit der Beteiligten wieder. Für diese Organisation sehe ich aktuell folgende Herausforderungen.

Die Selbstführung an der Peripherie, also an ökonomisch relevanter Stelle, funktioniert mit angemessen hoher Dynamik, hoher Reife, guten Ergebnissen und guter Effizienz, worauf ich als Gründer des Unternehmens, Initiator der Transformation und ehemaliger Inhaber sehr stolz bin. Die Führung des Zentrums ist im Vergleich dazu erheblich schwächer ausgeprägt. Dies betrifft v. a. die notwendigen Gestaltungs- und Führungsimpulse der Peripherie gegenüber dem Zentrum und die Reflexion des Organisationsverhaltens, der organisationalen Reife, der typischen Verantwortungsdiffusion und der systemischen Prozesssicherheit. Diese Aspekte entwickeln sich stetig, sind aber noch nicht ausreichend. Die übergreifend wirksame Kompetenz zur Fürsorge und Konflikthandhabung sowie die Gesamteffizienz reichen noch nicht aus und führen in bestimmten Kontexten und Situationen zu organisatorischen Überforderungen und manchmal auch zu Schäden.

Auch wenn jede Einzelne guten Willens, verantwortungsbewusst und qualifiziert handelt, kann das Organisationsverhalten unbefriedigend sein: Eine Organisation ist nicht einfach die Summe seiner Mitglieder und das Organisationsverhalten nicht einfach der Mittelwert der individuellen Verhaltensweisen.

Die vielfältigen sozialen, organisatorischen, inhaltlichen, wirtschaftlichen und persönlichen Sicherheitsbedürfnisse der Individuen sind auch nach der Transformation unverändert vorhanden und wirksam und sind prinzipiell dazu geeignet, Entwicklungen und Dynamik erheblich zu bremsen, sofern sie nicht durch einen sicheren Prozess- und Ordnungsrahmen, kollegiales Coaching und qualifizierte, professionelle Moderation auf der Metaebene für die Gemeinschaft handhabbar gemacht werden.

Bei fast allen mir bekannten Unternehmensbeispielen ging die Initiative zur Umstellung auf eine selbstgeführte Organisation von den Inhabern und Gründerinnen aus, von denen auch der anfängliche Rahmen auf Metaebene stammte. Sobald die Selbstführung ins Laufen kommt, absorbiert oder isoliert die Organisation jedoch diese ursprüngliche Gestaltungskraft oder emanzipiert sich von ihr. Das Vakuum oder die großen Fußstapfen auf der Metaebene sind dann kollegial zu handhaben und emergent durch eigene, sich entwickelnde Strukturen und Prozesse abzulösen. Hier zeigt sich, ob die Selbstführung durch die Systemarchitektur getragen wird oder weiterhin an den Gründern oder einzelnen Talenten hängen bleibt.

Dr. Klaus von Rottkay

»14

Arbeiten 4.0: Mehr Eigenverantwortung wagen

14 Arbeiten 4.0: Mehr Eigenverantwortung wagen

Dr. Klaus von Rottkay (COO Microsoft Deutschland)

> *Früher haben wir Mitarbeiter gebraucht, die machen, was wir sagen. Heute brauchen wir Mitarbeiter, die machen, was wir ihnen nicht sagen. Das demokratische Unternehmen im 21. Jahrhundert braucht vor allem neue Formen der Partizipation – aber ohne Chef geht es trotzdem nicht.*
>
> *Klaus von Rottkay, COO Microsoft Deutschland*

Die Digitalisierung stellt die bisherige Arbeitswelt auf den Kopf. Heute hat jeder sein Büro in der Tasche, kann auf mobilen Geräten arbeiten und hat ständig Zugriff auf Unternehmensnetzwerke. Die Büroarbeit wie wir sie kennen, ist ein Auslaufmodell. Neue, flexible Arbeitszeitmodelle etablieren sich, selbst die Bundesregierung will das Homeoffice fördern. So sprach sich Bundesarbeitsministerin Andrea Nahles (SPD) im April 2015 für das Homeoffice sowie für Nachbesserungen im Arbeitszeitgesetz aus. „Flexible Arbeitszeiten und Orientierung am Ergebnis können auch den Beschäftigten nutzen", sagte die Ministerin. Das war neu, bisher hatte sie sich eher für E-Mail-Verbote nach Feierabend stark gemacht.

Wenn sich jedoch die Art der Arbeit ändert, die Arbeit flexibler wird, wie müssen sich Unternehmen ändern — und zwar nicht nur in technologischer Hinsicht? Im Hinblick auf die Flexibilisierung der Arbeit stellt sich vor allem die Frage: Wie lässt sich in Zeiten der digitalen Revolution die betriebliche Mitbestimmung neu organisieren, ohne dabei einen arbeitsrechtlichen Missbrauch zu riskieren? Denn neue Technologien und Soziale Netzwerke ermöglichen eine höchst effektive, demokratische Partizipation und das z.T. besser und nachhaltiger als traditionelle Institutionen.

Wir brauchen in Deutschland daher eine Neudefinition der betrieblichen Mitbestimmung, sozusagen eine Grundsanierung der inhaltlichen Umsetzung von Mitbestimmung — vor allem auch aus volkswirtschaftlichen Gründen. Was wir derzeit unter Mitbestimmung verstehen, stammt aus der Zeit der Industrialisierung, aus den Zeiten von Massenfertigungen, als die Arbeit morgens begann und am späten Nachmittag endete. Heute leben wir in einer Wissensgesell-

schaft, mehr als die Hälfte der Arbeit in Deutschland ist Wissensarbeit. Treiber der Wissensgesellschaft sind neue Technologien, ist die Digitalisierung. Die digitale Wirtschaftswelt, in der es weniger um die Herstellung von Massenware und mehr um komplexe Systemlösungen geht, braucht auch neue Formen der Mitarbeiterbeteiligung. Heute rückt die Eigenverantwortung jedes einzelnen Mitarbeiters ins Zentrum. Statt alte Arbeitskämpfe wieder aufleben zu lassen, geht es heute darum, Digitalisierung, Eigenverantwortung und Partizipation ökonomisch sinnvoll zu vereinen.

14.1 Nicht in Nostalgie verfallen

Der Streik der Lokführer hat das Land 2014 und 2015 in Atem gehalten. Über Monate hinweg gab es Ausstände und zum Teil massive Zugausfälle. Das sorgte für Wut bei vielen Kunden, aber es gab auch Verständnis für das Anliegen der Gewerkschaft der Lokführer (GDL). Die GDL hat gezeigt, welche Macht auch eine kleine Gewerkschaft entfalten kann. Und wir haben gesehen, wie abhängig wir von der Mobilität und Logistik der Bahn heute sind. Vermutlich werden wir aber Auseinandersetzungen wie diese nicht mehr oft führen. Die GDL mag für mehr Einfluss und bessere Arbeitsbedingungen gestreikt haben – aber es ist nicht auszuschließen, dass in wenigen Jahren Züge fahren, die nicht mehr von Lokführern gesteuert werden, sondern selbsttätig unterwegs sind. Fakt ist: Die technologische Revolution erfasst alle Bereiche und wir dürfen daher gerade in Fragen von Mitbestimmung und Arbeitnehmerrechten nicht in Nostalgie verfallen.

Eine Gesellschaft, in der die klassische Industriearbeit an Bedeutung verliert, sollte auch in der Lage sein, sich von bisherigen Regeln zu verabschieden. Einem Ingenieur oder einem anderen Wissensarbeiter geht es heute nicht um ein paar Minuten mehr oder weniger Arbeitszeit. Heute engagiert sich ein Wissensarbeiter ein halbes Jahr in einem Projekt, um danach ein paar Wochen Pause zu machen. Hinzu kommt, dass häufig nicht mehr alle Kollegen am selben Ort arbeiten, sondern verstreut in der Welt, höchstens über das Internet oder das Firmennetzwerk verbunden sind. Wie sieht in dieser Welt Mitbestimmung aus, wenn Wissensarbeiter bereits selbst über Ort und Zeit entscheiden?

14.2 Wir reden nicht von fernen Zeiten

Nach Angaben des Fraunhofer Instituts für Arbeitswirtschaft und Organisation (IAO) stellen Wissensarbeiter mit über 40 % die größte Beschäftigtengruppe in Deutschland dar. Doch diese Zahl scheint bald überholt. Die Initiative Neue Qualität der Arbeit (INQA) geht davon aus, dass 2020 der Anteil an Wissens- und Servicearbeit auf 85 % steigen, während die Arbeit im produzierenden Gewerbe auf 15 % zurück gehen soll — was vor allem mit der Automatisierung von Produktionsprozesse zusammenhängt. Wir reden also nicht von fernen Zeiten.

Die digitale Revolution ist längst Realität. Bereits heute werden Aufträge über das Netz outgesourct, Menschen arbeiten und kooperieren ganz selbstverständlich mit Robotern und Algorithmen zusammen. In modernen Werkshallen sind Maschinen, Sensoren und Aktoren miteinander vernetzt, und steuern sich über Intelligenz aus der Cloud selbst. In Zeiten der vollautomatisierten Fertigung, in Zeiten von Industrie 4.0 werden Menschen weniger im Bereich der klassischen Produktion benötigt, sondern in der Neugestaltung digital veredelter Produkte oder Dienstleistungen, der Optimierung von Wertschöpfungsketten oder der Schaffung neuer Geschäftsmodelle. Menschlicher Erfindungsreichtum lässt sich nicht durch Maschinen ersetzen — und eben auch nur schwer gewerkschaftlich vertreten.

14.3 Der Mensch steht weiter im Mittelpunkt der Produktion

Ziele und Zielvereinbarungen sind das, worum sich alles drehen wird. Eine Führungskraft sollte heute mit jedem Mitarbeiter sehr konkret Aufgaben und Leistungsziele definieren. Das wird nicht mehr ausschließlich top-down gehen, denn genau da setzen heute Beteiligung und Mitsprache der Beschäftigten an: bei der Definition individueller Ziele. Gemeinsames Ziel muss es auch sein, die Arbeit so flexibel zu organisieren, zeitlich und individuell so zu gestalten, dass sie zu bewältigen ist und nicht krank macht — Stichwort Burn-out.

Der Mensch steht auch weiterhin im Mittelpunkt der Arbeit. Die Digitalisierung ersetzt den Menschen nicht, sie erweitert vielmehr seine Möglichkeiten. Der Mensch ist nicht ersetzbar. Er kann komplexe und unstrukturierte Zusammenhänge erfassen, hinterfragen und sein eigenes Wertesystem definieren, um qualifizierte Entscheidungen zu treffen. Vor allem das macht einen Wissensarbeiter aus. Ein Mitarbeiter führt heute nicht einen Befehl aus. Er wird vielmehr zum eigenver-

antwortlichen Entscheider. Zu dessen Lösungskompetenzen bei komplexen Aufgabestellungen zählt auch das interdisziplinäre oder multidisziplinäre Denken und Handeln sowie das systemische Wissen, Voraussetzungen also, die im bisherigen Arbeitsrecht kaum eine Rolle spielen. Es geht eben nicht um ein paar Minuten mehr oder weniger am Band. Es geht um flexible Arbeitszeitmodelle, um Kreativität und Innovationskraft sich entfalten zu lassen, wo und wann auch immer. Denn ein Wissensarbeiter ist in der Lage, über sich selbst zu bestimmen. Könnte er es nicht, wäre er kein Wissensarbeiter.

Dies fordert jedoch auch den einzelnen Arbeitnehmer. Das demokratische Unternehmen ist vor allem ein Unternehmen, das seine Mitarbeiter als erwachsene Menschen betrachtet. Als Menschen, die wissen, was sie tun. Früher haben wir Mitarbeiter gebraucht, die machen, was wir ihnen sagen. Heute brauchen wir Mitarbeiter, die machen, was wir ihnen nicht sagen. Doch der Obrigkeitsgedanke ist tief verankert, gerade in Deutschland unterwirft man sich noch zu gerne einer Führungskraft. 69 % sind hier zu Lande der Meinung, dass der Chef auf alles eine Antwort haben sollte. Nur in Indien, Russland und Polen ist dieser Glaube noch tiefer verankert. In Dänemark (11 %) und Schweden (7 %) ist derartiges Hierarchiedenken dagegen erfreulich unterentwickelt.

Tabelle 15.1: Obrigkeitshörigkeit: „Should the boss have all the answers?“[1]

India	77 %
Russia	74 %
Poland	73 %
Germany	69 %
France	66 %
UK	46 %
Benelux	38 %
Finland	27 %
Norway	23 %
Denmark	11 %
Sweden	7 %

1 Simon Saneback, Schweden, Quelle: https://twitter.com/saneback/status/428812178763051008

14.4 Wissensarbeit ist etwas genuin Menschliches

Insgesamt 47 % der Industriejobs in den USA sind in den kommenden Jahren vom technischen Fortschritt bedroht. Das hat eine Studie der Oxford University ergeben. Das Industrie-Zeitalter geht dem Ende entgegen. Routine-Jobs stehen vor dem Aus. Vor allem Routinetätigkeiten in Büros wie z.B. in der Buchhaltung oder Verwaltung können längst von Software besser und schneller erledigt werden. Bei der Wissensarbeit gilt das nicht. Die Wissensarbeit ist etwas genuin Menschliches und sie ist schwer ersetzbar. Vor allem aber ist die Wissensarbeit der entscheidende Faktor für Erfolg. Der 2005 verstorbene Managementberater Peter F. Drucker war der Meinung, dass nur durch die „Steigerung der Produktivität der Ressource Wissen für weiteres Wachstum gesorgt werden“ kann. „Nur bei Wissensarbeit bzw. Wissensarbeitern verfügen die entwickelten Länder noch über einen komparativen Wettbewerbsvorsprung“, sagte Drucker: „Und daran wird sich wohl in den nächsten Jahrzehnten auch nichts ändern.“[2]

Voraussetzung für erfolgreiche und wettbewerbsfähige Wissensarbeit ist Kollaboration und Kooperation — und eine von Prozess- und Ergebnisverantwortung geprägte Unternehmenskultur, die auf flexible, mobile und virtuelle Arbeitsmodelle setzt. Das ist im Grund nichts Neues, Kollaboration hat es schon immer gegeben. Schon immer haben Menschen für den Innovationsprozess zusammengearbeitet. Neu ist die virtuelle Form der Kollaboration — und die Tatsache, dass diese nicht geordnet, sondern häufig ungeordnet abläuft, beispielsweise über das *Anpingen* oder *Ansykpen*, kaum dass jemand in der Präsenzanzeige eines Messenger-Dienstes auftaucht. Auch das muss gelernt, muss verinnerlicht werden. Klar ist, je strukturierter die Zusammenarbeit, desto besser lässt sich diese in größeren Gruppen durchführen. Aber: je unstrukturierter die Kollaboration, desto höher ist mitunter das Innovationspotenzial.

Es sind gerade die neuen, zukunftsorientierten Organisationen und Prozesse, die neue Produktivität freisetzen — und die jeden einzelnen Mitarbeiter stärker in die Verantwortung nehmen. Klassischerweise schützt die Arbeiternehmervertretung den Arbeitnehmer — und nimmt ihn aus der Verantwortung. Sie schützt ihn damit aber auch vor Eigenverantwortung und eigenen Entscheidungen. Wissensarbeiter von heute, die Fachkräfte, die Ingenieure, die IT-Experten wollen das Zusammenspiel von Beruf und Leben selbst gestalten. Die bisherigen Formen von Mitbestimmung entbinden den Mitarbeiter oft aus der Verantwortung — wirklich „demokra-

2 Peter Drucker (2005), Vorsprung durch Wissen - Teil 2: Wachsende Ungleichgewichte, Manager Magazin 15.11.2005, http://www.manager-magazin.de/unternehmen/karriere/a-384908-2.html.

tische Unternehmen“ übertragen ihren Mitarbeitern die Verantwortung über das Wie, Wo und Wann des Arbeitens.

14.5 Mehr Unternehmergeist bei den Mitarbeitern

Wer ökonomisch denkt, ermöglicht seinen Mitarbeitern mehr Zeitsouveränität durch mobiles Arbeiten und neue Formen der digital vermittelten Mitarbeiterbeteiligung. Das sorgt auch für mehr Unternehmergeist bei Angestellten, macht diese selbstbewusster und sorgt fast schon automatisch für mehr Mitbestimmung in den Firmen, ja für mehr Demokratie. Die bisherigen Formen und Regeln der Arbeitnehmervertretung waren Grundlagen des bisherigen wirtschaftlichen Erfolges in Deutschland, das steht außer Frage. Manche dieser Regeln können sich heute allerdings als Hemmschuh erweisen. So, wie in der Vergangenheit jene Unternehmen überlebten, die sich neuen Technologien öffneten und so, wie die eine Technologie von der anderen abgelöst wurde, so können Regeln zur Mitbestimmung auch nicht über die Jahrhunderte gerettet werden, sondern müssen entstaubt und angepasst werden.

Wir werden neue Regeln brauchen – und wir werden sie schnell brauchen. Vor allem menschliche Fähigkeiten werden über Erfolg und Misserfolg von Unternehmen entscheiden, Fähigkeiten wie Kreativität, soziale Kompetenzen oder emotionale Intelligenz. Das benötigen wir, um in komplexen Systemen die richtigen Entscheidungen zu treffen. Erfolgreiche Unternehmen sind heute eher in vernetzen Strukturen organisiert. Starre Hierarchien haben als alleinige Entscheidungsebenen weitgehend ausgedient. Führungsaufgabe heute ist es, die Potenziale der Mitarbeiter zu entfalten – und ihnen ein Miteinander von Beruf und Privatleben zu ermöglichen. Dazu müssen zwei Relikte der Vergangenheit dringend renoviert werden: die Arbeitsstättenverordnung und die Arbeitszeitverordnung.

Viele Unternehmen setzen längst auf Vertrauensarbeitszeit und eine Aufhebung des Arbeitsortes, Zeiterfassung und Stempeluhren gibt es nicht mehr. Die Ausstattung eines Homeoffice-Arbeitsplatzes kann nicht länger Aufgabe des Unternehmens sein. Soll der Arbeitgeber wirklich prüfen müssen, ob die Beleuchtung im Homeoffice mindestens 500 Lux beträgt, oder ob der Schreibtisch auch groß genug ist, um vor der Tastatur des PCs ein Auflegen der Handballen zu ermöglichen? Oder gar wann Arbeit beginnt und wann sie endet? Das verursacht vor allem unnötige Bürokratie. Viel interessanter sind doch Aussagen von Mitarbeitern, dass sie im Homeoffice oder an selbst gewählten, so genannten *Third Places* produktiver sind als im Büro, wo sie immer wieder gestört werden. Nach einer Studie des Instituts

der deutschen Wirtschaft (IW)[3] gaben 49 % der Befragten an, im Homeoffice „genauso produktiv oder sogar noch produktiver zu sein als im Büro“.

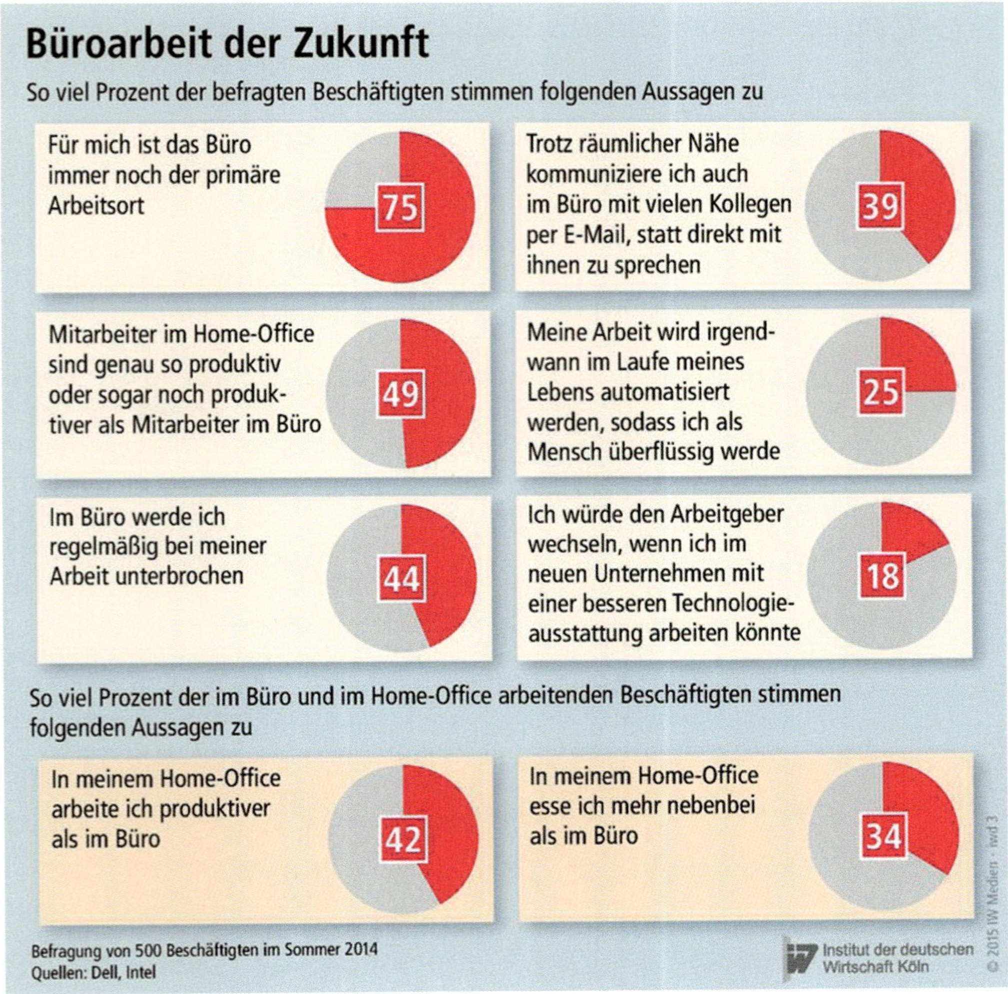

Abb. 14.1: Umfrage zu Homeoffice (Institut der deutschen Wirtschaft).

[3] Siehe http://www.iwkoeln.de/infodienste/iwd/archiv/beitrag/digitalisierung-jobmotor-oder-jobbremse-204943.

Bei einer anhaltenden Alterung der Gesellschaft scheint es nicht zeitgemäß, Wissensarbeiter nicht adäquat arbeiten zu lassen, also flexibler und humaner in der Arbeitsorganisation. Dafür braucht es tatsächlich demokratische Strukturen. Fakt ist: Der demografische Wandel verändert den Arbeitsmarkt. Nach einer aktuellen Studie (März 2015) des Instituts für Arbeitsmarkt- und Berufsforschung (IAB) wird in Deutschland die Zahl der Menschen im erwerbsfähigen Alter von heute rund 45 Millionen auf 29 Millionen im Jahr 2050 sinken – ein Rückgang um 36 %. Der Fachkräftemangel nehme schon heute dramatisch zu, meldete die DIE WELT im Januar 2015. So soll bis zum Jahr 2020, laut dem Institut der deutschen Wirtschaft in Deutschland eine Lücke von 1,3 Millionen Fachkräften, davon zahlreiche Wissensarbeiter klaffen. Ein Arbeitgeber, der Mitarbeitern flexible Arbeitsgestaltung ermöglicht und sie in den Lösungsprozess miteinbezieht, handelt daher zutiefst demokratisch – und mit großer ökonomischer Vernunft.

Kritiker sehen in der Flexibilität der modernen Arbeitswelt die Ursache für psychische Erkrankungen. Dabei wird übersehen, dass Flexibilität einseitig vom Unternehmen her gedacht wird, wenn Flexibilität keine Rücksicht auf Mitarbeiter nimmt. Nach einer Studie der Bertelsmann-Stiftung[4] legt etwa ein Viertel der befragten Vollzeitbeschäftigten ein zu hohes Arbeitstempo vor oder macht keine Pausen, 18 % stießen oft an ihre Leistungsgrenzen, jeder Achte komme sogar krank zur Arbeit. Damit wachse bei vielen die Gefahr, die eigene Gesundheit zu gefährden. Das Management kann die Leistungskultur jedoch maßgeblich beeinflussen und durch realistische Arbeitsziele ein gesünderes Arbeitsumfeld schaffen. Um das selbstgefährdende Verhalten der Beschäftigten zu reduzieren, schlagen die Autoren regelmäßig verbindliche und realistische Zielvereinbarungsgespräche mit dem Arbeitgeber vor. Wichtig sei, dass das Verhältnis von Arbeitszeit und Arbeitsleistung wieder ins Lot komme, damit Arbeitszeit nicht entwertet wird. Dafür sei mehr Mitsprache und Selbstbestimmung der Beschäftigten notwendig. Und genau darin liegt der Kern der Mitbestimmung 4.0.

[4] Siehe https://www.bertelsmann-stiftung.de/fileadmin/files/Projekte/17_Gesundheitsmonitor/Newsletter_Gesundheitsmonitor_selbstgefaehrdendes_Verhalten_20150316.pdf.

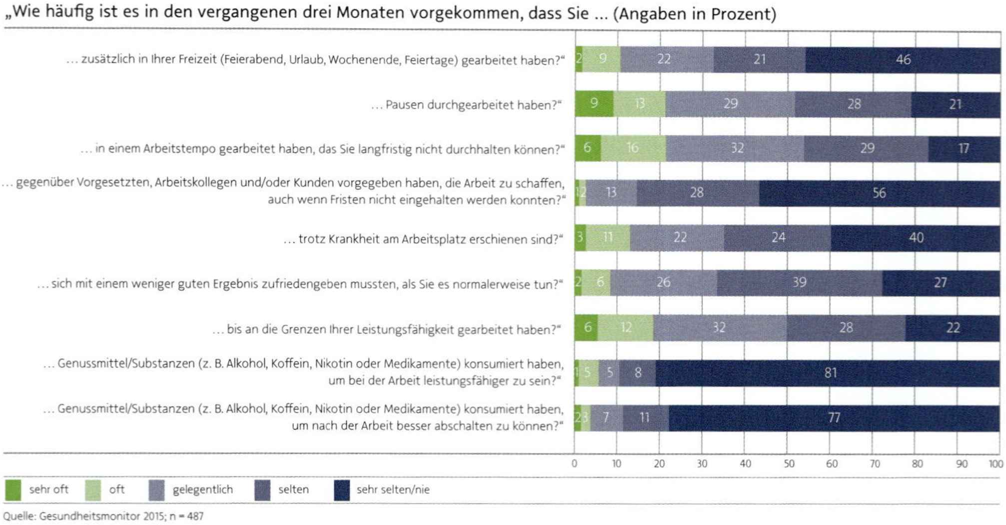

Abb. 14.2: Bertelsmann-Stiftung – Gesundheitsmonitor 2015.

14.6 Jeder hat eine Stimme

Wie aber geht Mitbestimmung 4.0? Der SPIEGEL hat unlängst dokumentiert, wie die Softwarefirma Seibert Media in Wiesbaden eine neue Form der Mitbestimmung organisiert. Bei Seibert erfassen die Angestellten jeden ihrer Arbeitsschritte digital. In Grafiken und Tabellen geben sie an, woran sie im Augenblick arbeiten und was sie für die kommenden zwei Wochen planen. Das sorgt für eine maximale Transparenz, jeder weiß, woran der andere gerade sitzt. Wer dort arbeitet, muss auch bereit sein, sich auf diese Transparenz einzulassen. Die Gegenleistung ist Selbstbestimmung. Wenn alles bekannt ist, kennen die Arbeitnehmer auch alle Unternehmenszahlen. Daraus dürfen sie selbst ihre Schlüsse ziehen – und in Teams entscheiden, wie sie ihre Arbeitskraft und ihre Mittel einsetzen. Jeder hat eine Stimme. Jeder kann Teil der Lösung sein, jeder kann sich mit seiner Kompetenz einbringen –das macht die Firma enorm attraktiv für neue Bewerber. Gerade die begehrten Fachkräfte entscheiden heute nach genau solchen Gegebenheiten. Wer starre Hierarchien lebt und seinen Angestellten alternativlos die Nine-to-Five-Variante bietet, wird beim Kampf um die Talente das Nachsehen haben – und wird es auch nicht schaffen, das Potenzial an älteren Arbeitskräften oder Eltern sinnvoll integrieren zu können.

14.7 Arbeit an vielen Orten

Blicke ich auf meinen eigenen Berufsalltag, findet Arbeit inzwischen an vielen Orten statt. Morgens frühstücke ich Müsli mit E-Mails, die aus der Microsoft-Zentrale in Redmond eingetroffen sind. Danach bringe ich meine Kinder zur Schule, auf dem Weg von der Schule zu meinem Arbeitsplatz beginnen die Telefonate. Alternativ sitze ich im Flieger zu einem Kundenmeeting und lese ein Briefing-Dokument, um nach der Landung im Taxi weitere Telefonate zu führen und die Nachrichten auf meinem Smartphone zu checken. Am Abend lese ich meinen Kindern eine Geschichte vor und bereite mich danach auf den nächsten Tag vor. Alternativ bleibe ich am Vormittag zuhause und arbeite von dort. Wie soll dieser Tagesablauf, der immer auch geprägt ist von Unvorhersehbarkeiten oder von wichtigen, privaten Ereignissen wie Schulaufführungen oder Arztterminen – wie soll das in die bisherigen Gesetze und Verordnungen gepresst werden?

Das scheint nicht machbar. So wie ich sind heute zahlreiche Menschen unterwegs: Wie viele dienstliche Telefonate werden im Auto geführt, wie viele Mails werden in Taxen oder in Warteräumen von Flughäfen beantwortet? Ja, das ist Arbeit! Wenn wir bei Microsoft die Präsenzpflicht aufgehoben haben, dann ist das nur konsequent: Arbeit ist längst nicht mehr ortsgebunden. Und jeder entscheidet selbst, wann und wie er sie bewältigt.

Dem Mitarbeiter werden diese Entscheidungen nicht abgenommen, das gilt im Übrigen auch bei unternehmensrelevanten Fragen. Wir haben bei Microsoft Deutschland den Bau einer neuen Zentrale in Angriff genommen. Die bisherige Deutschland-Zentrale in Unterschleißheim erschien uns nicht mehr zeitgemäß, zu verteilt, zu verwinkelt. Wir machten uns also Gedanken über einen neuen Standort – und entschieden uns dabei für eine zeitgemäße Form der Mitbestimmung: Wir ließen die Mitarbeiterinnen und Mitarbeiter über den neuen Standort abstimmen. Drei Standorte standen zur Wahl und jeder hatte eine Stimme. Nach einer demokratischen Entscheidung haben sich die Mitarbeiter für Schwabing entschieden und somit für die städtische Lösung. Damit nicht genug: die Mitarbeiter werden auch zu Büro-Ausstattung, zu Tischen und Stühlen befragt sowie zur Gestaltung von Büros und Kommunikationsräumen. Es liegt nahe, diejenigen mitentscheiden zu lassen, die später auf den Stühlen und in den Büros sitzen – und nicht nur Studien oder Experten heranziehen.

14.8 Selbstbestimmung statt Mitbestimmung

Allerdings kann nicht die komplette Führungsverantwortung an Mitarbeiter delegiert werden. Ohne Führungskräfte wird es auch in Zukunft nicht gehen, auch wenn diese zunehmend die Rolle von Coaches sowie die Rolle einer ordnenden Instanz einnehmen. Nicht alle Entscheidungen können in einem Unternehmen effizient demokratisch getroffen werden. Die Verteilung von knappen Ressourcen wie Budgets beispielsweise wird gerade in großen Unternehmen auch künftig nur *top-down* funktionieren. Auch Verhandlungen mit einzelnen Mitarbeitern zu außertariflichen Grundvergütungen oder Aufhebungsverträgen sind keine Themen für die Basisdemokratie. Bei Fragen der Arbeitsorganisation im Team oder konkreten Lösungen für operative Themen kann jedoch jeder Mitarbeiter ein potenzieller Experte sein – wenn man ihm etwas zutraut. Mitbestimmung wie sie heute (noch) praktiziert wird, ähnelt eher der Entmündigung des einzelnen Mitarbeiters: der Mitarbeiter kann eben nicht entscheiden, vielmehr delegiert er mittels eines Betriebsrates seine Meinung in das Kollektiv hinein.

Demokratische Unternehmen hingegen wollen den einzelnen Mitarbeiter stärken und ermutigen. Sie trauen ihm etwas zu oder anders ausgedrückt: Die Selbstbestimmung des einzelnen Mitarbeiters wird die einstige Mitbestimmung ablösen.

Heute kommt es darauf an, die klugen Köpfe in einem Unternehmen miteinander zu verknüpfen – *wo* diese sich dann gerade aufhalten ist zweitrangig. Bei der Industrie 4.0 sehen wir intelligente, vernetzte und sich selbst steuernde Objekte als einen Gewinn für die Produktion. Welch ein Gewinn für Unternehmen sind dann erst intelligente, vernetzte und sich selbst steuernde Mitarbeiter? Die paternalistische Führung in Unternehmen hat ausgedient. In Zeiten der Digitalisierung ist Mitbestimmung immer auch Selbstbestimmung jedes einzelnen Mitarbeiters – und neue Formen der Partizipation sind nicht zuletzt Voraussetzung und Beleg für Wettbewerbsfähigkeit und Innovationskraft eines Unternehmens.

Marc Stoffel

»15 Mitarbeiter führen Unternehmen

15 Mitarbeiter führen Unternehmen – Demokratie und Agilität bei der Haufe-umantis AG

Marc Stoffel (Haufe-umantis AG)

15.1 Vom Mitarbeiter zum Mitentscheider – gelebte Realität bei Haufe-umantis

„Bei uns geht es demokratisch zu" – so hat es eine meiner Kolleginnen einmal im Gespräch mit einer Journalistin formuliert. Damit hat sie es ziemlich genau auf den Punkt gebracht. Wir leben bei Haufe-umantis eine **demokratische Unternehmenskultur** nach bewährtem Schweizer Verständnis, das sich auszeichnet durch Mitbestimmung und Mitverantwortung. Unsere Mitarbeiter entscheiden so gut wie alles mit – ganz egal, ob es dabei um die Unternehmensstrategie, das Management oder die Arbeitsprozesse geht. Klingt verlockend? Das ist es auch – wenn man es richtig lebt und keine Pseudo-Demokratie verfolgt. Bei uns ist Demokratie keine Schönwetter-Veranstaltung. Wenn unsere Mitarbeiter mitentscheiden, bedeutet das auch, dass sie schwierige, ja manchmal sogar schmerzhafte Entscheidungen mitverantworten müssen.

15.1.1 Entwicklung hin zur demokratischen Unternehmensführung

Im Grunde kann man sagen, dass es von den ersten Jahren als Start-up an demokratische Strukturen bei uns gibt. Im Jahr 2000 gründete Hermann Arnold zusammen mit drei Studienkollegen das Softwareunternehmen umantis und erkannte früh, dass es meist richtig ist, auf sein Team zu hören. 2003 äußerten seine Mitarbeiter ihre Unzufriedenheit im Hinblick auf das damalige Produktportfolio. Individuelle Softwarelösungen für das Prozessmanagement bei der Personalgewinnung, -bindung und -entwicklung – das war in ihren Augen nicht zukunftsträchtig. Sie sahen die Zukunft in Standard-Software.

Arnold war sich bewusst, dass umantis mittelfristig diese Richtung einschlagen musste. Dass es allerdings so schnell gehen sollte, wie seine Mitarbeiter forderten, davon war er zunächst nicht überzeugt. Es bedurfte einiger Diskussionen, schlussendlich folgte er aber dem Rat der Kollegen und akzeptierte die Dringlichkeit der Veränderung des Produktportfolios.

Die Entscheidung verlangte Arnold einiges an Mut ab – schließlich musste das bestehende Geschäft mehr oder weniger komplett aufgegeben und viel Geld in die Entwicklung des neuen Produkts investiert werden. Aus unternehmerischer Sicht war der Schritt somit höchst riskant, im Nachhinein betrachtet jedoch absolut notwendig: Hätten Arnold und sein Team dies nicht gewagt, würde es Haufe-umantis heute nicht mehr geben.

15.1.2 Leitmotiv Mitbestimmung und Mitverantwortung

Solche Momente prägen. Für Arnold war spätestens seit diesem Erlebnis klar: Die Mitarbeiter wissen oft eher als das Management, wohin die Reise gehen soll, was möglicherweise das nächste *big thing* werden könnte. Sie sind näher an den Kunden und Märkten und können Nachfrage- und Produktentwicklungen häufig besser einschätzen. Dieses Wissen ist erfolgskritisch. Hinzu kommt, dass 95 bis 99 % der Mitarbeiter morgens nicht aufstehen und ausschließlich wegen des Gehalts oder eigener Vorteile arbeiten gehen. Sie gehen zur Arbeit, weil diese ihnen Sinn gibt und das gute Gefühl, einen Beitrag zu etwas Größerem zu leisten. Daraus schließen wir: Mitarbeiter müssen ihren Beitrag zum Erfolg des Unternehmens leisten können und dürfen. Aus diesem Grund haben bei Haufe-umantis alle Beschäftigten Entscheidungsbefugnis.

Unsere Überzeugung können wir in drei Worten zusammenfassen: **Mitarbeiter führen Unternehmen**. Wir stehen für ein Management, das Mitarbeiter ins Zentrum unternehmerischen Denkens und Handelns stellt. Unserer Meinung nach müssen Mitarbeiter zu Mitentscheidern werden, ja sogar zu Mitunternehmern, die Verantwortung übernehmen und mitgestalten, statt einzig Aufgaben nach Anweisung umzusetzen. Dazu ist zunächst ein geeigneter kultureller und organisationaler Rahmen erforderlich, innerhalb dessen das Wissen und die Fähigkeiten der Beschäftigten so organisiert und moderiert werden, dass sie zum Unternehmenserfolg beitragen. Diese mitarbeiterzentrierte Unternehmenskultur verkaufen wir nicht nur durch unsere Produkte, sondern leben sie auch selbst – wir möchten damit einer Form der Unternehmensführung Bahn brechen, die das gesamte Team aktiv in strategische Geschäftsentscheidungen einbezieht.

Worauf basiert unsere Überzeugung? Wir haben u.a. im Dezember 2013 eine Studie mit 11.880 Arbeitnehmern aus Deutschland, Österreich und der Schweiz durchgeführt, die sich mit dem Thema Mitarbeiterpartizipation beschäftigte. Wir wollten wissen: Wie sieht es in anderen Unternehmen aus? Wie viel Mitspracherecht haben Arbeitnehmer in ihrem Arbeitsumfeld? Möchten sie überhaupt mitentscheiden und Verantwortung übernehmen?

Die Ergebnisse haben uns in unserem Glauben bestätigt, dass Mitarbeiter mehr Mitsprache fordern. 84 % der befragten Arbeitnehmer wünschten sich, Unternehmensentscheidungen stärker beeinflussen und mehr Verantwortung übernehmen zu können. Mehr als 80 % hätten gerne ein größeres Mitspracherecht bei Themen, die die eigene Abteilung betreffen – z.B. Aufgaben, Organisation oder Teamstrukturen. Rund drei Viertel (73 %) waren der Meinung, dass sie entscheidend zum Erfolg ihres Unternehmens beitragen können. Dem sollte ein modernes Management Rechnung tragen. Die Studie zeigte auch, dass der Einbezug der Mitarbeiter erheblich zur Leistungsbereitschaft der Belegschaft beiträgt: 77 % der befragten Mitarbeiter gaben an, dass sich die Einbindung in Unternehmensentscheidungen positiv auf ihre Motivation und Leistungsbereitschaft auswirkt.

Die Studie zeigt uns, dass die Menschen derzeit in ihrer Entwicklung weiter sind als viele Organisationen. In den letzten Jahren hat sich ein gesellschaftlicher Wandel vollzogen: Partizipation ist Alltag geworden. Eine Mitmachkultur ist entstanden, die Grenzen auflöst und jedem Einzelnen die Möglichkeit bietet, gleichzeitig Sender und Empfänger von Informationen und Wissen zu sein. Mittlerweile ist es selbstverständlich, Wissen, aber auch Dinge zu teilen. Bewertungsportale, z.B. für Hotels, Ärzte oder Arbeitgeber, sind inzwischen ebenso gefragt wie Sharing-Angebote wie Flinkster, Uber, Airbnb oder Kleiderkreisel. Die Möglichkeiten zur Meinungsäußerung und zum Austausch mit anderen werden zunehmend auch im beruflichen Umfeld gelebt, etwa über XING oder LinkedIn. Immer mehr Mitarbeiter erwarten heute vergleichbare Möglichkeiten und den Einsatz entsprechender Tools auch von ihrem Arbeitgeber. Erhalten sie diese nicht, bewerten sie den Bruch zwischen Privat- und Berufsleben als negativ.

Um diese Barriere zu überwinden, müssen Unternehmen umdenken und sich weiter entwickeln. Sie müssen auf den Wunsch der Mitarbeiter nach Partizipation an Unternehmensprozessen reagieren und auf die damit verbundenen Bedürfnisse eingehen. Das haben wir bei Haufe-umantis getan, denn die Entwicklung ist irreversibel – Partizipation ist keine Modeerscheinung, die bald wieder vorbeigeht. Wir sind davon überzeugt, dass Unternehmen, die den gesellschaftlichen Wandel nicht berücksichtigen und Mitarbeitern kein Gehör schenken, kurz- bis mittelfristig ein abnehmendes Engagement ihrer Belegschaft riskieren und ihre Arbeitnehmer

sich über andere Kanäle äußern. Langfristig werden solche Unternehmen größte Schwierigkeiten haben, wettbewerbsfähig zu bleiben und Mitarbeiter zu finden.

15.1.3 Praxisbeispiele

Wie sieht nun Demokratie bei Haufe-umantis aus? Sie zeigt sich bei uns in mehreren Facetten. Das gesamte Team legt z.B. in regelmäßigen Workshops die Unternehmensstrategie fest, bestimmt die Ziele und definiert die Werte, die jedem Tun und Handeln zugrunde liegen. Geschäftsrelevante Entscheidungen, wie es z.B. die Übernahme durch die Haufe Gruppe im Jahr 2011 war, werden stets von allen Mitarbeitern gemeinsam entschieden.

Allein daran zeigt sich schon, welch große Verantwortung den Beschäftigten zukommt: Die Entscheidung für Haufe hat nichts weniger als den Kurs der nächsten Jahre festgelegt. Die Alternative wäre gewesen, umantis für viel Geld an einen größeren Konzern zu verkaufen. Hierbei bestand jedoch das Risiko, die grundlegenden Ideen, Werte und Prinzipien — das starke Rückgrat von umantis — zu pulverisieren. Das **Management** von Haufe überzeugte mit der Vision, gemeinsam die Arbeitswelt der Zukunft zu gestalten. Die Mitarbeiter waren sich der Tragweite dieses Referendums bewusst — und sprachen sich für die Option aus, die dem Unternehmen kurzfristig zwar weniger Geld, dafür aber mehr gestalterischen Freiraum bot.

Auch die Führungskräfte und die Geschäftsleitung von Haufe-umantis werden in regelmäßigem Zyklus neu gewählt. Das Team weiß über die Unternehmensziele bestens Bescheid und hat i.d.R. ein gutes Gespür dafür, welche Stärken und Talente für deren Erreichung nötig sind. Der Bewerbungsprozess ist ähnlich wie bei der Rekrutierung. Die Kandidaten stellen sich dem Team mit einer Präsentation vor und schildern ihren Hintergrund sowie ihre Stärken und Schwächen. Sie erklären ihren Kollegen, welchen Beitrag sie leisten können und welche Schwerpunkte sie setzen möchten. Im Anschluss an die Präsentationen kann das Team Fragen stellen. In dieser Diskussion entsteht Klarheit darüber, wie die jeweilige Führungsrolle aussehen soll, und welche Erwartungen das Team hat.

Wenn die Mitarbeiter die Strategie definieren, wenn sie außerdem bestimmen, wer ihre Vorgesetzten sind, warum sollten sie dann nicht auch entscheiden können, wer neu ins Team kommt? Unsere Mitarbeiter definieren den Personalbedarf, suchen aktiv nach Kandidaten und treffen ihre Einstellungsentscheidung. Damit machen wir sehr gute Erfahrungen: Über 60 % der neuen Mitarbeiter werden inzwischen über persönliche Empfehlungen eingestellt.

Diese Maßnahmen ermöglichen, dass Mitarbeiter **Intrapreneure** im eigenen Unternehmen sind — die demokratischen Strukturen ebnen dafür den Weg. Wir glauben, dass diese Organisationsform viele Vorteile mit sich bringt. Einen ganz besonders wichtigen konnten wir über die letzten Jahre hinweg feststellen: Werden Mitarbeiter aktiv in alle geschäftsrelevanten Entscheidungen einbezogen, werden sie auch unangenehme Beschlüsse — z. B. Lohnkürzungen in Krisenzeiten oder sogar Entlassungen — viel stärker mittragen, als wenn diese allein vom Management angeordnet worden wären. So bilden sich weniger Schattenorganisationen, die im Verborgenen nach einer anderen Agenda als der vom Management vorgegebenen arbeiten.

15.2 Mitarbeiter zu Bestleistung anspornen – mit dem richtigen Organisationsdesign

Natürlich wissen wir, dass eine solch offene, mitarbeiterzentrierte Organisationsform nicht für jedes Unternehmen geeignet ist. Dies gilt auch für die Haufe Gruppe, den Mutterkonzern von Haufe-umantis, deren Organisationsdesign sich teilweise deutlich von unserem unterscheidet. Die Wahl der geeigneten Führungsstrukturen hängt unserer Ansicht nach stark vom jeweiligen Unternehmen und seinen Herausforderungen ab — und diese ändern sich derzeit radikal.

15.2.1 Paradigmenwechsel erfordern neue Führungsmethoden

Aktuell findet ein gewaltiger Umbruch in der Weltwirtschaft statt. Zahlreiche historisch gewachsene und lange Zeit stabile Branchen stehen vor disruptiven Veränderungen — sei es der Automobilsektor, der momentan mit dem ersten selbstfahrenden Auto von Google konfrontiert wird, oder die Logistik, in der in naher Zukunft Drohnen die Aufgaben von Mitarbeitern übernehmen und nur wenige Minuten nach Bestellung das gewünschte Produkt zum Kunden liefern. Täglich drängen neue Mitbewerber auf den Markt, Forschungs- und Entwicklungszeiten werden immer kürzer, Produktlebenszyklen werden in einigen Branchen nur noch in Monaten statt in Jahren bemessen.

Ursachen dieser Entwicklungen sind zum einen die technologischen Innovationen der letzten Jahre, aber auch der umfassende **Wandel**, der mit der **Digitalisierung** einhergeht. Letzterer zeichnet sich vor allem durch ein hohes Veränderungstempo und das Entstehen ganz neuer Geschäftsmodelle aus.

In unserem Fall verlangten die **Anforderungen des Marktes**, der Kunden und auch der Mitarbeiter nach Agilität und Flexibilität, denn die Bedürfnisse im schnelllebigen Software-Markt ändern sich permanent. Bestehende Kunden erwarten schnellere Informationsflüsse und Innovationszyklen, neue Wettbewerber kommen kontinuierlich hinzu, ebenso neue Kunden, die weitere Anforderungen mitbringen. Wir haben erkannt, dass die demokratische Unternehmenskultur alleine nicht ausreicht, wenn wir weiter konkurrenzfähig bleiben wollen. Es geht nicht mehr ausschließlich um Mitarbeiterpartizipation — wir müssen zusätzlich auch unsere **Organisationsstrukturen** überdenken. So wie sich die Kunden verändern, muss sich auch Haufe-umantis verändern, um noch bessere Leistungen bieten zu können. Die geforderte Agilität und **Flexibilität** kann unserer Meinung nach nur gewährleistet werden, wenn sie in einem entsprechenden Organisationsdesign abgebildet wird. Starre Strukturen und Prozesse dürfen Unternehmen nicht blockieren — vielmehr müssen Firmen in der Lage sein, sich permanent an den Kundenbedürfnissen ausrichten zu können.

15.2.2 Die Grenzen der Top-Down-Führung

Angesichts des gegenwärtigen Paradigmenwechsels sollten Unternehmen ihre bisherigen Führungsmethoden und **Organisationsmodelle** hinterfragen. Der Großteil der Firmen ist nach wie vor eindimensional organisiert: Jeder Bereich — egal ob Produktion, Forschung und Entwicklung oder Vertrieb — wird identisch und in den meisten Fällen in der klassischen Top-Down-Struktur geführt. Das Management gibt die Strategie vor, die von den Mitarbeitern in der täglichen Arbeit umgesetzt wird. Mit diesem Führungsstil, der uns Jahrzehnte lang Wohlstand beschert hat und noch immer in vielen Unternehmen vorherrscht, kommen Unternehmen heute aber an ihre Grenzen.

Warum? John P. Kotter[1] hat festgestellt: „Weniger hilfreich sind sie [traditionelle Hierarchien und Managementprozesse, d. Verf.] jedoch, wenn es darum geht, potenzielle Gefahren und Gelegenheiten zu identifizieren, schlagkräftig kreative strategische Initiativen zu formulieren und diese mit hohem Tempo umzusetzen.“ Diese Meinung teilen wir. Speziell die kurzen Reaktionszeiten, die Unternehmen heute zur Verfügung stehen, um Veränderungen des Marktes mitzutragen, lassen sich mit der bisherigen Top-Down-Struktur nicht realisieren. Bis eine Information von der Basis zur Unternehmensführung gelangt ist und die diesbezügliche Entscheidung den Weg die Firmenpyramide wieder hinunter gefunden hat, ist eine Chance oft schon vertan und ein agilerer Mitbewerber hat das Rennen um Marktanteile und Kundenzufriedenheit gemacht.

[1] John P. Kotter (2012), Die Kraft der zwei Systeme, Harvard Business Manager, 12/2012.

Die Zauberwörter der neuen Unternehmensgeneration lauten demnach: **Agilität, Flexibilität und Innovation**. Diese drei Faktoren zusammen sorgen für schnelle Reaktionen und müssen zum Standard-Repertoire jedes modernen Unternehmens gehören, das bereit ist, dem externen Wandel Rechnung zu tragen. Kotter schlägt hierfür „eine Ergänzung der etablierten Strukturen" vor und spricht von einem „dualen Betriebssystem". Hiervor und von weiteren Modellen sowie unseren persönlichen Erfahrungen bei Haufe-umantis haben wir uns inspirieren lassen und ein eigenes **Führungsmodell** entwickelt, das nicht nur unseren eigenen, sondern auch den Bedürfnissen vieler anderer Unternehmen entspricht.

15.2.3 Das Betriebssystem für Unternehmen

Die Wahl der geeigneten Führungsstrukturen hängt stark vom jeweiligen Unternehmen und seinen Herausforderungen ab. Sie wird daher immer individuell sein und kann sich sogar von Abteilung zu Abteilung oder von Team zu Team unterscheiden. Es gibt jedoch einen gemeinsamen Nenner: der Mitarbeiter. Er muss im Fokus jeder **Umstrukturierung** stehen, denn er ist es, der ein Unternehmen erfolgreich macht, indem er maßgeblich einen der entscheidenden Wettbewerbsvorteile verantwortet, die Innovation. Wir sind davon überzeugt, dass Unternehmen ein neues, breiter angelegtes Betriebssystem schaffen müssen, das ein optimales Wirken von Menschen in unternehmerischen Organisationen ermöglicht. Wir haben das bei Haufe-umantis getan.

Ein Betriebssystem für Unternehmen — das klingt erst einmal schwer vorstellbar. Was ist das, wie soll das aussehen und vor allem wie lässt sich das umsetzen? Genau das möchte ich im Folgenden skizzieren. Unserer Meinung nach müssen bei der Ausgestaltung dieses Betriebssystems zwei grundlegende Parameter beachtet werden: die (gewünschte) Rolle der Mitarbeiter und das entsprechende Organisationsdesign. Wir unterscheiden Mitarbeiter entsprechend ihres Typs — entweder sind sie **Ausführer oder Gestalter**. Das Organisationsdesign kann zwischen **starr und agil** variieren. Die Herausforderung für die Unternehmensführung liegt darin, jeweils das Organisationsdesign zu implementieren, das sowohl den Bedürfnissen des Marktes und der Kunden gerecht wird als auch den Mitarbeitern ein ideales Arbeitsumfeld bietet und ihnen so ermöglicht, optimal zum Unternehmenserfolg beizutragen. Das ist heute noch nicht immer gegeben.

Viele Beschäftigte bewegen sich innerhalb eines Unternehmens vielmehr in Strukturen, die nicht zu ihnen — und oftmals auch nicht zu den Markterfordernissen — passen. Da gibt es z. B. den Mitarbeiter, der eigentlich gern eigenverantwortlich arbeiten will, aber in seiner aktuellen Rolle nur Befehle von oben entgegennimmt und

ausführt. Ebenso gibt es den umgekehrten Fall: agile Ansätze, die dem Mitarbeiter größtmöglichen Freiraum bieten – dieser ist mit dem hohen Maß an Eigenverantwortung aber überfordert und bevorzugt es, jeden Tag eine Vorgabe bekommen, was zu tun ist. Zum anderen gibt es aber auch unterschiedliche Geschäftsmodelle. Etwa die, die sich durch effiziente Standardprozesse auszeichnen, oder solche, die von der Kreativität und Flexibilität in der Produktentwicklung leben.

15.2.4 Der Haufe-Quadrant

Auf Basis dieser Beobachtungen haben wir ein Modell entwickelt: den **Haufe-Quadranten**. Er zeigt verschiedene Organisationsdesigns und Mitarbeiterrollen auf, die in den meisten Unternehmen vorhanden sind. An ihm lässt sich das Zusammenspiel von der Rolle der Mitarbeiter und der Organisationsform gut veranschaulichen.

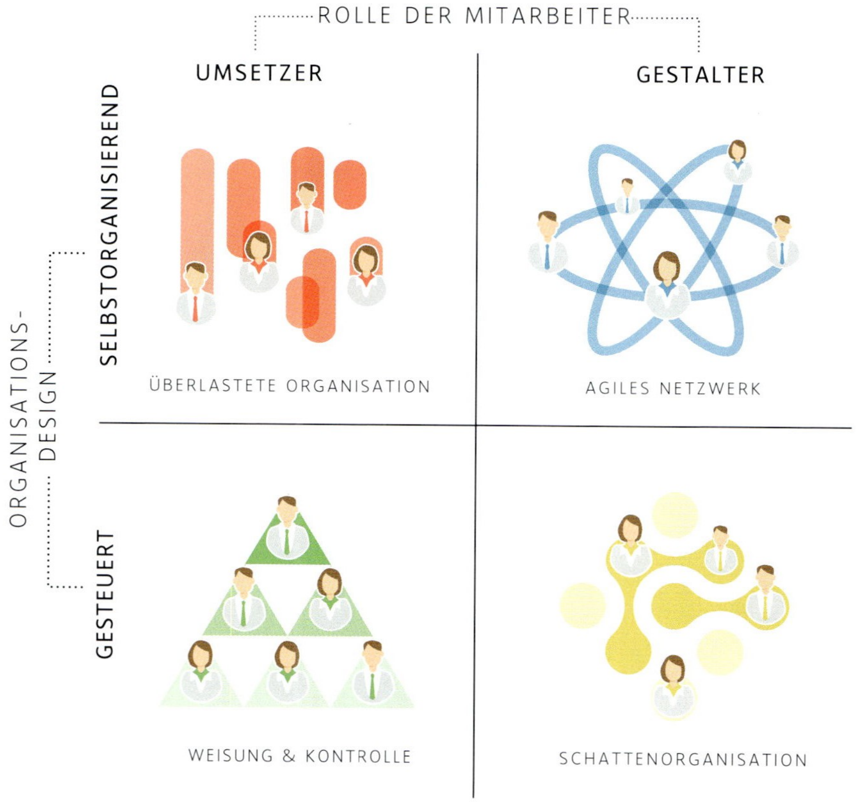

Abb. 15.1: Der Haufe-Quadrant.

Weisung und Kontrolle

Treffen Mitarbeiter mit dem Selbstverständnis des klassischen Umsetzers und ein hierarchisches Top-Down-Design aufeinander, sprechen wir vom System **Weisung und Kontrolle**. Diese Organisationsform hat durchaus ihre Berechtigung – viele Unternehmen sind damit in der Vergangenheit sehr gut gefahren. In der Produktion z.B. ist es sinnvoll, den Mitarbeitern klare Prozesse an die Hand zu geben – auch wenn sich in diesem Bereich in den letzten Jahrzehnten schon etliche Neuerungen etabliert haben, wie etwa *Kaizen* oder die Arbeit in z.T. eigenverantwortlichen Teams, die starre Strukturen und eine reine Umsetzungsmentalität aufbrechen. Auch Geschäftsmodelle, die von der Effizienz in Routineprozessen geleitet sind, fahren mit diesem Modell gut.

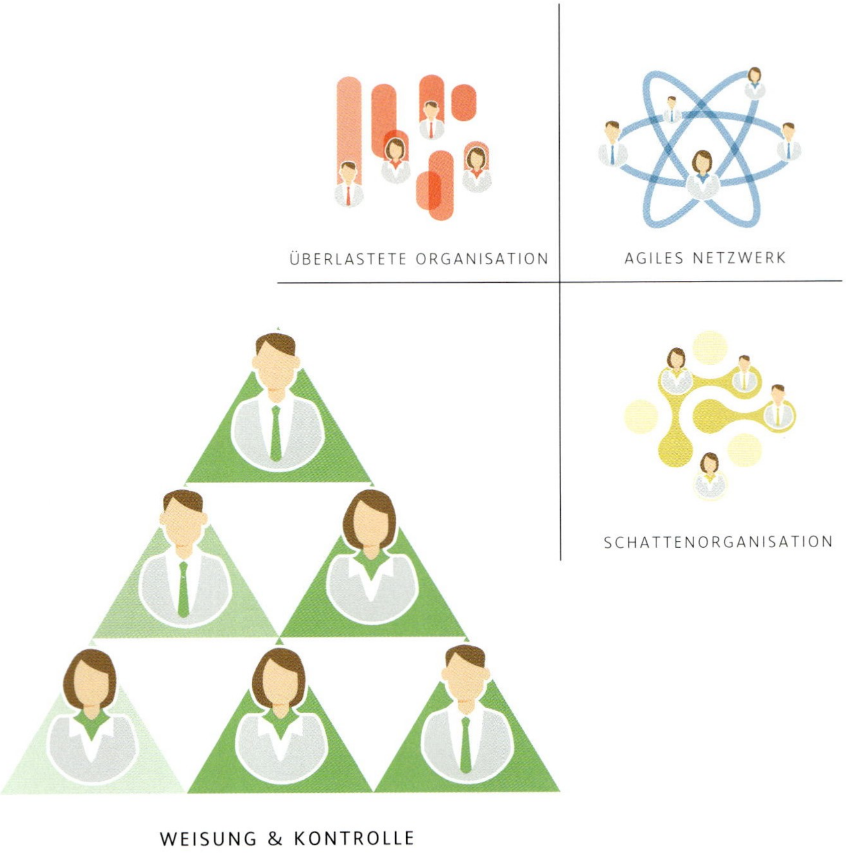

Abb. 15.2: Weisung und Kontrolle.

Allerdings kommt dieses System an seine Grenzen, wenn **Kreativität und Innovation** für die tägliche Arbeit erforderlich sind. Die Kombination von festen Strukturen und Prozessen sowie der Erwartung, dass Mitarbeiter Weisungen starr umsetzen, hat häufig eine Überregulierung zur Folge, die Mitarbeitern kaum Raum für kreative Entfaltung lässt. Die Folge ist **Innovationsträgheit**.

Die Top-Down-Struktur ist geeignet für Mitarbeiter, die sich als Umsetzer sehen und als solche auch gebraucht werden. Ihre Stärken liegen in der effizienten Ausführung klar vorgegebener Abläufe in definierten Prozessen. Konzeptionelles oder strategisches Denken sollte von ihnen hingegen nicht gefordert werden.

Überlastete Organisation

Viele Unternehmen, die eine klassische Hierarchie und die Mitarbeitermentalität eines Ausführers gewohnt sind, erwarten als Reaktion auf die veränderten Marktbedürfnisse von ihren Beschäftigten **mehr Eigenverantwortung, Innovation und Selbstorganisation**. Die Mitarbeiter müssen aber zunächst dazu befähigt werden, mehr Verantwortung übernehmen und eigenständiger arbeiten zu können, ansonsten ergeben sich Symptome der Überlastung. Aus eigener Erfahrung wissen wir, dass sich Mitarbeiter dann oft wie im Hamsterrad fühlen. Sie arbeiten und arbeiten und können am Ende des Tages wegen zahlreicher unfokussierter Tätigkeiten doch keine brauchbaren Resultate abliefern, die das Unternehmen erfolgreicher machen und das Management zufriedenstellen. Ihnen fehlt die in ihrer Arbeitswelt nötige strategische und prozessuale Anleitung durch Vorgesetzte.

Abb. 15.3: Überlastete Organisation.

Die Führungskräfte fühlen sich wie Wildhüter, die Tiere nach Jahren der Gefangenschaft ohne Vorbereitung aus dem Käfig lassen und sie zur freien Jagd animieren — die Tiere aber drehen sich weiter im Kreis und warten, bis man sie füttert. Wildhüter wildern aus diesem Grund professionell aus: Sie bereiten die Tiere auf die neue Freiheit vor und trainieren sie für das Überleben in der Wildnis. Das Gleiche müssen auch Manager tun.

Wenn die überlastete Organisation ein gewisses Toleranzmaß überschreitet, ist diese Ausprägung des Haufe-Quadranten dem Unternehmenserfolg abträglich. Trotz hoher Dynamik und maximaler Auslastung werden dann nur ungenügende Ergebnisse erzielt.

Schattenorganisation

In fast allen Unternehmen finden sich auch **Schattenorganisationen**, die sich ähnlich dem Szenario der überlasteten Mitarbeiter durch mangelnde Passung von gegebenem Organisationsdesign und Selbstverständnis der Beschäftigten bilden. Mitarbeiter, die sich als Mitentscheider und Mitunternehmer aktiv am Unternehmenserfolg beteiligen wollen, werden von autoritären, starren Strukturen in ihrem Drang nach Eigenverantwortung ausgebremst. Sie werden nicht in Prozesse und Entscheidungen involviert, es findet keine transparente Kommunikation statt. Dies verhindert, dass der Gestaltungsdrang der Mitarbeiter zum Unternehmenserfolg beitragen kann. Schlimmer noch, es kommt zum Widerspruch zwischen Selbstverständnis der Angestellten und Managementsicht: Während die Beschäftigten sich als Freiheitskämpfer im Dienst des Unternehmens sehen, nimmt das Management sie als Guerilla-Aktivisten wahr.

Abb. 15.4: Schattenorganisation.

Die Mitarbeiter brechen aus diesen Strukturen aus und verfolgen ihre eigene Agenda. Sie entwickeln eine hohe Eigendynamik, z.T. jenseits der Unternehmensstrategie. Das kann sich negativ auswirken, so dass z.B. die Ergebnisse der Arbeit nicht zu den vorgegebenen Anforderungen passen oder die Mitarbeiter im schlimmsten Fall ihre Arbeit verweigern. In Einzelfällen können aus der Schattenorganisation heraus durchaus positive Impulse für den Unternehmenserfolg entstehen, denn die Mitarbeiter sind aktiv und hoch motiviert, sich am Unternehmenserfolg zu beteiligen. Einige Entwicklungen, die Unternehmen auf den Weg gebracht haben, sind nicht von oben vorgegeben worden sondern in der Schattenorganisatin entstanden. Dennoch — das Wirken der Schattenorganisation stellt lediglich ein Korrektiv für eine mangelhafte Passung von Mitarbeitermentalität und Organisationsdesign dar.

BEISPIEL: Nespresso

Am Beispiel der mittlerweile wohlbekannten Nespresso-Kapseln lässt sich dies veranschaulichen. Der Ingenieur Eric Favre versuchte gemeinsam mit seiner Frau während mehrerer Italien-Reisen herauszufinden, worin das Geheimnis eines guten Espressos liegt. Seine Beobachtungen führten zu einer Idee, die er Nestlé präsentierte: ein Kapsel-System. Die Verantwortlichen des Nahrungsmittelkonzerns waren vom Erfolg dieser Erfindung jedoch nicht überzeugt — damals war man branchenweit der Einschätzung, dass Kaffeemaschinen mittelfristig vom Instant-Kaffee abgelöst würden. Sie verboten Favre, weiter an der Idee zu arbeiten, man schob ihn in andere Abteilungen ab.
Neun Jahre später warf Favre das Handtuch. Der resignierte Ingenieur schrieb dem damaligen Nestlé-Chef Helmut Maucher in seinem Abschiedsbrief, die Firma sei groß darin, Erfindungen zu popularisieren. Neue Ideen erkennen, fördern und umsetzen könne sie jedoch nicht. Der letzte große Wurf sei Nescafé gewesen — 1938. Maucher ließ Favre jedoch nicht gehen — er machte ihn 1986 zum Chef der neuen Firma Nespresso. Damit ist Nestlé eine der erstaunlichsten Erfolgsgeschichten der vergangenen Jahre gelungen. Mit den kleinen, bonbonfarbenen Kaffeekapseln und einem entsprechend inszeniertem Kult verdoppelte sich der Umsatz von Nespresso allein zwischen 2006 und 2008 auf über zwei Milliarden SFR; 2010 betrug der Umsatz 3,2 Milliarden SFR.

Für uns ist das ein anschaulicher Beleg dafür, wie starre Strukturen und die Beschränkung des Gestaltungsfreiraums marktnaher, kreativer Mitarbeiter den Unternehmenserfolg behindern. Und nicht nur das, eine ungenügende Passung des Organisationsdesigns und der Mitarbeitermentalität schürt das Risiko, dass genau die Mitarbeiter, die das Unternehmen voranbringen möchten, es aus Resignation verlassen.

Agiles Netzwerk

Unter einem **agilen Netzwerk** verstehen wir, dass ein flexibles Organisationsdesign auf eigenverantwortliche Mitarbeiter mit unternehmerischen Gestalter-Qualitäten trifft. Es ist geprägt von einem tiefen Vertrauen des Managements in die Fähigkeit der Mitarbeiter, die Anforderungen des Marktes zu erkennen und eigenverantwortlich umzusetzen. Gleichzeitig sind die Mitarbeiter in alle relevanten Entscheidungen involviert – sie können als Intrapreneure agieren. Ihre Arbeitsweise ist geprägt vom eigenständigen, unternehmerischen Denken, sie können komplexe Sachverhalte erschließen und in Konzepte und Business-Ansätze überführen.

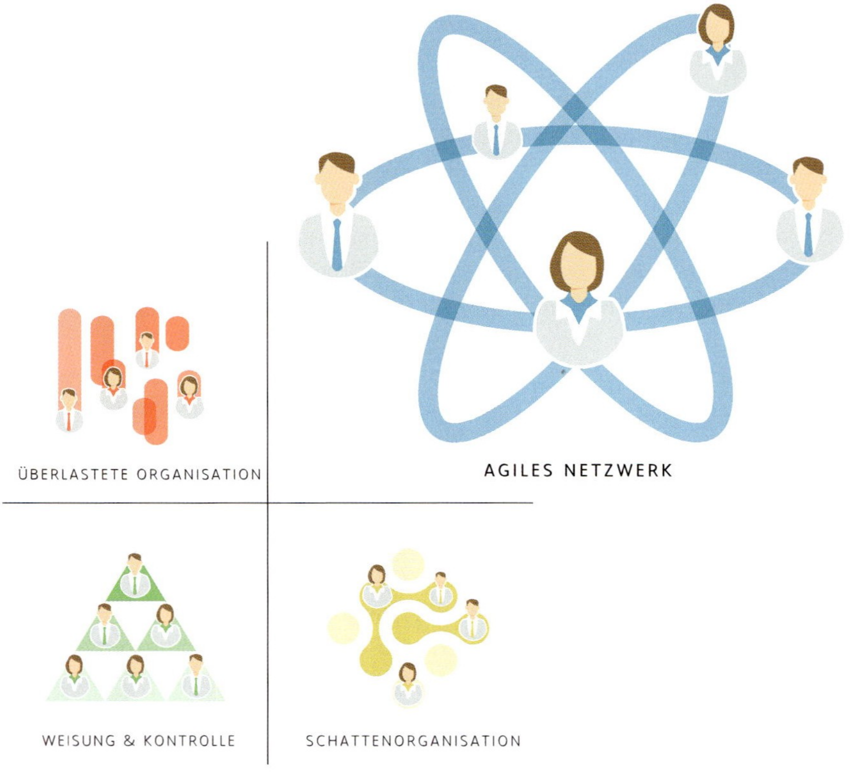

Abb. 15.5: Agiles Netzwerk.

Diese Führungsstruktur ist ideal für Bereiche wie Forschung oder Marketing und Sales sowie für Geschäftsmodelle, die auf **innovative Produktentwicklungen** angewiesen sind: Sie fördert Kreativität und Innovation. Für uns bildet das agile Netzwerk den Gegenpol zum Top-Down-Design. Allerdings gibt es Projekte, Ge-

schäftsbereiche und -modelle, für die dieses Organisationsdesign nicht geeignet ist. Beispiel hierfür sind Bereiche mit einem hohen Bedarf an Effizienz, wie etwa die Produktion, für die die Prozesse und Abläufe eines agilen Netzwerks z.T. zu ineffizient und zu wenig skalierbar sind, der Abstimmungsaufwand ist zu hoch.

Haufe-umantis im Haufe-Quadrant

Haufe-umantis war mit seinen demokratischen Strukturen nicht immer schon — wie man vielleicht meinen könnte — im agilen Netzwerk angesiedelt. Ganz im Gegenteil haben wir im Laufe der letzten Jahre alle Ausprägungen des Haufe-Quadranten durchlaufen. Die unterschiedlichen Organisationsstrukturen standen in engem Zusammenhang mit den jeweiligen Phasen, in denen sich das Unternehmen gerade befand.

Gegründet wurde unser Softwareunternehmen — wie jedes Start-up — als agiles Netzwerk. Haufe-umantis war also zu Beginn im Feld oben rechts angesiedelt (siehe Abbildung 15.1). Rund fünf Jahre später war das Unternehmen zu einer stattlichen Größe angewachsen — und bekam die üblichen Wachstumsschmerzen zu spüren, auf die Larry E. Greiner[2] bereits 1972 aufmerksam machte: Manche Prozesse haben nicht mehr funktioniert, sie dauerten zu lange und führten letztlich dazu, dass Mitarbeiter aufgrund fehlender Resultate demotiviert wurden. Haufe-umantis war erstmals eine überlastete Organisation — im Quadranten oben links.

Um die nächste Unternehmensphase zu erreichen, mussten Dinge verändert werden. Wir haben erkannt, dass das agile Netzwerk nicht mehr funktionierte. Haufe-umantis brauchte klare Strukturen und Prozesse, externe Manager — jeder Management-Berater wird ähnlich argumentieren. Mit diesen Änderungen bewegte sich das Unternehmen 2008 von der Überforderung in das top-down geführte Organisationsmodell Weisung und Kontrolle. Eine Zeit lang war Haufe-umantis dort sehr erfolgreich und hat hohe Gewinne erzielt.

Doch die Kundenbedürfnisse veränderten sich in den letzten Jahren. Um mithalten zu können, musste sich auch Haufe-umantis weiter verändern: Schnellere Innovationszyklen waren gefragt. Einige Mitarbeiter haben das noch vor dem Management erkannt und die Initiative ergriffen. Viele Mitarbeiter — z.T. sogar ganze Teams — hatten sich nach und nach in die Schattenorganisation begeben, um die Kunden- und Marktbedürfnisse besser abzudecken. Das führte so weit, dass eben

2 Greiner, L.E. (1972), Evolution and Revolution as Organisations Grow. Harvard Business Review, Vol 50, Issue 4, S. 37-46.

diese Schattenorganisation 2011 fast größer war als das eigentliche, hierarchische Organisationsdesign. Entscheidungen wurden eher in informellen Strukturen als in den dafür vorgesehenen, standardisierten Prozessen getroffen.

Das fühlte sich für alle Beteiligten eigenartig an. 2013 rief deshalb das Management im Rahmen der CEO-Wahl das Ziel aus, wieder nach oben rechts, zurück ins agile Netzwerk, zu wandern. Aber was ist passiert? Haufe-umantis landete erneut in der Überforderung. Die Anweisung, über den Tellerrand hinaus zu sehen, bestehende Silos aufzubrechen und sich stark nach den Marktbedürfnissen auszurichten, überlastete die Mitarbeiter zunächst erneut.

Auf der Suche nach einem nachhaltigen Führungsmodell

In den letzten beiden Jahren haben wir intensiv daran gearbeitet, ein passendes Betriebssystem zu entwickeln, mit dem wir den Veränderungen im Markt, den Kundenbedürfnissen und den Anforderungen seitens der Mitarbeiter umfassend Rechnung tragen können. Uns ist bewusst geworden, dass wir unsere Organisation nicht immer weiter im Quadranten verschieben können, so wie es die Umstände gerade erfordern.

Vielmehr brauchen wir ein **nachhaltiges** Führungsmodell, das von unten links bis oben rechts dauerhaft alle Organisationsdesigns und Mitarbeiterrollen abdeckt, bzw. alle existenten Ausprägungen auf die beiden funktionalen Modelle Weisung und Kontrolle sowie Agiles Netzwerk überführt. Der Haufe-Quadrant zeigt die organisationsstrukturelle Realität in Unternehmen. In jedem Betrieb gibt es überlastete Mitarbeiter und Schattenorganisationen. Zentrale Aufgabe des Managements ist es, auch diese Mitarbeiter in die Lage zu versetzen, den Unternehmenserfolg mitzugestalten – indem man sie in ein Arbeitsumfeld überführt, in dem sich ihre Mentalität und ihre Fähigkeiten mit dem Organisationsdesign zum Wohle des Unternehmens sinnvoll ergänzen. Dieses Zusammenspiel aus vielen verschiedenen Formen der Zusammenarbeit macht Unternehmen produktiver und leistungsfähiger. Kunden- und Markterfordernisse können zudem besser adressiert werden. Bei uns gibt es jetzt Mitarbeiter, die situativ unten links arbeiten, also unter starker Führung, genauso wie Teams, die oben rechts als agiles Netzwerk fungieren.

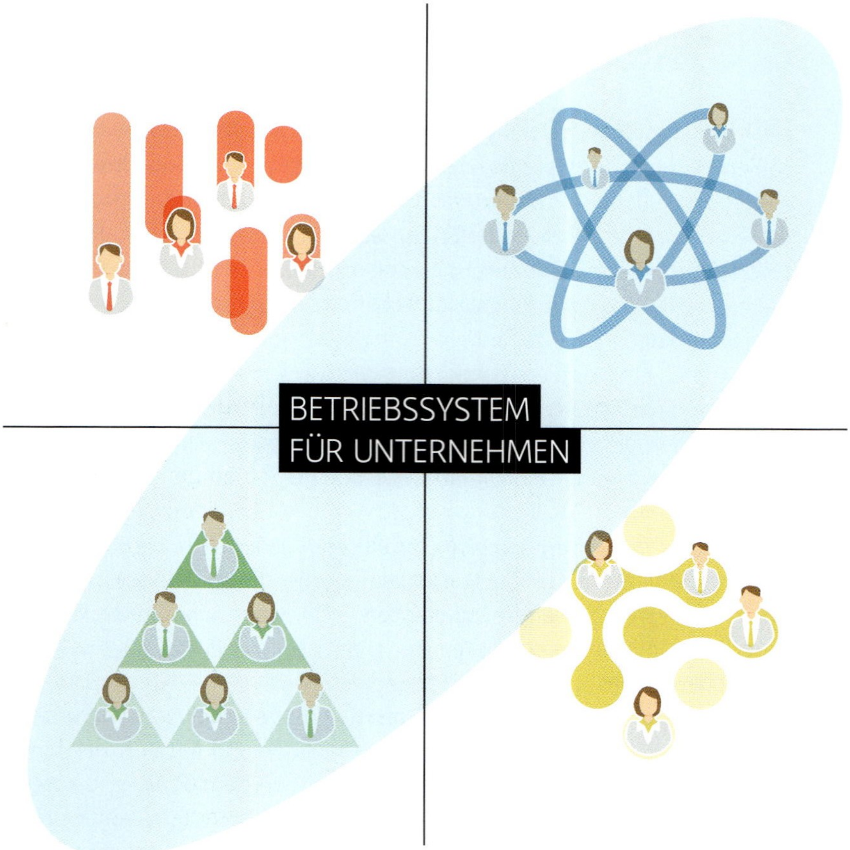

Abb. 15.6: Betriebssystem für Unternehmen.

Wir glauben, dass dies ein nachhaltiges Betriebssystem ist, das den unterschiedlichen Anforderungen an Mitarbeitermentalität und Organisationsdesign gerecht wird und für alle Unternehmen zukunftsfähig und praktikabel ist.

Vielfältige Leadership-Tools

Bei Haufe-umantis ist der Bereich Research & Development oben rechts im agilen Netzwerk angesiedelt. Vor rund einem Jahr haben wir dort **Swarming** eingeführt: Rund 60 Mitarbeiter organisieren sich komplett selbst in Schwärmen – jeder Einzelne entscheidet alle drei Monate für sich, in welchen Projekten er aktuell den größten Beitrag zur Wertschöpfung und zum gemeinsamen Erfolg leisten kann. Feste Abteilungen wurden in diesem Geschäftsbereich abgeschafft – auch den

klassischen Manager gibt es nicht mehr. In den Schwärmen wird gemeinsam über das Vorgehen abgestimmt; immer aus der Perspektive heraus: Was hilft unserem Kunden dabei, erfolgreicher arbeiten zu können?

Nach wie vor gibt es bei Haufe-umantis aber auch Bereiche, die nach einer gemeinsamen Klärung der Strategie und Ziele unten links in der **Top-down-Struktur** verankert sind. So hat sich das Unternehmen erst vor kurzem von einigen Mitarbeitern getrennt, weil sie den Anforderungen der nächsten Wachstumsphase hin zu einer Hochleistungsorganisation nicht mehr gerecht werden konnten. Die Entscheidung hierzu wurde durch die jüngste CEO-Wahl demokratisch legitimiert, da ich in meinem Wahlprogramm unter anderem um das Mandat bat, auch solche unpopulären Maßnahmen umzusetzen. Damit habe ich zwar auf die Forderung meiner Mitarbeiter reagiert, den Mut zu konsequenten Entscheidungen aufzubringen, durchgeführt wurden die Entlassungen jedoch von mir selbst: Ich habe die betreffenden Personen ausgewählt und mit ihnen Gespräche geführt.

In dieser für das Unternehmen kulturell sehr wichtigen und prägenden Situation war dies definitiv die richtige Führungsmethode. Die basisdemokratische Entscheidung, sich von Mitarbeitern zu trennen, ist äußerst anspruchsvoll für ein Unternehmen — und kann u. U. das Team eher belasten, als dass es Mehrwert bringt. Die konsequente Umsetzung der notwendigen Maßnahmen lag deshalb bei mir und nicht bei den Mitarbeitern. Für die Trennung habe ich persönlich die volle Verantwortung übernommen und stand dem Team Rede und Antwort bei den verständlicherweise im Nachhinein entstandenen internen Diskussionen, die neben vielen positiven Stimmen auch kritische Fragen beinhalteten (z. B. Warum wurde ich nicht darüber informiert, dass mein Kollege betroffen ist? Hätten wir das nicht besser im Team gelöst?). Solche Situationen zeigen, dass manche Unternehmensentscheidungen auch weiterhin top-down durchgeführt werden sollten.

Aus diesem Grund betrachten wir **Wahlen** als effektives Leadership-Tool. Im Rahmen des Wahlprozesses stimmt das gesamte Team über die Rolle sowie die Schwerpunkte des jeweiligen Leaders ab. Mit der Wahl beauftragen die Mitarbeiter dann jedoch die Person, die sie für geeignet halten, das gemeinsam verabschiedete Wahlprogramm selbstständig und top-down durchzuführen. Der Leader ist in der Pflicht, das Mandat erfolgreich umzusetzen, denn nach einem Jahr wählen die Mitarbeiter erneut.

15.2.5 Handlungsempfehlungen für Manager und Mitarbeiter

Was bedeutet das nun für alle Beteiligten? Welche Rolle nehmen Führungskräfte und Mitarbeiter bei der Gestaltung dieses Betriebssystems ein? Ich darf zunächst vorweg nehmen: Beide Gruppen werden wesentlich stärker in die Verantwortung gezogen.

- **Standortbestimmung**
  Mitarbeiter und Führungskräfte müssen mit Hilfe des Haufe-Quadranten ermitteln, in welchem Organisationsdesign ihr Bereich verankert ist und wann sie welches Führungsmodell brauchen. Es kann z.B. sinnvoll sein, manche Projekte in agilen Strukturen zu bearbeiten, auch wenn der Bereich insgesamt eher klassisch hierarchisch organisiert ist. Sowohl Leader als auch Mitarbeiter müssen sich fragen: Welches Problem möchte ich lösen und mit welcher Führungsmethode kann ich das tun?
- **Vertrauen und Offenheit**
  Nicht nur der Leader muss sich im Klaren darüber sein, dass er Mitarbeiter braucht, denen er blind vertrauen kann, wenn er sich für eine agile Führungsstruktur entscheidet. Auch der Mitarbeiter selbst trägt die Verantwortung dafür, den für ihn passenden Führungsstil zu wählen. Wenn er merkt, dass er mit dem großen Freiraum, den ihm sein Vorgesetzter lässt, nicht zurechtkommt, muss er dies der Führungskraft gegenüber klar kommunizieren, damit einvernehmlich eine Lösung gefunden werden kann.
- **Bewusste Entscheidungen**
  Dem Mitarbeiter müssen die Konsequenzen seiner bewussten Entscheidung für einen Führungsstil klar sein: Wenn er einen Vorgesetzten möchte, der ihm viele Freiräume lässt, dann muss er auch damit leben, dass manches unklar ist, dass er selbst mehr mitdenken muss. Wenn der Mitarbeiter umgekehrt einen Vorgesetzten wünscht, der ihn klar führt, dann muss er auch bereit sein, ihm zu folgen. Die gewählte Führungsmethode muss zur Mentalität des Mitarbeiters passen. Die Entscheidung hierüber muss der Mitarbeiter selbst und willentlich treffen können.
- **Konsequenz**
  Unternehmen müssen den Mut haben, ihre bestehenden Strukturen — selbst wenn sie die letzten Jahre Basis ihres Erfolgs waren — zu hinterfragen. Das ist neben der großen Verantwortung, die bei Managern und Mitarbeitern liegt, eine weitere zentrale Herausforderung. Neue Wege zu beschreiten — das bedeutet immer öfter, Mitarbeiter in Entscheidungen einzubeziehen, sie gestalten zu lassen und starre Strukturen aufzubrechen. Viele Unternehmen wissen, dass sie sich verändern müssen, aber ihnen fehlt die hierfür notwendige Konsequenz.

- **Management-Tools erweitern**
  Die Aufgabe, das Betriebssystem aktiv zu gestalten, kommt den Managern zu. Sie müssen auf die gegebenen Anforderungen im Unternehmen achten und die vorhandenen Management-Tools erweitern, sodass diese alle notwendigen Organisationsdesigns abdecken. Auf diese Weise entsteht ein funktionierendes Management-System. Nur in einem Umfeld mit unterschiedlichen Organisationsstrukturen werden Mitarbeiter nachhaltig motiviert sein, ihren Beitrag zum Unternehmenserfolg zu leisten. Welche kulturellen und strukturellen Änderungen sie dafür vornehmen müssen, hängt einerseits von der Entwicklung des Unternehmens, der Organisationsform und dem Geschäftsmodell ab, andererseits aber auch von den Markterfordernissen – hier muss jedes Unternehmen den eigenen Weg finden und die für sich richtige Methode wählen.

15.3 Das Betriebssystem für Unternehmen: Starkes Führungsinstrument für die Manager von morgen

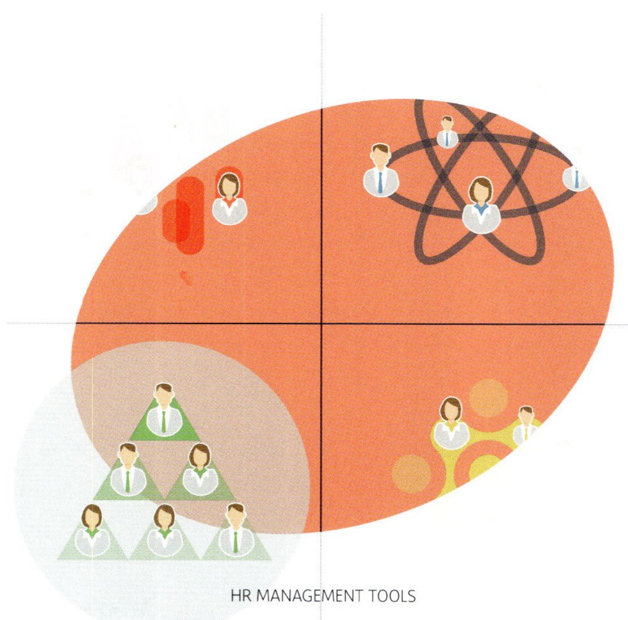

Abb. 15.7: Unzureichende HR-Management-Tools.

Derzeit ist ein solches Betriebssystem, das verschiedene Führungsmethoden von top-down zu agil in einer Organisation vereint, in den meisten Unternehmen noch Zukunftsmusik. Die Management-Tools, die aktuell zum Einsatz kommen, unterstützen i. d. R. lediglich die Mitarbeiter, die gern in hierarchisch organisierten Strukturen arbeiten, nicht aber diejenigen, die aufgrund ihrer unternehmerischen Gestaltermentalität in flexibleren Organisationsdesigns besser zum Unternehmenserfolg beitragen könnten.

Haufe-umantis hat mit seinem Betriebssystem die notwendigen Strukturen geschaffen, um dem Wachstum des Unternehmens gerecht zu werden: Die Anzahl der Mitarbeiter beläuft sich mittlerweile auf 150 — 2011 waren es noch unter 50. Entgegen dem Branchentrend tut sich Haufe-umantis leicht, IT-Fachkräfte zu finden. Auch daran zeigt sich das Zusammenspiel von Mitentscheidermentalität und neuartigen Prozessen: Die Mitarbeiter rekrutieren selbst in ihren eigenen Netzwerken und rühren für ihren Arbeitgeber kräftig die Werbetrommel — das hinterlässt Eindruck. Über 60 % der neuen Mitarbeiter werden mittlerweile über eine persönliche Empfehlung eingestellt.

Ein Betriebssystem, das mehrere Organisationsstrukturen im Unternehmen vereint, stellt ein komplexes System dar, das sowohl von den Managern als auch den Mitarbeitern deutlich mehr Flexibilität verlangt. Doch gerade das Nebeneinander verschiedener Führungsstrukturen setzt Synergien frei und bietet jedem Mitarbeiter das für ihn optimale Arbeitsumfeld. Wenn das der Fall ist, man also das Betriebssystem richtig beherrscht, ist es ein sehr starkes Führungsinstrument, mit dem Unternehmen den Anforderungen des Marktes, der Kunden und der Mitarbeiter selbstbewusst entgegentreten und gerecht werden können: Es ist dann ein Betriebssystem für nachhaltig erfolgreiche Unternehmen.

Henning Wolf

Andreas Havenstein

»16

Mitarbeiter beteiligt: demokratie@it-agile

16 Mitarbeiter beteiligt: demokratie@it-agile

Henning Wolf, Andreas Havenstein (it-agile GmbH)

Die it-agile GmbH wurde 2004 in Hamburg gegründet und bietet Dienstleistungen rund um agile Softwareentwicklungsmethoden wie *Scrum* und *Kanban* an: Von der Schulung dieser Methoden über Coaching bei der Einführung oder Verbesserung des Einsatzes bis zu technischen Fragestellungen wie Testautomatisierung oder flexiblen Architekturen. Als wir mit insgesamt zehn Kollegen die Idee zur Gründung von it-agile hatten, war uns eine hohe Partizipation der Mitarbeiter bei allen Entscheidungen wichtig. Um diesem gemeinsamen Bedürfnis gerecht zu werden, haben wir eine **Mitarbeiterbeteiligungsgesellschaft** gegründet, die ursprünglich 49 %, mittlerweile über 60 % der Anteile der it-agile GmbH hält. Viele der im Folgenden beschriebenen Organisationsprinzipien wurzeln in diesem starken Partizipationsbedürfnis, sind aber auch für Organisationen denkbar, in denen die Mitarbeiter in weniger hohem Maß am Unternehmen beteiligt sind.

16.1 Mitarbeiterbeteiligungsgesellschaft (MABG)

So funktioniert die Mitarbeiterbeteiligungsgesellschaft (MABG) bei it-agile: Alle Mitarbeiter erhalten den gleichen Anteil an der MABG und haben das gleiche Stimmrecht. Jeder Mitarbeiter, der zum 1. Januar oder 1. Juli eines Jahres einen unbefristeten Arbeitsvertrag bei der it-agile GmbH hat, wird auf Wunsch in die MABG aufgenommen – zunächst für 2 Jahre mit einem halben Anteil, danach kann der Anteil auf einen vollen Anteil aufgestockt werden. Die Beteiligung erfolgt per Einzahlung von Kapital, die Anteile werden zum Nominalwert des Stammkapitals (100.000 EUR für 100 % der it-agile GmbH) gehandelt. Bisherige Gesellschafter der MABG treten demzufolge Anteile zum Nominalwert ab. Wer die Firma verlässt, muss seinen Anteil zum Nominalwert zurück verkaufen, entsprechend dem Anteil erfolgt jährlich eine Auszahlung des Unternehmensgewinns. Das Modell ist nicht darauf ausgelegt, von der Wertsteigerung des Unternehmens zu profitieren.

Diese Konstellation führt zu einem interessanten **Gleichgewicht** zwischen Geschäftsführung und Mitarbeitern: Während die Geschäftsführer die Vorgesetzten der Mitarbeiter sind und diesen Anweisungen geben oder sie entlassen könnten, gilt

umgekehrt, dass die **Mitarbeiter als Gesellschafter** der MABG den Geschäftsführern einen Rahmen vorgeben können, ihr Gehalt festlegen und sie abberufen können.

Eine der strategischen Entscheidungen der MABG lautet, dass die it-agile GmbH keine Geschäfte mit Rüstungsfirmen macht. Dafür wurde ein Ampelsystem eingeführt, das reine Rüstungsfirmen rot, die Bundeswehr und Firmen mit militärischem und zivilem Geschäft gelb und alle rein zivil tätigen Unternehmen grün einstuft. Für letztere arbeiten wir immer, bei gelb eingestuften treffen wir eine Entscheidung für oder gegen das konkrete Projekt und erheben ggf. einen Aufschlag, den wir spenden. Mit rot eingestuften Firmen arbeiten wir nicht zusammen.

16.2 Gehaltsmodell und Gehaltschecker

Eines der am besten gehüteten Geheimnisse in Unternehmen ist häufig die Höhe der Gehälter. Die Geheimhaltung soll verhindern, dass Neid und Missgunst entstehen und eventuelle Begehrlichkeiten geweckt werden, die den Gewinn der Firmenchefs schmälern könnten.

In einem demokratischen Unternehmen hat Heimlichtuerei keinen Platz. Wenn alle mitbestimmen und mitgestalten sollen, dann muss das Wissen dafür für jeden Mitarbeiter verfügbar sein: **Transparenz** ist Voraussetzung für gute Entscheidungen. Wir haben uns deshalb von Anfang an dafür entschieden, die Gehaltsstufen aller Kollegen für jeden Mitarbeiter sichtbar in unserem Firmenwiki zu führen. Diese Transparenz ermöglicht den Vergleich mit den Kollegen und die Identifikation von etwaigen Ungerechtigkeiten im Gehaltssystem.

Die Entscheidung über Gehälter wird nicht von der Geschäftsführung getroffen, sondern von einem Gremium, das jedes Jahr von den Kollegen bestimmt und gewählt wird. Wir nennen dieses Gremium die Gehaltschecker. Als Grundlage für die Gehaltsfindung organisieren die Gehaltschecker zwei Mal im Jahr per Web-Umfrage ein **360-Grad-Feedback** aller Kollegen. Jeder Mitarbeiter kann sich dabei zu jedem Kollegen äußern, im positiven wie auch im negativen Sinne. Berücksichtigt wird in der Umfrage neben den finanziellen Aspekten wie Umsatz auch das Engagement für die Gesamtfirma, der Beitrag zur sozialen Dichte, Kundenfeedback, Konstanz, Flexibilität etc.

Hat ein Kollege im Vergleich zu seinen Kollegen der selben Gehaltsstufe überdurchschnittlich viel geleistet, kann man ihn im Rahmen der Umfrage für eine Stufenerhöhung nominieren. Denkt man dagegen, der Kollege würde im Vergleich mit seinen Kollegen auf derselben Gehaltsstufe zu wenig Einsatz zeigen, so kann man auch

dieses Feedback in der Umfrage vermerken. Durch das Feedback aller Kollegen ergibt sich ein Gesamtbild und es ist ersichtlich, ob das Gesamtgefüge in Balance ist.

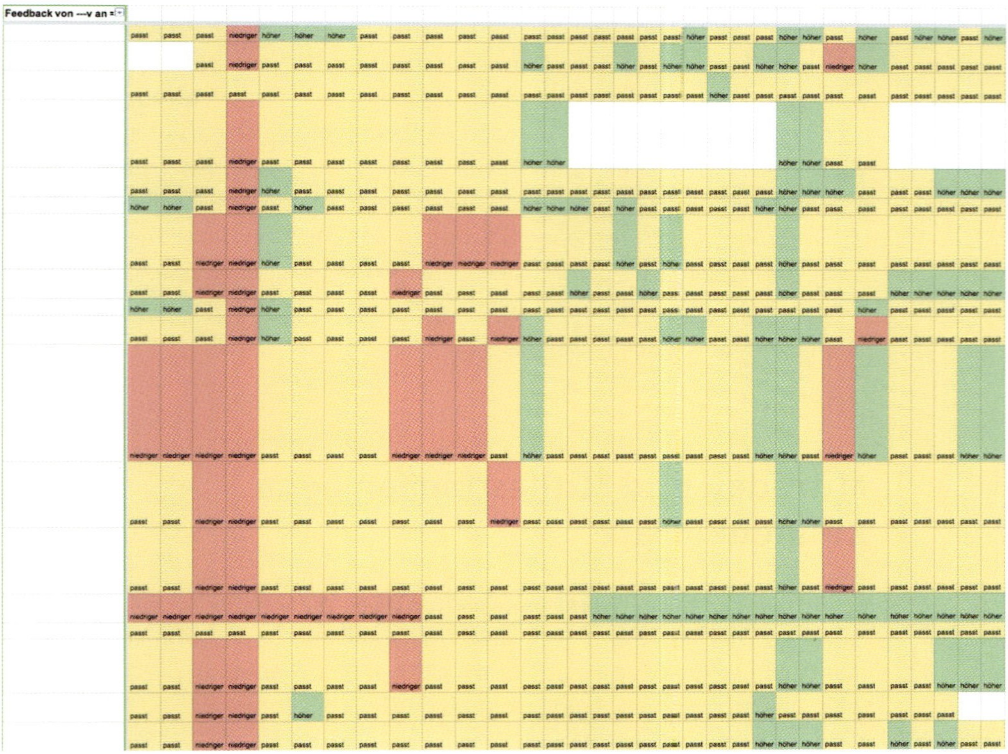

Abb. 16.1: Anonymisierte Feedback-Matrix.

Darüber hinaus ist für jeden Kollegen sichtbar, ob die eigene Arbeit im Unternehmen anerkannt wird. Jeder kann entscheiden, welche Schlüsse er für sich selbst daraus zieht. Hat man negatives Feedback erhalten, so kann man durch Gespräche mit den entsprechenden Kollegen Missverständnisse ausräumen. Oder man nutzt das Feedback als Motivation für sich, in der kommenden Zeit an den von Kollegen kritisierten Punkten zu arbeiten. Es gab schon mehrfach den Fall, dass Mitarbeiter aufgrund des Feedbacks freiwillig eine Stufe zurücktraten, weil ihnen das Gehaltsgefüge sonst nicht gerecht erschien.

Hat man positives Feedback erhalten, so kann man gegenüber dem Checker-Gremium seinen Hochstufungswunsch äußern. Man sucht sich jetzt für Einzelkonsultationen mindestens Kollegen seiner jetzigen und seiner Wunsch-Gehaltsstufe. An den Gesprächen nimmt auch ein Mitglied der Gehaltschecker teil. Die Eindrücke

aus den Konsultationsgesprächen werden dann im Checker-Gremium besprochen und dort wird die Hochstufung abschließend bewilligt oder auch für diese Gehalts-Runde begründet abgelehnt.

Das Verfahren ist insgesamt zeitlich aufwändiger als einfache Personalgespräche mit einem Vorgesetzten. Darüber hinaus fällt es nicht jedem leicht, die Kollegen in diesen Belangen offen zu bewerten, insbesondere wenn man auch negatives Feedback geben muss. Diese Transparenz ermöglicht jedoch ein gut ausbalanciertes Gehaltssystem. Statt heimlicher Tuschelei über angemessenes oder unangemessenes Gehalt der Kollegen kann man in einen offenen Dialog treten und persönlich an den angesprochenen Schwächen wachsen. Das breite Feedback vieler Kollegen gibt zudem ein deutlich genaueres Bild als es die Einzeleinschätzung einer Führungskraft geben kann, die selbst häufig weit entfernt vom eigentlichen Arbeitskontext des Bewerteten tätig ist.

16.3 Mitreden und Mitbestimmen beim Kundeneinsatz

Ein weiterer, wichtiger Aspekt einer partizipativen Organisation ist die Möglichkeit zur Mitbestimmung über den eigenen Arbeitseinsatz. Klassische Firmenstrukturen sind häufig so organisiert, dass die Mitarbeiter vom Vorgesetzten ihre Einsatzbefehle auslastungsoptimierend und gewinnmaximierend erhalten.

Bei it-agile sehen wir uns gemeinsam in der Pflicht, erfüllende Arbeit für alle zu ermöglichen. Endet für mich in absehbarer Zeit ein Entwicklungs-, Coaching- oder Schulungseinsatz, so mache ich das für andere auf dem **Auslastungsboard** sichtbar. Ich achte verstärkt darauf, was über das **Vertriebsboard** an Anfragen kommt und kann mich dann proaktiv um interessante Anfragen kümmern. Jeder Kollege ist somit Teil des Vertriebs und jeder Kollege ist mitverantwortlich für das Marketing. Die persönlich in Vertrieb und Marketing investierte Zeit ist sehr stark abhängig von der eigenen aktuellen Auslastung durch Kundenjobs. Habe ich derzeit keinen Kundenjob zu erledigen, so kümmere ich mich stärker um einen Job für mich und andere. Selbst wenn ich gerade keinen aktuellen Job habe, kann ich mir angebotene Jobs dennoch ablehnen — ich muss dies den Kollegen gegenüber jedoch gut begründen können. Auch die Entscheidung über den Umgang mit Anfragen von Kunden, die wir in dem beschriebenen Ampelsystem gelb einstufen, liegt in der eigenen Verantwortung jeden Mitarbeiters.

Im Gegensatz zu klassischen Firmenstrukturen ist somit die Verantwortung jedes Einzelnen deutlich größer. Das hohe Maß an Mitbestimmung bei Kundenaufträgen und Einsatzorten führt jedoch dazu, dass jeder die Chance hat, erfüllende und für sich sinnstiftende Tätigkeiten zu wählen. Statt Mitarbeiter gewinnmaximierend zu verheizen, sorgen wir auf diese Weise nachhaltig für **Zufriedenheit** und **Motivation**, was sich letztendlich auch monetär für alle auszahlt.

16.4 Business-Teams statt Abteilungen

Nachdem wir die Grenze von 20-25 Mitarbeitern überschritten hatten, fiel uns auf, dass wir uns immer schwerer damit taten, Entscheidungen in großer Runde zu treffen. Gleichzeitig wurden die zentralen Entscheidungen schlechter, da der Abstand der Mitarbeiter untereinander allein schon durch die gewachsene Gesamtzahl größer wurde. Wir suchten deshalb nach einer Organisationsstruktur, die dem Einzelnen bestimmte Entscheidungen abnimmt, diese aber nicht gleich zur Sache der ganzen Runde macht. Bei klassischen Unternehmen wären vermutlich Abteilungen mit entsprechenden Abteilungsleitern entstanden, stattdessen haben wir uns für **selbstorganisierte Teams** ohne explizite Leitungsfunktion entschieden. Mit der Teamstruktur folgen wir dem Beta-Modell der **Business-Zellen** (Abbildung 16.2).

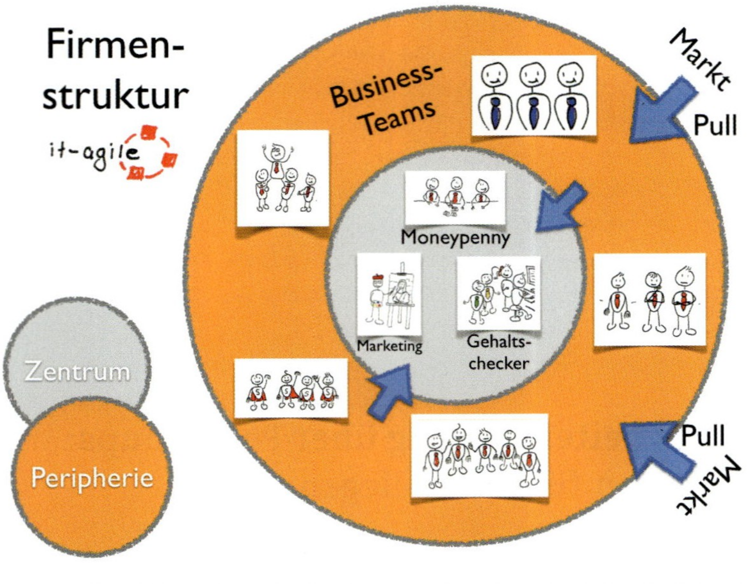

Abb. 16.2: Firmenstruktur mit Business-Zellen.

Jedes Business-Team ist selbst dafür verantwortlich, wirtschaftlich zu arbeiten, einen finanziellen Beitrag zum Unternehmenserfolg beizutragen. Zudem trägt jedes Business-Team gemäß seiner Teamgröße zum Vertrieb bei, was nicht bedeutet, dass nur Vertrieb für die eigenen Teammitglieder gemacht wird.

Neben den Business-Teams gibt es ein zentrales Team, das Verwaltungsteam **Moneypenny**, das sich als interner Servicedienstleister versteht. Zur Koordination der Teams haben wir verschiedene Ansätze ausprobiert, aktuell experimentieren wir mit einem **Policy Circle**, der am Prinzip der **Soziokratie** ausgerichtet ist: Jedes Team wählt für ein Jahr einen Repräsentanten und einen Operational Leader, die gemeinsam am Policy Circle teilnehmen, in dem die zentralen, für alle geltenden Regeln festgelegt werden.

16.5 Der Einstellungsprozess bei it-agile

Der Grundsatz beim Einstellungsprozess von it-agile lautet: Kollegen stellen Kollegen ein. Bewerbungen werden zwar i. d. R. von demjenigen vorsortiert, bei dem sie eingehen, danach aber wird eine Bewerbung an alle Kollegen weitergeleitet. Nur wenn sich mindestens vier Kollegen finden, die sich den Bewerber bei it-agile vorstellen können, laden wir zu einem Vorstellungsgespräch ein. An diesem nehmen wiederum vier Kollegen teil und sprechen ausführlich mit dem Bewerber. Wenn keiner der vier im Anschluss an das Gespräch ein Veto einlegt, unterbreiten wir dem Bewerber ein Angebot. Die vier Kollegen legen noch während des Vorstellungsgesprächs fest, zu welchem Gehalt wir den Bewerber einstellen würden. Diese Einstufung basiert auf einem Vergleich mit dem Gehaltsniveau der bereits im Unternehmen arbeitenden Kollegen. Fängt der neue Kollege bei it-agile an, sind zu Beginn die Kollegen aus dem Vorstellungsgespräch seine erste Peergroup. Die Einarbeitung neuer Kollegen wird von den Business-Teams unterschiedlich organisiert und hängt auch von den Vorerfahrungen des neuen Kollegen ab. Meist beginnen neue Kollegen im Team eines Kollegen aus dem Vorstellungsgespräch.

16.6 Mitarbeiterführung über Peergroups: Kollegen führen Kollegen

In der Anfangszeit von it-agile waren wir im Bereich der Mitarbeiterführung deutlich klassischer organisiert: Jeder Mitarbeiter hatte zweimal im Jahr ein Personalge-

spräch mit dem Geschäftsführer. Dabei wurden sowohl die finanziellen Aspekte der Gehaltseinstufung besprochen als auch die persönliche Weiterentwicklung des Mitarbeiters diskutiert. Die Gefahr dieser thematischen Vermengung liegt darin, dass das Personalgespräch eher zu einem Verkaufsgespräch mutiert. Der Mitarbeiter versucht, sich für ein höheres Gehalt besser zu verkaufen, oder der Mitarbeiter akzeptiert für die Aussicht auf höheres Gehalt Zielvereinbarungen, die seinen eigenen inhaltlichen Interessen widersprechen und deshalb nicht nachhaltig motivierend sind.

Ein zweites Problem entstand durch unser **Firmenwachstum**. Die zentralistische Form der Mitarbeiterführung skalierte nicht gut: Eine intensivere Betreuung aller Mitarbeiter wurde zum zeitlichen Problem für die Geschäftsführung. Wir entwickelten deshalb eine dezentrale Form der Mitarbeiterführung: Kollegen kümmern sich um die persönliche Weiterentwicklung von Kollegen. Jeder Mitarbeiter sucht sich selbst drei bis vier Kollegen, die seine persönliche **Peergroup** bilden. Die Peergroup sollte dabei möglichst divers zusammengesetzt sein, um dem Kollegen Perspektiven und Weiterentwicklungsmöglichkeiten jenseits seines eigenen, aktuellen Gebietes aufzeigen zu können. Ein Softwareentwickler sollte z. B. nicht nur andere Entwickler, sondern auch jemanden aus der methodischen Beratung, einen marketing-affinen Kollegen oder eine Moneypenny für seine Peergroup wählen.

Die Peergroup trifft sich in regelmäßigen Abständen mit dem Mitarbeiter. Sie berät und begleitet den Kollegen und diskutiert seine Entwicklungschancen: Was wünscht sich der Kollege? Was hält den Kollegen auf, sein Ziel zu erreichen? Was sind die nächsten Schritte dort hin? Dabei wird der finanzielle Aspekt meist komplett ausgeblendet, für diesen gibt es die Gehaltschecker-Mechanismen (siehe Kapitel 16.2). Keiner muss sich also vor seiner Peergroup verkaufen, um eine höhere Gehaltsstufe zu erlangen. Dadurch hat die Peergroup die Freiheit, sich ganz auf die inhaltliche Weiterentwicklung zu konzentrieren und den Kollegen dabei zu unterstützen, die für ihn persönlich wirklich motivierenden Ziele zu finden.

16.7 Ausblick

Die partizipativen Mechanismen bei it-agile sind das Ergebnis von zehn Jahren kontinuierlicher Weiterentwicklung auf allen Ebenen. Auf dem Weg dorthin haben wir Vieles ausprobiert, Unpassendes verworfen und Funktionierendes weiter verfeinert. Dem empirischen Ansatz folgend haben wir zahlreiche Experimente in den Bereichen Management, Firmenstruktur und Mitarbeiterführung durchgeführt. Dabei wurden eher zügig Fakten geschaffen und dann geschaut, wohin es führt,

anstatt im Vorfeld langwierig alle etwaigen Folgen theoretisch durchzuspielen. Grundsätzlich hat sich gezeigt, dass es hilfreich ist, Kollegen durch **Konsultation** oder informelle Einbindung an den Entscheidungsprozessen zu beteiligen.

Bei it-agile bleibt weiterhin alles im Fluss. Gemeinsam gestalten wir unsere Zukunft und wir sind gespannt, wie diese Zukunft aussehen wird.

Die Autorinnen und Autoren

Andreas Boes

PD Dr. Andreas Boes ist Mitglied des Vorstands des Instituts für Sozialwissenschaftliche Forschung (ISF) München e.V und lehrt als Privatdozent an der TU Darmstadt. Er befasst sich seit Ende der 1980er Jahre mit Fragen der Informatisierung der Gesellschaft und der Zukunft der Arbeit.

Anja Bultemeier

Anja Bultemeier ist wissenschaftliche Mitarbeiterin am Institut für Soziologie der Friedrich-Alexander-Universität Erlangen-Nürnberg. Sie beschäftigt sich mit den Veränderungen von Arbeit und Unternehmen, betrieblichen Karrieresystemen und geschlechtsspezifischen Ungleichheiten.

Klaus Dörre

Prof. Dr. Klaus Dörre ist seit 2005 Professor für Arbeits-, Industrie- und Wirtschaftssoziologie an der Friedrich Schiller-Universität Jena und einer der Direktoren des DFG-Kollegs Postwachstumsgesellschaften (http://www.kolleg-postwachstum.de). Seine Arbeitsschwerpunkte liegen auf dem Gebiet der Kapitalismusmustheorie, der Prekarisierung von Arbeit und Beschäftigung sowie im Bereich Arbeitsbeziehungen und Partizipation in Unternehmen. Klaus Dörre hat zu diesen Themen umfassend publiziert.

Juergen Erbeldinger
Dr. Juergen Erbeldinger, Dipl.-Volkswirt, ist Gründer und CEO von Partake. Er ist seit vielen Jahren als Vor- und Querdenker gefragt und hat in den letzten Jahren die Ideen des Design Thinking weiterentwickelt. Juergen Erbeldinger fordert Gründer und Unternehmen auf, vor allem auf Kundenerlebnis und Innovation zu setzen, um auf disruptiven Märkten zu überleben.

Matthias Grund
Matthias Grund studierte Geophysik an der Universität Karlsruhe. Er ist seit 1986 als Software-Entwickler, Berater und Projektmanager international aktiv. 1995 gründete er zusammen mit Dieter Kuhn die andrena objects ag. Als verantwortlicher Vorstand führte Matthias Grund die andrena objects vom Nischenanbieter für objektorientierte Systementwicklung zu einem führenden Beratungs- und Entwicklungshaus für agiles Software Engineering.

Katrin Gül
Katrin Gül ist Wissenschaftlerin am ISF München. Ihre Forschungsschwerpunkte liegen in den Gebieten Arbeit und Subjekt, Arbeit und Globalisierung, Gesundheit und Prävention.

Andreas Havenstein

Andreas Havenstein ist Trainer, Softwareentwickler und Architekt bei der it-agile GmbH in Hamburg. Seit vielen Jahren begeistert er sich für agile Methoden, testgetriebene Entwicklung und modulare, flexible Architekturen. Er ist Sprecher zu agilen Themen auf Konferenzen, schreibt Zeitschriftenartikel und ist Co-Autor des Buches „Agile Entwicklungspraktiken mit Scrum".

Tobias Kämpf

Dr. Tobias Kämpf ist Wissenschaftler am ISF München und Lehrbeauftragter an der Friedrich-Alexander-Universität Erlangen-Nürnberg. Seine Arbeitsschwerpunkte liegen in den Gebieten Globalisierung und neuen Formen internationaler Arbeitsteilung („Offshoring"), Gewerkschaften und Interessenvertretung im Bereich hoch qualifizierter Arbeit, Angestelltensoziologie, Gesundheit und Prävention.

Mads Kamp

Mads Kamp verantwortet als Vice President den Bereich Human Resources bei der William Demant Holding A/S. Seit seinem Einstieg im Jahr 2002 bei Oticon / William Demant ist er dort im Bereich Human Resources tätig. Er war zuvor HR Consultant bei VELUX A/S, Section Manager bei NESA A/S, HR Manager bei Velux und General Manager der Firma Icon Media Lab. Seit 1994 ist Mads Kamp Dozent und Gutachter an der Copenhagen Business School für Master und MBA Studenten. Seine Freizeit verbringt er vor allem mit seiner Frau und seinen zwei Kindern, beim Cross Fit Training und beim Segeln, Golfen oder Radfahren.

Barbara Langes
Barbara Langes ist Wissenschaftlerin am ISF München. Ihre Forschungsschwerpunkte liegen in den Bereichen Informatisierung von Arbeit, Führung in Unternehmen.

Helmut Lind
Helmut Lind, geb. 1961 in Marburg an der Lahn, studierte an der Akademie Deutscher Genossenschaften Diplom-Bankbetriebswirtschaft. Er begann seine berufliche Laufbahn als Geschäftsstellenleiter der heutigen Sparda-Bank Hessen eG. Seit 2001 ist er Vorstandsmitglied der Sparda-Bank München, seit 2006 deren Vorstandsvorsitzender. Ehrenamtlich ist er Senator und aktuell Vizepräsident des Senats der Wirtschaft, stellvertretender Aufsichtsratsvorsitzender der DEVK Deutsche Eisenbahn Versicherung in Köln und Mitglied im Verbandsrat beim Verband der Sparda-Banken e. V. in Frankfurt am Main.

Thomas Lühr
Thomas Lühr ist Wissenschaftler am ISF München. Seine Forschungsschwerpunkte liegen in den Bereichen Informatisierung von Arbeit, Arbeit und Unsicherheit von hoch qualifizierten Beschäftigten, Karriere in modernen Unternehmen.

Kira Marrs

Dr. Kira Marrs ist Wissenschaftlerin am ISF München. Ihre Forschungsschwerpunkte liegen in den Bereichen Arbeit und Subjekt, Steuerung von Arbeit, Leistungspolitik, Arbeit und Globalisierung, Frauen in Karriere.

Andrea Nahles

Andrea Nahles, MdB, ist Bundesministerin für Arbeit und Soziales. 1995 erfuhr die studierte Literaturwissenschaftlerin mit ihrer Wahl zur Juso-Vorsitzenden zum ersten Mal bundesweite Aufmerksamkeit. 1998 zog sie in den Deutschen Bundestag ein. Vier Jahre lang leitete sie von 2009-2013 als Generalsekretärin die SPD-Parteizentrale. 1970 in Mendig geboren, lebt sie mit ihrem Mann und ihrer kleinen Tochter in der Eifeler Heimat.

Bernd Oestereich

Bernd Oestereich hat 1998 die oose Innovative Informatik gegründet, war 12 Jahre deren Geschäftsführer, danach mitarbeitender Mehrheitsgesellschafter. Er initiierte 2012 die Transformation in ein kollegial-selbstgeführtes Unternehmen und verkaufte es 2014 an die Mitarbeiterinnen und Mitarbeiter. Er ist Autor vieler, auch international verlegter und prämierter Fachbücher und bloggt unter http://oe6.ch/. Unter der Marke http://next-u.de arbeitet er als Experte, Trainer und Coach für kollegial geführte Organisationen.

Klaus von Rottkay

Dr. Klaus von Rottkay (45) ist seit Juli 2013 Mitglied der Geschäftsleitung von Microsoft Deutschland und leitet dort als COO die Bereiche Marketing und Operations. Er ist der strategische Kopf hinter den Geschäftsbereichen Windows & Devices, Office und Cloud & Enterprise. Bis 2005 war der promovierte Physiker bei McKinsey & Company tätig. Mittlerweile gehört er zu den führenden Vor- und Querdenkern bei Themen der digitalen Transformation. Mit seinem direkten Draht zu den Entscheidern der deutschen Wirtschaft stellt er auf Bühnen und in Diskussionsrunden die Weichen für die Digitalisierung vom Großunternehmen bis zum Mittelständler.

Thomas Sattelberger

Thomas Sattelberger war bis Mai 2012 Personalvorstand und Arbeitsdirektor der Deutschen Telekom AG. Er war von Juli 2003 bis zu seiner Bestellung zum Telekom-Personalvorstand im Mai 2007 in derselben Funktion Mitglied des Vorstandes der Continental AG in Hannover. Zuvor war er in führenden Funktionen für Daimler und Lufthansa tätig. Thomas Sattelberger gilt als einer der Personalvordenker der Republik, hat sich als Verfechter des Diversity-Managements profiliert und initiierte die 30-Prozent-Frauenquote für Führungspositionen bei der Telekom. Er kritisiert geschlossene Systeme in Konzernen und Gesellschaft und die damit verbundene Chancenungleichheit und Talentausgrenzung. Er gilt als innovativer Vordenker neuer Arbeitswelten und -kulturen.

Dieter Schweer

Dieter Schweer, Dipl.-Betriebswirt und Dipl.-Journalist, ist seit 2009 Mitglied der Hauptgeschäftsführung beim Bundesverband der Deutschen Industrie, bei dem er auch das Thema „Die digitale Transformation der Industrie" verantwortet. Vor seiner Zeit im BDI nahm er verschiedene Führungspositionen in der deutschen Industrie ein u. a. bei der BMW AG, der Handelsblatt-Gruppe, als Direktor Konzernkommunikation der RWE AG und als Bereichsvorstand bei der Deutschen Telekom AG. Dieter Schweer wurde als PR Manager des Jahres ausgezeichnet und erhielt den Deutschen Marketingpreis.

Sarah Seidemann

Sarah Seidemann ist seit 2013 Referentin im Bundesverband der Deutschen Industrie. In der Abteilung Digitalisierung und industrielle Wertschöpfungsstrukturen verantwortet sie das Thema Akzeptanz des digitalen Wandels. Von 2008 bis 2013 arbeitete sie als Projekt-Managerin bei der Bertelsmann Stiftung in verschiedenen Projekten zum Thema Bürgerbeteiligung. Vor ihrer Zeit bei der Stiftung war sie für ein britisches Beratungsunternehmen mit Sitz in Brüssel tätig.

Armin Steuernagel

Armin Steuernagel ist Serienunternehmer und u. a. Co-Gründer und Geschäftsführender Gesellschafter der Universnatur GmbH, der Damia GmbH, der AppStimmung gGmbH und der Purpose GmbH & Co. KGaA. Er gründete mit 16 Jahren seine erste Firma — einen Versand für Spielzeug. Seine anderen Unternehmen versuchen, Kinder für gute Bio-Lebensmittel zu begeistern (mit der Marke Mogli) oder per App Mitarbeitern und Bürgern mehr Mitsprache zu ermöglichen. Schwerpunkt seiner Arbeit ist derzeit die Etablierung einer neuen Unternehmens- und Eigentumsform: Purpose-Unternehmen, für die Profit kein Selbstzweck ist sondern Mittel, ihren jeweiligen Zweck/Sinn zu erfüllen, und bei denen Unternehmerschaft und Eigentümerschaft gekoppelt sind. Er studierte Philosophie, Politik und Wirtschaft in Witten/Herdecke und Oxford.

Marc Stoffel

Marc Stoffel ist seit 2013 CEO der Haufe-umantis AG. Das Besondere dabei: Seine Mitarbeiter haben ihn in diese Rolle gewählt. Seit 2005 hat er das Unternehmen in verschiedenen verantwortungsvollen Positionen in den Bereichen Software-Entwicklung, Produktmanagement sowie Vertrieb und Marketing geprägt. Aufgrund der verschiedenen wertvollen Erfahrungen verfügt er nicht nur über hervorragendes Know-how für die exzellente Steuerung des Unternehmens, sondern trägt auch gleichzeitig seit 2009 die operative Gesamtverantwortung für den Vertrieb und Partnerschaften.

Christian Theurer

Christian Theurer ist Doktorand am Lehrstuhl für Strategie und Organisation an der Technischen Universität München. Seine Forschungsschwerpunkte liegen im Bereich strategischer Arbeitgeberattraktivität und -markenbildung. Er studierte Betriebswirtschaftslehre und internationales Management an den Universitäten Mannheim und WHU – Otto Beisheim School of Management, sowie Stationen in Shanghai und Madrid. Neben seiner Hochschultätigkeit ist Christian Theurer für einen internationalen Logistikkonzern tätig.

Andranik Tumasjan

Dr. Andranik Tumasjan ist wissenschaftlicher Mitarbeiter und Habilitand am Lehrstuhl für Strategie und Organisation der Technischen Universität München. Er forscht und lehrt zu der Frage, wie durch Maßnahmen der personalorientierten Unternehmensführung strategisches, unternehmerisches und innovatives Verhalten in Organisationen gefördert werden kann. Ein weiterer Schwerpunkt seiner Arbeit in Forschung und Lehre liegt im Bereich der strategischen Mitarbeiterrekrutierung und -bindung und dem Einfluss der Digitalisierung auf Unternehmen.

Isabell M. Welpe

Prof. Dr. Isabell M. Welpe ist Inhaberin des Lehrstuhls für Strategie und Organisation an der TU München und Leiterin des Bayrischen Staatsinstituts für Hochschulforschung und Hochschulplanung. Ihr Forschungsinteresse liegt auf den Bereichen New Public Management, Leadership, Zukunftskonzepte der Arbeit und Organisation, Auswirkungen digitaler Technologien, Social Media und strategische Innovation.

Henning Wolf

Henning Wolf ist seit über 10 Jahren Geschäftsführer und Agiler Senior-Berater der it-agile GmbH in Hamburg. Er verfügt über langjährige Erfahrung aus agilen Softwareprojekten (Scrum, Kanban). Darüber hinaus hat er zahlreiche Artikel und Tagungsbeiträge über agile Softwareentwicklung und agile Organisationen verfasst und ist Autor mehrerer Bücher. Henning Wolf hilft Unternehmen und Organisationen, agile Methoden erfolgreich einzuführen.

Alexander Ziegler

Alexander Ziegler ist Wissenschaftler am ISF München. Seine Forschungsschwerpunkte liegen in den Bereich Informatisierung von Arbeit, Arbeit und Globalisierung.

Shoshana Zuboff

Prof. Dr. Shoshana Zuboff, geb. 1951, ist US-amerikanische Sozialwissenschaftlerin am Berkman Center for Internet and Society der Harvard Business School und emeritierte Charles Edward Wilson Professorin für Betriebswirtschaftslehre an der Harvard Business School. Nach einem B.A. in Philosophie an der University of Chicago erwarb Zuboff einen Ph.D. in Sozialpsychologie an der Harvard University. Als eine der ersten Frauen erhielt sie 1981 eine Professur an der Harvard Business School.

Abbildungsverzeichnis

Stichwortverzeichnis